UTE BAUER / BÄRBEL GROTHE

Quickfinder
Rosen

Die richtigen Rosen für jedes Beet

Vorwort

Sie möchten eine – oder mehrere – Rosen in Ihren Garten pflanzen? Sie fragen sich, wie man die richtige Sorte in dem schier unüberschaubaren Angebot findet? Welche duftet? Und welche Begleitpflanzen passen am besten zur Königin der Blumen? Mit der richtigen Sortenwahl werden Ihre Rosenträume wahr und es entstehen zauberhafte Gartenbilder mit prächtigen und gesunden Rosen.

→ Im Kapitel **Beete gestalten** erfahren Sie alles über den richtigen Standort, über gute Pflege und darüber, wie Rosen im Garten die beste Figur machen.
→ Im Kapitel **Rosen auswählen** finden Sie anhand der nach Farben geordneten Bildtafeln und der Texte schnell die passende Rosensorte für Ihren Garten.
→ Im Kapitel **Rosen-Begleiter** lernen Sie mehr als hundert der schönsten Rosenkavaliere kennen.

Inhaltsverzeichnis

Inhalt

■ Beete gestalten — 4
Kompass durch das Sortiment 6
Pflanzen und pflegen rund ums Jahr 10
Regeln für die Beetgestaltung 20

■ Rosen auswählen — 24
So finden Sie die richtigen Rosen 26

- Dunkelrosa/Violett — 28
- Hellrosa — 48
- Weiß — 76
- Gelb — 92
- Apricot/Orange — 108
- Rot — 126

■ Rosen-Begleiter — 148
Partnersuche leicht gemacht 150
Gehölze 152
Stauden 154
Gräser 174
Ein- und Zweijährige 178

Serviceteil — 186
Pflanzideen für Rosenbeete 186
Tabellen: Rosen für extreme Standorte 193
Register 196
Adressen 202

Beete gestalten

Das Angebot an Rosen ist riesig. Mehrere Tausend Sorten gibt es weltweit. Doch wenn man seine individuellen Rosenträume im eigenen Garten verwirklichen will, weiß man oft nicht, wie und womit beginnen. Ein Überblick über das Sortiment sowie die wichtigsten Gestaltungsregeln helfen beim Start. Der richtige Standort und gute Pflege schließlich sind das A und O für dauerhaft gesunde und prächtige Pflanzen.

Kompass durch das Sortiment

Die Rose ist eine der ältesten Kulturpflanzen der Welt. Seit Jahrtausenden wird sie züchterisch selektiert und verändert, und jährlich kommen neue Sorten hinzu. Selbst für Experten ist es nicht immer einfach, den Überblick zu behalten. Die Einteilung in Rosenklassen erleichtert die Orientierung im riesigen Sortiment. Auch der Stammbaum kann ein Wegweiser zu bestimmten Merkmalen wie Duft oder Blütenform sein.

Zwei Fragen zur Rosenwahl

Im riesigen Rosensortiment existieren bewährte Klassiker neben Liebhaber-Raritäten, Jahrhunderte alte Sorten neben vielversprechenden Neuheiten. Dieses Buch enthält von all dem etwas und gibt mit 480 Sorten einen weitreichenden Überblick über das aktuelle Angebot – auch wenn spezialisierte Rosengärtnereien natürlich mit einer noch größeren Auswahl besonderer Sorten aufwarten. Da Rosen-Einsteiger meist zunächst über die Blütenfarbe eine Vorauswahl treffen, wurden die Rosen nach ihrer Farbe geordnet. Das zweite, aus gärtnerischer Sicht noch wichtigere Kriterium ist die Wuchsform. Sie entscheidet nämlich im Wesentlichen über die Verwendungsmöglichkeiten und das gestalterische Potenzial im Garten. Die einzelnen Farbkapitel dieses Buchs wurden daher nach den der Wuchsform entsprechenden Rosenklassen unterteilt.

Beantworten Sie vor der Auswahl Ihrer Rose zunächst folgende Fragen:
➔ Welche Farbe soll meine Rose haben?
➔ Welche Funktion soll die Rose im Garten erfüllen?

Wenn diese zwei Punkte geklärt sind, haben Sie die Fülle der Sorten bereits auf einen überschaubaren Sektor eingegrenzt.

Rosenklassen – wozu?

Der Fachmann unterteilt Rosen nach ihrer Wuchsform in folgende Rosenklassen: Kletterrosen, Strauchrosen, Kleinstrauch- oder Flächenrosen, Beetrosen sowie Edelrosen. Alle ursprünglich in Europa vorkommenden Wildrosen bilden relativ stattliche Sträucher. Doch die Rose wird seit Jahrtausenden selektiert, gekreuzt, gezüchtet und verändert. Wildformen aus verschiedenen Kontinenten flossen in die Züchtung ein, und so erzielte man immer neue Eigenschaften. Neben einfachen Blüten entstanden gefüllte, neben einmalblühenden Sorten öfterblühende. Neben

Kompass durch das Sortiment

strauchigen entwickelten sich langtriebige »kletternde«, aber auch Miniaturformen, büschelblütige, und, und, und ... Während man Rosen noch vor 200 Jahren nach ihrem Stammbaum unterschied, wurde dies im Lauf der Zeit zunehmend schwieriger. Man ging deshalb dazu über, das Sortiment kurzerhand nach Wuchsform zu klassifizieren. So weiß jeder sofort, für welche Verwendungszwecke sich eine Sorte eignet.

Kletterrosen

Sie sind die Himmelstürmer unter den Rosen. Als Senkrechtstarter erschließen sie die dritte Dimension und sind besonders für kleine Gärten ein Segen. Denn sie beanspruchen nur wenig Fläche im Fußraum, entfalten dafür aber umso mehr Pracht und Blüten in der Vertikalen.

Man unterscheidet zwei Gruppen: Kletterer und Ranker, auch englisch Rambler genannt.

→ **Kletterer** bilden relativ steife Triebe, die mit Rankhilfe Fassaden begrünen und Bögen, Obelisken oder Säulen erobern. Meist werden sie 2–3 m hoch und ähneln »überdimensionierten« Strauchrosen. Tatsächlich sind die Grenzen zwischen beiden Gruppen fließend. Es gibt etliche Sorten, die freistehend als Strauchrose oder mit Stütze als Kletterer gezogen werden können.

→ **Rambler** dagegen entwickeln lange, weiche, sehr biegsame Triebe. Auch sie brauchen eine Rankhilfe. Denn wirklich klettern kann keine Rose. Als Spreizklimmer bilden sie keine Rank- oder Kletterorgane aus, sondern verhaken sich mit ihren Stacheln an geeignetem Untergrund, etwa Rinde oder Geäst. Wo der fehlt, müssen sie an einer Stütze festgebunden werden. Unter den Ramblern gibt es etliche starkwüchsige Sorten, die 5–10 m lange Triebe entwickeln. Sie können auch größere Flächen begrünen, etwa große Fassaden, Pergolen, Lauben oder Pavillons. Selbst Baumkronen erklimmen diese vitalen Eroberer. Dabei brauchen sie nur für die untersten Meter bis zum ersten Ast eine Aufstiegshilfe. Danach hangeln sie sich von alleine weiter. Diese starkwüchsigen Giganten blühen meist nur einmal, dafür aber überreichlich.

Strauchrosen

Moderne Strauchrosen werden meist 1–2 m hoch, mitunter auch höher. Das heißt, sie bilden stattliche Sträucher, die als Sichtschutz am Zaun oder am Sitzplatz eingesetzt werden können, sich in einer Hecke behaupten, aber auch als Solitär überzeugen, also im Einzelstand in einer Rasenfläche. Genauso überzeugend schmücken sie gemischte Rabatten. Aufgrund ihrer überragenden Position beziehen sie dort am besten im Hintergrund Stellung, während das »Fußvolk« aus Stauden und Sommerblumen der »Königin der Blumen« einen Blütenteppich ausrollt.

In dieser Gruppe gibt es noch sehr ursprüngliche, einmalblühende Formen mit einfachen Blüten. Aber auch dicht gefüllte, opulent und öfterblühende sind zu finden, und duftende ebenso wie nicht duftende.

Kleinstrauchrosen

Diese Rosen bilden die heterogenste Gruppe im Sortiment. Hier findet man nicht nur gefüllte und ungefüllte Blüten, einmal- und

Kletterrosen und Strauchrosen in verschiedenen Rosatönen ergänzen sich hier zu einer prächtigen Rabatte entlang einer Mauer.

BEETE GESTALTEN

öfterblühende Sorten, sondern auch unterschiedliche Wuchsformen und Größen. Was also kennzeichnet Kleinstrauchrosen? Eigenschaften wie Pflegeleichtigkeit und Robustheit sowie ein flächiger Wuchs waren die Ziele, die bei der Züchtung dieser Rosen im Vordergrund standen. Man wollte Rosen, die sich auch im öffentlichen Grün ohne viel Pflegeaufwand behaupten können sowie Sorten, die Flächen rasch und dicht bedecken, sodass kein Unkraut mehr unter ihnen aufkommt. Deshalb werden Kleinstrauchrosen auch oft als Bodendecker- oder Flächenrosen bezeichnet. Kein Wunder also, dass in dieser Gruppe die meisten ADR-Sorten zu finden sind (> Seite 27).

Neben langtriebigen, flach wachsenden, gibt es auch überhängende und strauchige Formen, die durch üppige Verzweigung oder reiche Belaubung Flächen rasch bedecken. Die Übergänge zu den Beetrosen und Strauchrosen sind daher fließend und nicht selten wird eine Sorte unter zwei Klassen geführt. Schleppenbildende Formen machen auf Mauerkronen oder an Hängen eine gute Figur. Reich verzweigte können als Hecken eingesetzt werden und aufrechte fügen sich problemlos in Rabatten und Beete. Sommerpflege erübrigt sich oft, da viele Sorten eine gute Selbstreinigung aufweisen. Das heißt, im Verblühen fallen die Blütenblätter von selbst ab, anstatt welk am Zweig zu verbleiben.

Beetrosen

Die Sorten dieser Gruppe wachsen kompakt und bleiben mit Höhen von 0,4–1 m relativ klein und zierlich. Hier finden sich fast ausschließlich öfterblühende Formen. Ihre Blüten stehen oft in Büscheln mit bis zu 30 Einzelblüten zusammen, was diesen Rosen eine ungeheure Farbwirkung verleiht. Früher unterschied man diese Gruppe noch nach Polyantha- und Floribunda-Sorten, doch heute sind kaum noch Unterschiede auszumachen und man fasst beide unter dem Begriff Beetrosen zusammen.

Beetrosen werden fast immer in Gruppen gepflanzt. Entweder setzt man sie in Tuffs von drei Exemplaren zwischen Stauden in die Rabatte oder gestaltet reine Rosenbeete. Dank ihrer zierlichen Statur kommen sie auch in Kübelkultur gut klar und machen auf Hochstämmchen veredelt eine gute Figur. Beetrosen gibt es in fast allen Farben und Blütenformen, aber nur selten mit Duft.

Edelrosen

Mit der Entstehung der ersten Edelrose 1867 begann ein neues Rosen-Zeitalter. Teehybriden, wie Edelrosen auch genannt werden, lösten die Alten Rosen (siehe rechts) ab. Mit

Beetrosen sind die Teamplayer im Sortiment. Man pflanzt sie stets zu mehreren oder in Gesellschaft von Stauden.

Kompass durch das Sortiment

ihnen gab es erstmals echt öfterblühende und dennoch winterharte Rosen auf dem europäischen Markt. Die begehrte Öfterblütigkeit erzielte man durch das Einkreuzen chinesischer Gartenrosen. Von ihnen erbten viele Teehybriden das dunkelgrüne, glänzende Laub. Die Blüten der Edelrosen sind hoch gebaut, elegant gefüllt und im Aufblühen am schönsten. Meist stehen sie einzeln am Ende langer kräftiger Triebe, was sie für den Vasenschnitt prädestiniert.

Im Garten sind sie nicht immer leicht zu integrieren, da sie oft etwas sparrig wachsen und an der Basis »dünnbeinig« bleiben. Am besten unterpflanzt man sie mit üppigen Stauden oder rahmt sie mit Buchs ein. Eine gestalterisch elegante Lösung ist auch das Veredeln auf Hochstämmchen.

Hochstämmchen

Stammrosen bilden keine eigene Klasse. Es handelt sich bei ihnen nur um anders veredelte Rosen. Jede Rose besteht in der Regel aus einer Unterlage, die die Wurzeln bildet und einer Edelsorte, die Triebe, Zweige und Blüten hervorbringt. Sie wird meist am Wurzelhals veredelt, der nach der Pflanzung unter der Erde liegt. Bei Halb- oder Hochstämmchen wird die Unterlage zu einem Stamm herangezogen und die Edelsorte in 60 bzw. 90 cm Höhe aufveredelt. So entsteht ein kleines »Bäumchen«, das auch als Kübelpflanze

verwendbar ist. Handelt es sich bei der Sorte um eine Kletterrose oder langtriebige Kleinstrauchrose, spricht man von Kaskaden- oder Trauerrosen (Veredlungshöhe 120 cm).

Alte Rosen

Bei Alten oder Historischen Rosen handelt es sich fast ausschließlich um Strauchrosen (und einige wenige Kletterrosen). Sie waren nach dem Aufkommen der Teehybriden oder Edelrosen (siehe links) lange Zeit in Vergessenheit geraten, erfreuen sich heute aber wieder großer Beliebtheit. Das hat vor allem zwei Gründe: Erstens betören fast alle Sorten mit intensivem Rosenduft, ein Merkmal das vielen modernen Rosen fehlt. Und zweitens öffnen sich die Blüten meist zu flachen, dicht gefüllten, in der Mitte oft geviertelten Schalen – ein Muster, das nach einem Jahrhundert Edelrosen-Züchtung als besonders romantisch und nostalgisch empfunden wird. Viele Alte Rosen sind jedoch nur einmalblühend oder allenfalls remontierend – nach der Hauptblüte im Juni/Juli legen sie eine Pause ein und öffnen erst im Herbst noch einmal neue Blüten. Ihr Farbspektrum beschränkt sich auf Rosa und Weiß.

Englische Rosen

Englische Rosen sind gewissermaßen die Verknüpfung von alt und modern. Der Brite David Austin machte es sich Ende des letzten

Englische Rosen haben ihre nostalgische Blütenform von den Alten Rosen geerbt, blühen aber auch in Gelb, Apricot und Rot.

Jahrhunderts zur Aufgabe, die prallen Blüten und den Duft der Alten Rosen mit der Öfterblütigkeit und dem handlicheren Format der modernen Sorten zu verknüpfen. Mit großem Erfolg. Wir verdanken ihm heute zauberhaft nostalgische und romantische Rosen mit herrlichem Duft in nahezu allen Farben.

Nostalgierosen

Der Siegeszug der Englischen Rosen veranlasste viele Züchter, die trendigen Züchtungsziele zu verfolgen. So gibt es heute auch zahlreiche deutsche und französische »Nostalgie-Sorten«, die mit den typischen dicht gefüllten Blütenschalen und ihrem Duft überzeugen.

Pflanzen und pflegen rund ums Jahr

Die Königin der Blumen steht in dem Ruf, etwas kapriziös und anspruchsvoll zu sein, wie Majestäten eben so sind. Doch das ist nicht unbedingt gerechtfertigt. Weist man ihr im Garten den richtigen Platz zu und erleichtert ihr das Leben mit ein paar hilfreichen Pflegemaßnahmen, dann dankt sie es mit prächtiger Entwicklung und üppiger Blütenpracht – und das für viele Jahre. Denn Rosen können alt werden.

Einkauf und Qualität

Standard-Rosensorten findet man in Gartencentern, Gärtnereien und Baumschulen. Darüber hinaus gibt es eine Reihe von Rosen-Spezialisten, die umfangreiche Sortimente pflegen und ihre Ware in ganz Deutschland und über die Grenzen hinaus versenden (> Seite 202, Bezugsquellen).

Mitunter bieten auch Supermärkte und Discounter Rosen an. Häufig fehlen jedoch konkrete Sortenangaben und man liest nur »Strauchrose gelb« oder »Beetrose rot«. Hier sollte man die Qualität genau prüfen. In Plastikbeuteln verpackte Jungpflanzen dürfen noch nicht ausgetrieben haben, sie sollten unverletzt sein und dürfen keinen Schimmelansatz zeigen.

Eine gesunde Rose erkennt man an kräftigen, prallen, grünen Trieben. Die Rinde darf keine Schrumpfungsrillen in Längsrichtung aufweisen. Das deutet auf einen Wasserverlust während der Lagerung hin und bedingt schlechtere Startchancen. Auch die Wurzeln sollten ebenfalls kräftig und in jedem Fall unbeschädigt sein.

Angebotsformen

Während der Hauptpflanzzeiten im Herbst (Oktober/November) und im Frühjahr (März/April) werden Rosen in der Regel **wurzelnackt** angeboten. Das ist die preisgünstigste Einkaufsvariante. Die Pflanzen befinden sich dann in der Winterruhe. Sie tragen kein Laub, sondern bestehen nur aus kurzen nackten Trieben und ebenfalls nackten Wurzeln ohne Erdballen. Der Handel unterscheidet dabei zwei Qualitäten:

→ Pflanzen der **Güteklasse A** besitzen, neben einem gut verzweigten Wurzelwerk, drei starke Triebe. Mindestens zwei sollten der Veredlungsstelle entspringen. Das ist die knotig verdickte Stelle am Wurzelhals.

→ Ware der **Güteklasse B** braucht nur zwei Triebe aufzuweisen.

In den letzten Jahren haben sich im Fachhandel sogenannte **wurzelballierte Rosen** durchgesetzt. Das sind Jungpflanzen in praktischen Verkaufsverpackungen. Die Wurzeln stecken in kleinen Behältern aus Pappe, Torf oder anderem verrottbarem Material – alternativ auch in grobmaschigen Drahtbehältern, die später einfach mitgepflanzt werden. Sie sind mit etwas feuchter Erde befüllt, die die Wurzeln vor dem Austrocknen schützt und sie bereits erste Saugwurzeln bilden lässt. Die Triebe sind noch nackt und tragen oft einen Wachsüberzug an den Enden, der vor Beschädigungen schützt. Er platzt später von alleine ab. Wurzelballierte Ware kann man bis in den Mai hinein pflanzen.

Das ganze Jahr über sind **Containerrosen** im Angebot. Sie stehen in größeren Kunststofftöpfen und haben bereits einen gut durchwurzelten Erdballen. Daher sind sie von den üblichen Pflanzzeiten unabhängig. Containerrosen kann man auch im Sommer in voller Blüte und Belaubung erstehen, was die Sortenwahl erleichtert, wenn man sich in Bezug auf Farbe, Blütenform oder Größe noch nicht sicher war. Die aufwendigere gärtnerische Kultur schlägt sich allerdings in höheren Preisen nieder.

Beste Startbedingungen: Achten Sie beim Einkauf auf gute Qualität und weisen Sie Ihren Rosen einen sonnigen Platz im Garten zu.

Der Standort

Das A und O in der Rosenkultur ist die Wahl des richtigen Standorts. Kein anderer Faktor entscheidet so maßgeblich über Erfolg oder Misserfolg. Dabei spielen zwei Faktoren eine Rolle: Licht und Boden.

Sonnige Lagen

Am besten entwickeln sich Rosen an sonnigen, hellen und luftigen Plätzen. Das Laub sollte nach Niederschlägen schnell abtrocknen können. Allzu geschützte Plätze, etwa vor einer wärmespeichernden Südwand, erhöhen eher das Krankheitsrisiko. Von einem sonnigen Standort spricht man, wenn die Rose mindestens sechs Stunden pro Tag oder mehr der direkten Einstrahlung ausgesetzt ist. Es gibt aber auch eine ganze Reihe von Rosen, die sich auch dann noch gut entwickeln, wenn sie nur rund fünf Stunden Sonnenschein täglich erhalten. Sie werden in den Kurzporträts dieses Buchs als halbschattenverträglich bezeichnet.

Guter Boden

Der Boden ist im Idealfall tiefgründig, locker, nährstoffreich und humos. Er sollte einen pH-Wert um 6,5 aufweisen, dann fällt der Pflanze die Nährstoffaufnahme am leichtesten. Tiefgründig heißt, dass die Erde im Wurzelraum mindestens bis zu 1 m Tiefe gut

BEETE GESTALTEN

durchwurzelbar sein sollte. Es dürfen keine Gesteins- oder anderen undurchdringlichen Schichten anstehen, denn Rosen sind Tiefwurzler. Stoßen die Würzeln in geringer Tiefe auf harte Schichten, kümmert die Pflanze. Häufig ist dies in Neubaugebieten der Fall. Die Bodenbelastung durch schwere Baumaschinen hat oft Verdichtungen im Untergrund zur Folge. Mutterboden wird meist im letzten Arbeitsgang nur oberflächlich angeschüttet. Die Rosenwurzeln können sich hier nicht frei entfalten. Oft entsteht über verdichteten Schichten auch Stauwasser – für Rosen absolut tödlich.

Den Boden verbessern

Idealbedingungen gehören in der Gartenpraxis allerdings eher zu den Ausnahmen als zur Regel. Das ist jedoch kein Grund, auf Rosen zu verzichten. Auf nicht optimalen Böden empfiehlt es sich, vor der Pflanzung ein großzügiges Pflanzloch auszuheben, von mindestens 70 × 70 × 70 cm Größe. Der Erdaushub wird dann vor dem Wiederanfüllen auf folgende Weise verbessert:

→ **Auf schweren tonigen Böden** mischt man der Aushuberde groben Sand, feinen Kies oder Splitt bei. Das fördert die Durchlüftung und verbessert den Wasserhaushalt in dem sehr feinporigen Substrat. Wurzeln leiden auf solchen zwar sehr nährstoffreichen, aber eben stark wasserhaltigen Böden oft unter Sauerstoffmangel. In der oberen Hälfte des Pflanzlochs (30–40 cm Tiefe) sollte man den Aushub zusätzlich zu gut 30 Prozent mit Kompost anreichern. Der höhere Humusanteil wirkt sich ebenfalls positiv auf Luft-, Wasser- und Nährstoffhaushalt aus.

→ **Auf leichten sandigen Böden** muss die Nährstoff- und Wasserhaltekraft verbessert werden. Solche Böden trocknen sonst zu schnell aus und zu viele Pflanzennährstoffe gehen den Wurzeln verloren. Der Erdaushub ist hier mit Bentonit, einem Gesteinsmehl, das im Gartenfachhandel erhältlich ist, oder mit lehmiger Erde aus der Umgebung aufzumischen. Auch hier gibt man den obersten 40 cm Erde rund ein Drittel Kompost bei. Das wirkt als Startdünger und verbessert die Bodeneigenschaften nachhaltig.

Rosen pflanzen

Die Vorgehensweise und der beste Zeitpunkt für die Pflanzung hängen davon ab, in welcher Angebotsform Sie Ihre Rose kaufen. Im Allgemeinen gilt: Auf guten Böden genügt eine Pflanzgrube von 40 × 40 × 40 cm Größe. Wer Rosen jedoch an Plätze pflanzt, an denen zuvor bereits Rosen wuchsen, erlebt eine unangenehme Überraschung. Die neuen Pflanzen entwickeln sich nur spärlich, kümmern dahin oder sterben sogar ganz ab. Dieses rosenspezifische Problem nennt man

Kompost ist für alle Böden das beste Verbesserungsmittel und zugleich ein wirksamer Langzeitdünger für Rosen.

Bodenmüdigkeit oder auch Nachbaukrankheit (englisch: Replant disease). Manchmal tritt das Phänomen sogar auf, wenn zuvor ein anderes Rosengewächs (Rosaceae) an gleicher Stelle stand, also nahe verwandte Arten wie Erdbeeren oder Apfelbäume. Gibt es keinen alternativen Standort im Garten für die neue Rose, muss man vor dem Pflanzen einen großzügigen Bodenaustausch vornehmen. Dazu gräbt man ein Pflanzloch von mindestens 70 × 70 × 70 cm aus. Der Aushub kann an anderer Stelle im Garten (Staudenbeet, Gemüsebeet) durchaus wieder verwendet werden. Die Pflanzgrube mit der Rose wird jedoch komplett mit frischer Erde

Pflanzen und pflegen rund ums Jahr

aufgefüllt. Sie kann aus anderen Gartenteilen stammen oder beispielsweise als fertige Rosenerde im Fachhandel gekauft werden.

Wurzelballierte Rosen und Containerrosen pflanzen

Vor dem Pflanzen wird die Topfware ausgiebig gewässert. Tauchen Sie die Pflanzgefäße so lange unter Wasser (in einem Fass oder großen Eimer), bis keine Luftblasen mehr aufsteigen. Ein Pflanzschnitt entfällt sowohl bei wurzelballierten Rosen als auch bei Containerrosen. Bei Containerrosen entfernt man den Kunststofftopf und reißt stark verfestigte Wurzelballen etwas auf. Bei wurzelballierter Ware wird der Topf in der Regel mitgepflanzt. Er verrottet im Lauf der Zeit in der Erde oder wird einfach durchwurzelt.

Den Ballen pflanzt man so ein, dass er mit der Bodenoberfläche abschließt. Wie beim Pflanzen wurzelnackter Rosen (> Kasten) verbessert man den Aushub mit Kompost, tritt die Erde leicht an und schlämmt zum Schluss gut ein.

Die Basis anhäufeln

Nach der Pflanzung schüttet man ca. 25 cm hoch Gartenerde oder Kompost an die Basis der Rose an. Bei wurzelnackten Rosen schauen dann nur noch die Triebspitzen heraus. So bleiben die Zweige vor Verdunstung geschützt, solange sich noch nicht ausreichend Wurzeln zur Wasserversorgung gebildet haben. Bei der Herbstpflanzung – im Oktober und November – wirkt diese Maßnahme gleichzeitig als Frostschutz. Hier entfernt man die Erde oder den Kompost erst Ende März/Anfang April wieder. Bei der Frühjahrspflanzung (März/April) wird acht Wochen nach dem Einsetzen abgehäufelt.

Weitere Pflegemaßnahmen

Im ersten Jahr nach der Pflanzung sollte man regelmäßig gießen. Das Wurzelwerk der jungen Rose muss schließlich erst aufgebaut werden. Ehe es tiefere Bodenschichten erobert hat, ist es auf regelmäßigen Nachschub von oben angewiesen. Dafür erübrigen sich im ersten Standjahr jedoch weitere Düngergaben. Die Kompostbeigabe zur Pflanzerde wirkt als lang anhaltende Startdüngung, die den Rosen alles bietet, was sie im ersten Jahr brauchen.

Wurzelnackte Rosen pflanzen

Die Rose zunächst ausgiebig wässern, am besten für mehrere Stunden in einen Eimer Wasser stellen. Vor dem Einsetzen erhält die Rose einen Pflanzschnitt: verletztes Wurzelholz wird abgeschnitten, Wurzeln und Triebe auf ca. 20 cm Länge gekürzt. Dann hält man die Rose so ins Pflanzloch, dass die Veredlungsstelle 5 cm unter der Bodenoberfläche liegt. Den Aushub mit Kompost vermischen und anfüllen, die Erde vorsichtig antreten und mit dickem Wasserstrahl einschlämmen.

(1) Die Rosen vor dem Einsetzen für 2–3 Stunden ins Wasser stellen, sodass sie möglichst vollständig untertauchen.

(2) Das Pflanzloch sollte groß genug sein, damit alle Wurzeln bequem Platz finden, ohne an den Rändern anzustoßen.

(3) Zuletzt wird mit einem dicken Wasserstrahl gut angegossen, damit sich Hohlräume in der Erde schließen.

BEETE GESTALTEN

Nachhaltig düngen

Ab dem zweiten Standjahr und in allen weiteren Jahren gibt man den Pflanzen im Frühjahr vor dem Austrieb einen Langzeitdünger, am besten in Form von **Kompost.** Kompost enthält alle wichtigen Nährstoffe, die die Pflanzen für den Aufbau von Trieben und Blattmasse brauchen und wirkt darüber hinaus als Bodenverbesserer. Verteilen Sie jedes Jahr, etwa im Februar/März, einen Eimer Kompost im Wurzelraum der Rose und mischen Sie eine Handvoll Hornspäne darunter. Das organische Material muss im Boden erst durch Mikroorganismen umgesetzt werden, damit es zum Blattaustrieb im April in Form von Nährstoffen zur Verfügung steht.

Wer keinen Kompost hat, kann auch Ende März/Anfang April einen **organischen Langzeitdünger** aus dem Fachhandel ausbringen. Auch diese Präparate stellen den Pflanzen die Nährstoffe nach und nach zur Verfügung, wie es ihrem Bedarf entspricht. **Mineralische Dünger** wie Blaukorn werden im Bodenwasser gelöst. Ihre Nährstoffe stehen daher sofort bereit. Bei starken Niederschlägen, wie sie gerade in den Frühjahrsmonaten bei uns häufig vorkommen, werden sie jedoch auch schnell ausgewaschen. Damit gehen sie nicht nur den Pflanzen verloren, sondern belasten auch noch das Grundwasser. Besonders auf leichten Sandböden sollte man deshalb darauf verzichten. Zeigen die Rosen jedoch im Verlauf des Jahres Mangelerscheinungen, sorgen mineralische Dünger gerade wegen ihrer schnellen Verfügbarkeit für rasche Abhilfe.

Öfterblühenden Rosen gibt man zur Hauptblüte (Ende Juni/Anfang Juli) eine zweite Düngergabe. Sie brauchen für den Aufbau der Neutriebe und die Entwicklung neuer Blüten noch einmal einen Energieschub. Nach Mitte Juli dürfen jedoch keine stickstoffhaltigen Volldünger mehr ausgebracht

Containerrosen kann man während der ganzen Saison pflanzen. Danach behandelt man sie in puncto Pflege wie alle anderen Rosen.

werden. Sie würden das Triebwachstum weiter anregen und das Ausreifen des Holzes im Herbst verzögern, was die Pflanzen anfällig für Frostschäden macht. Eine Gabe Kaliumdünger im September fördert dagegen die Ausreifung des Holzes und damit die Winterhärte der Rosen.

Bedarfsgerecht gießen

Rosen sind Gehölze und noch dazu Tiefwurzler. Das heißt, sie erreichen mit ihren Wurzeln Bodenschichten, die anderen Pflanzen nicht mehr zugänglich sind. Das macht sie relativ unabhängig von regelmäßigen Wassergaben und erspart dem Gärtner häufiges Gießen. Während lang anhaltender Trockenperioden im Sommer sollte man natürlich schon zum Schlauch greifen und für Wassernachschub sorgen.

Die »goldene Gießregel« für Rosen lautet: selten, dann aber reichlich gießen. Gemeint ist: Verzichten Sie auf tägliches Benetzen der oberen Bodenschicht. Gießen Sie lieber nur zweimal pro Woche, dann aber so reichlich, dass das Wasser auch noch die tieferen Bodenschichten durchtränkt. Um das zu erreichen, sollten mindestens 50 Liter pro Quadratmeter fließen.

Kletterrosen, die an Hauswänden gezogen werden, bekommen oft von den natürlichen Niederschlägen wenig ab, wenn sie im Schlagschatten des Gebäudes stehen. Mit-

Pflanzen und pflegen rund ums Jahr

unter werden sie sogar von einem Dachüberstand beschirmt. In solchen Fällen muss man natürlich öfter mit Schlauch oder Gießkanne nachhelfen.

Wichtig ist, beim Wässern darauf zu achten, dass das Laub trocken bleibt. Gießen Sie Rosen deshalb immer direkt in die Strauchbasis und niemals mit Sprengern oder dergleichen über die Blätter. Denn feuchtes Laub erhöht die Anfälligkeit der Rosen für Pilzkrankheiten.

Vor Winterschäden schützen

Rosen sind bei uns in der Regel ausreichend winterhart. Nur die Veredlungsstelle sollte etwas geschützt werden. Sie liegt normalerweise knapp unter der Bodenoberfläche. Als Temperaturpuffer häufelt man etwa Mitte Dezember Gartenerde oder Kompost zu einem rund 25 cm hohen Hügel an der Basis der Rose auf. Ein paar Reisigzweige schützen die Erde vor dem Verwehen und dienen bei Beet- und Edelrosen auch gleich der Beschattung der Zweige. Wintersonne in Verbindung mit Nachtfrösten wird den Rosen nämlich gefährlicher als Bodenfrost. Sie regt die Knospen zum verfrühten Austrieb an, später erfrieren sie dann und sind unwiederbringlich geschädigt. Auch Kletterrosen, die vor besonnten Mauern stehen, deckt man deshalb am besten mit Vlies, Sackleinen oder Reisigzweigen ab.

Bei Stammrosen liegt die Veredlungsstelle in der Krone. Deshalb stülpt man einfach einen Sack oder eine Vlieshaube darüber. Anhäufeln an der Basis erübrigt sich hier. Bei allen anderen Rosen wird Ende März/Anfang April abgehäufelt. Bei dieser Gelegenheit kann man gleich den alljährlich notwendigen Schnitt durchführen.

Rosen schneiden

Zu den laufenden Pflegearbeiten im Sommer gehört das Abschneiden verwelkter Blüten an allen öfterblühenden Rosen. Diese Maßnahme fördert die Bildung neuer Blüten, denn die Pflanze braucht ihre Kraft dann nicht mehr in die Fruchtentwicklung zu stecken. Bei einmalblühenden Sorten kann man sich diese Arbeit schenken. Es sei denn, man schneidet Verwelktes aus ästhetischen Gründen ab. Möchte man sich im Herbst an Hagebuttenschmuck erfreuen, verbietet sich diese Maßnahme natürlich von selbst. Wildtriebe entfernt man, sobald man sie als solche erkannt hat. Diese Triebe sehen meist deutlich anders aus als normale Triebe. Die Laubfarbe und die Anzahl der Fiederblätter (die kleinen Einzelblättchen, die am zentralen Blattstiel ansetzen), weichen in der Regel von den anderen Blättern ab. Wildtriebe sprießen aus der Unterlage (dem Wurzelstock) der Rose, die meist aus einer Wildrose

Rosen sind Tiefwurzler und müssen nur in Trockenzeiten gewässert werden. Die Gießregel lautet: selten, dann aber reichlich.

besteht. Sie entspricht nicht der Edelsorte, die die Krone bildet und würde diese schnell überwuchern. Deshalb reißt man Wildtriebe an ihrer Entstehungsstelle – oft unter der Erdoberfläche – ab.

Jährlich schneiden

Darüber hinaus tut Rosen ein jährlicher Pflegeschnitt gut. Erscheinungsbild, Blütenreichtum und Gesundheit werden dadurch deutlich positiv beeinflusst. Folgendes ist zu beachten:

→ Am besten wählt man einen bedeckten, aber niederschlagsfreien Tag für den Schnitt. Das verringert das Infektionsrisiko.

BEETE GESTALTEN

→ Die Faustregel für den Rosenschnitt lautet: Ein starker Rückschnitt fördert einen starken Austrieb, ein schwacher Rückschnitt führt zu einem schwachen Austrieb. Anders ausgedrückt: Wer zu zaghaft schneidet, wird nur wenig Zuwachs und kaum junges Blütenholz erzielen.

→ Verwenden Sie für alle Schnittmaßnahmen unbedingt sauberes, scharfes Werkzeug. Setzen Sie die Rosenschere stets etwa einen halben Zentimeter oberhalb eines Auges (Knospe) an und führen Sie den Schnitt leicht schräg aus.

→ Grundsätzlich wird bei jedem Schnitt abgestorbenes Holz am Ansatz entfernt. Außerdem schneidet man verletzte oder von Krankheiten befallene Triebe heraus. Auch sich kreuzende und aneinanderscheuernde Zweige werden ausgelichtet. Darüber hinaus sollte man alle paar Jahre den ältesten Trieb herausnehmen, um den Strauch zur Verjüngung anzuregen.

Einmal- oder öfterblühend?

Alle weiteren Schnittmaßnahmen hängen von der Rosenklasse (der Wuchsform) und dem Blührhythmus der Sorte ab (> Seite 17). Dabei unterscheidet man zunächst nach einmal- und öfterblühenden Rosen, und zwar aus folgenden Gründen:

→ **Einmalblühende** Rosen bilden ihre Blüten an den Seitentrieben der im Vorjahr gebildeten Langtriebe. Der beste Schnittzeitpunkt liegt daher im Sommer nach der Blüte. Die Farbenpracht hat man genossen, jetzt kann geschnitten werden, ehe der Strauch neu durchtreibt und frische Langtriebe bildet, an denen sich im nächsten Sommer die Blütenspieße entwickeln. Würde man im Winter schneiden, ginge viel von diesem potenziellen Blütenholz verloren.

→ **Öfterblühende** Rosen setzen sowohl am alten als auch am diesjährigen neuen Holz Blüten an. Ihnen tut deshalb ein kräftiger

Bei öfterblühenden Sorten gehört der Sommerschnitt zur Pflege. Abgeblühte Blütenköpfe werden laufend entfernt.

Rückschnitt gut, weil er zur Bildung zahlreicher Neutriebe führt, die noch im selben Jahr aufblühen. Der sinnvollste Schnittzeitpunkt ist für solche Rosen deshalb der Spätwinter, oder noch besser das zeitige Frühjahr vor dem beginnenden Austrieb – also etwa Ende März oder auch Anfang April. Denn im laublosen Zustand verkraften die Rosensträucher den Eingriff am besten und stecken ihre Kraft dann gleich gezielt in die verbliebenen Knospen.

Kleinstrauchrosen

Der Schnitt von Kleinstrauchrosen richtet sich nach dem Verwendungszweck. Werden sie flächig als Bodendecker eingesetzt, kann man sie getrost mehrere Jahre ohne Schnitt gedeihen lassen.

Lässt jedoch das Erscheinungsbild im Lauf der Zeit zu wünschen übrig oder lässt die Blühleistung nach, kann man sie im Frühjahr vor dem Austrieb wie Beetrosen auf rund 30 cm Höhe zurückschneiden, um einen starken Neuaustrieb zu fördern. Stattlichere Sorten reduziert man nur auf die Hälfte ihrer Größe. Dieser Schnitt kann bei flächiger Pflanzung ruhig mit der Heckenschere erfolgen.

Finden Kleinstrauchrosen in der Rabatte ihren Platz, erfüllen sie eher Beetrosenfunktion und sollten dann auch wie diese jährlich zurückgeschnitten werden.

Pflanzen und pflegen rund ums Jahr

Einmalblühende Strauchrosen

Man schneidet sie im Sommer nach der Blüte. Zu dicht stehende oder störende Triebe lichtet man aus, nur überlange Triebe kürzt man ein. Etwa alle vier Jahre entfernt man einen überalterten Trieb direkt an der Basis.

Öfterblühende Strauchrosen

Sie werden im Winter geschnitten. Man schneidet kranke, abgestorbene sowie vergreiste Triebe bodennah heraus. Kräftige Haupttriebe kürzt man um ein Drittel, schwächere um zwei Drittel ihrer Länge ein.

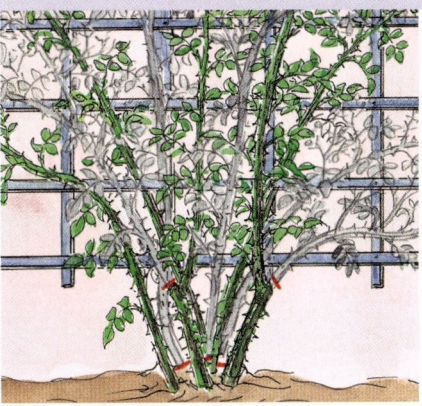

Einmalblühende Kletterrosen

Der Schnitt erfolgt nach der Blüte. Überalterte Triebe nimmt man bodennah heraus. Gerüsttriebe, die an der Spitze bereits reichlich geblüht haben, verjüngt man durch den Rückschnitt auf jüngere Seitentriebe.

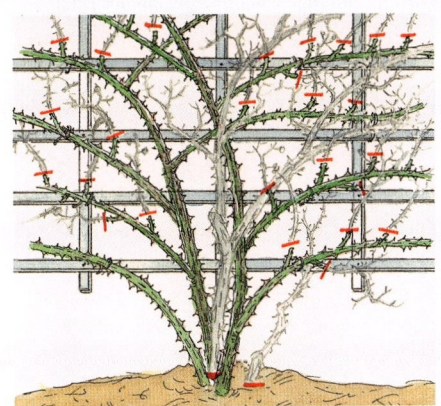

Öfterblühende Kletterrosen

Im Winter schneidet man vergreiste und kranke Triebe bodennah heraus. Ältere Leittriebe stutzt man bis zum Ansatz eines starken Nebentriebs zurück. Kräftige Seitentriebe werden auf zwei Augen zurückgenommen.

Beet- und Edelrosen

Im Winter entfernt man kranke, abgestorbene und überalterte Triebe bodennah. Die übrigen kürzt man auf 20–30 cm ein, sodass bei schwächeren Sorten drei bis vier, bei stärkeren vier bis sechs Augen pro Zweig bleiben.

Hochstammrosen

Wildtriebe am Stamm oder aus der Wurzel entfernt man stets sofort. Die Krone besteht meist aus Beet- oder Edelrosensorten. Entsprechend kürzt man die Triebe im Winter auf drei bis sechs Augen oder ca. 20 cm ein.

BEETE GESTALTEN

Gute Rosengesundheit

Das Beste, was Sie für die Gesundheit Ihrer Rosen tun können, ist, ihnen einen guten, luftigen und sonnigen Standort zuzuweisen. Dort entwickeln sich auch kräftige, widerstandsfähige Pflanzen. Auch mit der Sortenwahl kann man manchem Frust vorbeugen. Denn es gibt anfälligere und robustere. Das ADR-Symbol (> Seite 27) dient als hilfreicher Wegweiser zu relativ unempfindlichen Sorten, die auch Anfängern garantiert Erfolgserlebnisse bescheren.

Tierische Schädlinge

Dennoch sind Rosen Bestandteil von Garten und Natur und werden auch von anderen Organismen geschätzt und genutzt. Das ist völlig normal und unschädlich. Erst massenhaftes Auftreten kann zu nachhaltigen Schäden führen. Bekämpfen Sie die ungeliebten Gäste zunächst einmal mechanisch oder mit Hilfe biologischer Mittel. Der Einsatz chemischer Insektizide sollte wohl überlegt sein und höchstens in Extremfällen erfolgen. Fast immer vernichtet man damit auch nützliche Organismen und bringt das natürliche Gleichgewicht aus den Fugen.
Folgende tierische Organismen treten häufig an Rosen auf:

→ **Blattläuse:** Sie können grün, gelb, schwarz oder rot sein, werden etwa stecknadelkopfgroß und treten vor allem im Frühjahr, bei anhaltend trockenwarmer Witterung gehäuft auf. Sie besiedeln bevorzugt die Triebspitzen, junge Knospen und die Blattunterseiten. Sie zapfen die Leitungsbahnen der Pflanzen an und ernähren sich saugend, was die Blätter oft zum Kräuseln bringt. Wenige Exemplare lassen sich mit den Fingern abstreifen. Eine biologische Bekämpfung ist das Spritzen von Schmierseifenlösung, Brennnessel- oder Farnkrautjauche. Wahre Blattlauskiller sind Marienkäfer- und Florfliegenlarven.

→ **Blattrollwespe** (> Abb. 1): Die 3–4 mm kleine Wespe selbst sieht man nicht. Dass sie da ist, erkennt man erst an den zigarrenartig eingerollten Rosenblättern. Von Ende April bis Anfang Juni legt sie ihre Eier in die Blattränder der Rosen ab, die daraufhin aufschwellen und sich einrollen. In dieser Röhre wachsen 9 mm lange, grünliche Larven heran, die sich vom Blattgewebe ernähren und es absterben lassen. Das beste Bekämpfungsmittel ist frühzeitiges Abkneifen befallener Blätter und deren Entsorgung über den Hausmüll.

→ **Spinnmilben/Rote Spinne:** Auch sie sind so winzig, dass man sie mit bloßem Auge nicht erkennt. Spinnmilben treten vor allem bei heißem, trockenem Wetter auf. Die roten weiblichen Tierchen saugen an den Blättern und verursachen an den Blattoberseiten gelbliche Sprenkel. Die Unterseiten überziehen feine Gespinste. Später verbräunt das Blatt gänzlich und fällt vorzeitig ab. Spinnmilben sind schwer zu bekämpfen. Sorgen Sie vorbeugend für eine gute Wasserversorgung und entfernen Sie befallene Triebe frühzeitig.

→ **Blütenstecher** (> Abb. 2): Der kleine Rüsselkäfer tritt bevorzugt an Himbeeren und Erdbeeren auf, befällt aber auch Rosen. Er legt ein Ei in die Blütenknospe ab und knabbert den Stängel darunter an, sodass er abknickt. Die Knospe entwickelt sich nicht weiter. Gegenmittel: In der Regel genügt es, befallene Knospen rechtzeitig abzuschnei-

Häufige Schädlinge

(1) Blattrollwespe: Im Schutz der zigarrenartig eingerollten Blätter entwickeln sich die 9 mm langen Larven der Blattrollwespe.

(2) Blütenstecher: Dieser Rüsselkäfer verursacht solche abgeknickten Rosenknospen. Nach der Eiablage frisst er den Blütenstängel an.

Pflanzen und pflegen rund ums Jahr

den und in den Müll zu werfen. So können sich die Larven nicht entwickeln und nicht weiterverbreiten.

Häufige Pilzkrankheiten

Sie sind der kleine Wermutstropfen in der Rosenkultur. Kaum ein Rosengarten wird völlig pilzfrei bleiben. Aber auch in diesem Fall ist Vorbeugen die beste Devise. Alle Pilzkrankheiten werden durch Feuchtigkeit gefördert. Hohe Luftfeuchte, niederschlagsreiches Wetter und vor allem feuchtes Laub erhöhen das Infektionsrisiko. Mit folgenden Maßnahmen können Sie gegensteuern:
→ Geben Sie den Rosen einen luftigen Platz.
→ Gießen Sie nie über das Laub, sondern immer direkt in die Strauchbasis.
→ Gießen Sie am besten früh morgens, nicht abends. Das Laub sollte nachts trocken sein.
→ Das Spritzen von Pflanzenstärkungsmitteln kann die Abwehrkräfte der Rosen steigern. Es gibt fertige Präparate im Fachhandel. Biogärtner schwören auf Schachtelhalm- und Beinwellbrühen sowie Gesteinsmehl. Gespritzt werden muss alle zehn bis 14 Tage.
→ Befallene Pflanzenteile stets beizeiten ausschneiden und über den Hausmüll entsorgen. Keinesfalls auf den Kompost geben!
→ Durch Auslichten mit der Schere Licht und Luft in die Sträucher bringen.
→ Chemische Fungizide sollte man nur im Extremfall einsetzen.

Zu den häufigsten Pilzerkrankungen zählen:
→ **Sternrußtau** (> Abb. 1): Diese Krankheit ist die verbreitetste in der Rosenkultur. Sie tritt meist im Spätsommer oder Herbst auf. Zunächst zeigen sich blattoberseits braune bis schwarzviolette, unregelmäßige Flecken. Dann vergilbt das Laub und fällt ab, was bei starkem Befall zur völligen Entlaubung führen kann. Die Rose kann kaum noch assimilieren und geht geschwächt in den Winter.
→ **Echter Mehltau** (> Abb. 2): Ein weißer mehliger Belag auf den Blättern und Triebspitzen weist auf diese Krankheit hin. Bei starkem Befall überzieht er sogar die Blüten, und die Blätter fangen an, sich einzurollen. Echter Mehltau tritt vor allem im Spätsommer auf, wenn trockenheiße Tage auf feuchte, taureiche, kühle Nächte folgen.
→ **Falscher Mehltau** (> Abb. 3): Diese Pilzkrankheit zeigt sich zunächst an den Blattunterseiten, die von einem gräulichweißen Schimmelrasen überzogen werden. An den Blattoberseiten erscheinen dunkle, violette bis schwarze Flecken. Bei starkem Befall welken die Blätter und fallen ab. Der Pilz entwickelt sich vor allem bei kühlfeuchtem Wetter.
→ **Rosenrost** (> Abb. 4): Vor allem bei kühlfeuchtem Sommerwetter beobachtet man oft orangefarbene bis bräunliche Flecken auf den Blattoberseiten. Später bilden sich an den Unterseiten gelbe, dann braune bis schwarze Pusteln, die im Herbst Sporen verstäuben.

Typische Pilzkrankheiten

(1) Sternrußtau: Man erkennt ihn an braunen bis schwarzvioletten Flecken an der Blattoberfläche, später vergilbt das Laub und fällt ab.

(2) Echter Mehltau: Der mehlige weiße Belag zeigt den Befall mit dieser Pilzkrankheit an. Sie tritt vor allem im Spätsommer auf.

(3) Falscher Mehltau: Das erste Symptom ist gräulichweißer Schimmel an der Blattunterseite, oberseits treten später Flecken auf.

(4) Rosenrost: Orangefarbene bis bräunliche Flecken auf den Blättern zeigen den Befall an, später entstehen unterseits Pusteln.

Regeln für die Beetgestaltung

Eine Rose allein macht noch keinen Garten. Wie passt sie am besten ins Gesamtkonzept? Wie bringt man sie vorteilhaft zur Geltung? Natürlich muss man die Ansprüche der Pflanzen berücksichtigen. Darüber hinaus lässt sich über Geschmack nicht streiten. Doch ein paar Grundsätze zu Farbkombinationen, Formen und Stilrichtungen sind hilfreich – übrigens sogar für Balkongärtner. Denn Rosen gedeihen auch im Topf.

Wichtige Gesellschaftsregeln

Jeder hat von seinem »Traumgarten« andere Vorstellungen. Die einen lieben barocke Üppigkeit, andere schlichte Eleganz, wieder andere naturnahen Charme. Manche schätzen sanfte Farbverläufe, andere stehen auf Kontraste – wie auch immer, erlaubt ist, was gefällt. Geben Sie also Ihrer Rose die Umgebung und die Begleiter Ihrer ganz persönlichen Wahl. Die folgenden grundsätzlichen Regeln sollten Sie dabei aber beachten:

→ **Pflanzen Sie nicht zu dicht.** Die Königin der Blumen fühlt sich in einem Hofstaat zwar durchaus wohl, er sollte ihr aber nicht auf den Füßen stehen. Halten Sie mindestens 30 cm Abstand zu jedem Nachbarn – auch zu Rasenflächen –, bei hohen Rosen und stattlichen Begleitern auch deutlich mehr. Ein Rittersporn neben einer Strauchrose kann durchaus 1,5 m Abstand vertragen. Zu dichtes Pflanzen erhöht das Krankheitsrisiko und erschwert die Pflege, z. B. wenn eine Rose und ihr Begleiter unterschiedliche Düngeansprüche haben.

→ **Nicht unter Bäume pflanzen:** In großen Rabatten können zwar durchaus Rosen mit weiteren Ziergehölzen kombiniert sein. Dazwischen sollten aber Stauden für Distanz sorgen, damit keine Konkurrenzsituation entsteht. Im Traufbereich hoher Baumkronen haben Rosen nichts verloren. Das Tropfwasser nach Niederschlägen macht sie pilzanfällig.

→ **Blütezeit beachten:** Wer Rosen mit anderen Blühpartnern kombiniert, sollte die Blütezeiten gut aufeinander abstimmen. Einmalblühende Rosen brauchen zuverlässig im Juni/Juli blühende Gesellschaft, wenn es einen gemeinsamen Blühhöhepunkt geben soll. Man könnte aber auch ganz gezielt Begleiter setzen, die die Rosenblüte zeitlich ergänzen und so im Frühjahr und Herbst für Farbe im Garten sorgen.

Regeln für die Beetgestaltung

Gute Farbkombinationen

Blütenfarben sind ein dominantes Merkmal in der Gartengestaltung. Dennoch oder gerade deshalb gilt die Regel: Weniger ist mehr! Kunterbunte Beete wirken oft etwas grell und unruhig. »Linie« bekommt eine Rabatte, wenn man sich auf einige wenige Farben beschränkt und diese in verschiedenen Tönen und unterschiedlichen Blütenformen durchspielt. Dabei lassen sich ganz unterschiedliche Wirkungen erzielen:

→ **Farbverläufe:** Sanfte Übergänge, etwa von Gelb zu Orange oder von Rosa zu Violett, lassen Romantikerherzen höher schlagen. Sie ergeben ein harmonisches, beruhigendes Bild.

→ **Farbkontraste:** Starke Gegensätze beleben die Szene: Gelb und Blau, Rot und Grün, Orange und Violett, Weiß und Schwarz sind Paare, die sich gegenseitig in ihrer Wirkung steigern.

→ **Einfarbig:** Einfarbig bedeutet im Garten keinesfalls eintönig. Im Gegenteil: Sogenannte monochrome Gärten oder Beete liegen voll im Trend. So kann eine rein weiße Rabatte ein echter Blickfang sein. Variieren Sie dabei die Blütenformen und Laubfarben!

Blüten in Rosa, Violett und Blau in sanftem Farbverlauf sowie vielfältige Begleiter sorgen für romantische Stimmung im Beet.

→ **Kühle Farben:** Dazu gehören Weiß, Blau und Rosa. Sie besänftigen und sorgen für Distanz. Mit ihnen kann man Gärten einen melancholischen Charme verleihen. Ein Rosenbeet in verschiedenen Rosatönen mit ein paar weißen Tupfern dazwischen und silberlaubigen Begleitern wirkt traumhaft romantisch.

→ **Warme Farben:** Rot, Orange, Gelb stehen auf der feurigen, temperamentvollen Seite des Farbspektrums. Sie beleben, muntern auf, rücken aber auch optisch in den Vordergrund. Zu viel davon wirkt mitunter fast aggressiv und »rückt einem schnell auf die Pelle«. Diese Farben wollen mit Fingerspitzengefühl kombiniert sein. Ton-in-Ton-Mischungen harmonisieren etwas.

→ **Übergänge:** Je nach Farbzusammensetzung kann die Farbtemperatur auch kippen: Rot wirkt mit gelben Anteilen warm, mit bläulich violettem Unterton kühl. Orange empfindet man als feurig. Mit Zusatz von weißen Anteilen wird daraus ein pastelliger Apricot-Ton, der eher romantisch wirkt.

→ **Vermittler:** Weiß dagegen kann immer als neutraler Vermittler im Beet eingesetzt werden.

→ **Universaltalent:** Blau ist die einzige Farbe, die im Rosenspektrum nicht vorkommt. Sie passt daher zu allen Rosenfarben. Nicht umsonst sind alle klassischen Rosenbegleiter, wie Lavendel, Rittersporn oder Glockenblume, blaublütig.

BEETE GESTALTEN

Vielfältige Blütenformen

Bei aller Dominanz der Blütenfarbe: Auch die verschiedenen Formen der Blüten haben ihre Wirkung. Hier gilt: Abwechslung bringt Spannung. Stellen Sie den runden Rosenblüten schlanke Blütenkerzen zur Seite. Streuen Sie zwischen die großen Rosenbälle filigrane, zierliche Blütentupfer ein. So entstehen traumhafte Rabatten.

Laubformen und -farben

Bei der Zusammenstellung einer Rabatte vergisst man oft, dass Pflanzen nicht nur Blüten, sondern auch Blätter haben. Auch Laubformen sollten im Beet variieren. Blätter sind wichtige Strukturelemente und meist wesentlich länger präsent als die Blüten. Kombinieren Sie also großlaubige mit kleinlaubigen Stauden, runde Blätter mit gefiederten etc., das verleiht der Rabatte zusätzliche Wirkung. Ausgefallene Laubfarben sind ein besonders elegantes Gestaltungsmittel.

→ Stauden mit **blaugrünem** Laub wie Weinraute oder manche Funkien passen prima zu allen weißen und rosafarbenen Rosen.

→ Auch **grau- und silberlaubige** Pflanzpartner wie Edelrauten oder Wollziest unterstreichen deren ätherische Ausstrahlung.

→ Weiß-grün oder gelb-grün **panaschierte Blätter** wie bei der Kriechspindel und vielen Salbei- und Funkiensorten sind eine stilvolle Ergänzung zu Rosen in Weiß bzw. Gelb. Sie greifen das Farbthema auf und repräsentieren es auch außerhalb der Rosenblütezeiten, ohne jedoch in Blütenkonkurrenz zu treten.

→ **Rot- und purpurlaubige** Pflanzen wie Purpurglöckchen oder Purpur-Salbei können eine elegante Begleitung zu roten Rosen sein, die ja nicht immer leicht zu kombinieren sind. Sie harmonieren Ton in Ton und wirken nicht so aufdringlich wie üppige Blüher. Vor allem unter den Gräsern findet man elegante rotlaubige Partner, etwa das Japan-Blutgras oder die Ruten-Hirse, die erst im Herbst sanft erröten. Andere Gräser nehmen eine ockerfarbene Herbstfärbung an oder entwickeln rostbraune oder cremeweiße Blütenstände. Diese gedeckten Farben »erden« rote Rosen auf geschickte Weise. Generell bringen Gräser auch durch ihre Wuchsform Eleganz und Transparenz ins Rosenbeet.

Das Gartenmotto

Etliche Gartenbesitzer stellen ihr grünes Paradies auch unter ein bestimmtes Motto. Solche Stilrichtungen müssen natürlich auch

Komplementärfarben, wie hier Gelb und Blau, sorgen für lebhafte, spritzige Kontraste und beleben die Gartenszene.

Regeln für die Beetgestaltung

immer zur Architektur des Hauses passen. Besonders rosenkompatibel sind z. B. folgende Themen:

→ **Bauerngarten:** Rosen haben in Bauerngärten eine lange Tradition. Stilecht und historisch korrekt pflanzt man daher am besten Alte Rosen. Wer es nicht ganz so genau nimmt, kann auch auf öfterblühende moderne Nostalgierosen oder Englische Rosen zurückgreifen. Im klassischen Bauerngarten säumen oft niedrige Buchseinfassungen die Beete. Neben Rosen gehören Prachtstauden wie Rittersporn oder Phlox in die Beete. Aber auch Kräuter und Gemüse finden hier gleichberechtigt ihren Platz sowie die pralle Pracht der einjährigen Sommerblumen. Hier darf es lebhaft und kunterbunt zugehen.

→ **Duftgarten:** In Duftgärten ist die Königin der Blumen natürlich ein Muss. Zwar duftet heute nur noch ein geringer Teil der Sorten, aber einige dafür umso berauschender. Duftrosen sollte man in Sitzplatznähe rücken, dort kann man ihr Odeur nachhaltig genießen.

→ **Naturnah:** Für viele gehen Rosengarten und naturnaher Garten nicht zusammen. Die Königin der Blumen genießt immer noch den Ruf einer kapriziösen und pflegeintensiven Diva. Doch die richtige Sortenwahl vorausgesetzt, fügen sich Rosen durchaus in wildhafte Gärten. Eine Wildrosenhecke kann am Grundstücksrand den Zaun ersetzen. Ein Rambler kann eine alte Apfel-

Je kleinwüchsiger die Rosensorte, desto leichter gelingt die Kultur in Töpfen. Hübsche Gefäße sind ein prima Gestaltungsmittel.

baumkrone erobern, oder Flächenrosen können eine Terrassenböschung absichern. Dazu passen sehr gut Gräser mit ihrem natürlichen Charme oder Waldrandpflanzen wie Fingerhut oder Akeleien.

Rosen im Topf

Prädestiniert für die Topfkultur sind kleinwüchsige Sorten, vor allem Beetrosen. Im Grunde eignen sich aber alle Rosen für die Kübelkultur, es ist nur eine Frage der Gefäßgröße. Stattliche Strauchrosen erfordern eben auch stattliche Pflanzkübel von mindestens 50 cm Höhe und ebensolchem Durchmesser. Generell bevorzugen Rosen als Tiefwurzler hohe, langgestreckte Topfformen, etwa Amphoren. Einige Gärtnereien bieten manche Rosensorten aber auch wurzelecht an. Das heißt, sie bestehen nur aus der Edelrose. Ihr Wurzelwerk bleibt flacher und sie können auch in normale Töpfe oder sogar in Balkonkästen getopft werden.

Topfrosen-Pflege

Aufgrund des begrenzten Erdvolumens brauchen Topfrosen natürlich wesentlich mehr Pflege. Wasser und Nährstoffvorräte sind schnell aufgebraucht und müssen laufend aufgefüllt werden. Anders als im Garten empfiehlt sich für die Kübelkultur mineralischer Dünger, am besten in Flüssigform, den man dem Gießwasser zusetzt. Die Erde sollte stets feucht sein, es darf aber keine Staunässe entstehen. Auf Übertöpfe deshalb generell verzichten! Die unterste Schicht im Kübel sollte aus einer 3 cm hohen Lage Kies oder Tonscherben als Dränage bestehen. Erst darauf füllt man die Erde.

Das geringe Erdvolumen im Topf friert im Winter schneller durch als der Gartenboden. Der rasche Wechsel von Einfrieren und Auftauen kann der Rose schaden. Deshalb umwickelt man die Töpfe mit isolierender Noppenfolie und stellt sie an einem schattigen Platz auf. Man kann sie auch in Leinensäcke stellen und die Zwischenräume mit trockenem Laub auffüllen.

Rosen auswählen

Die Fülle der Möglichkeiten ist groß, die eigenen Vorstellungen sind aber oft sehr konkret. Die Rose soll Sichtschutz am Zaun sein oder Farbe ins Beet bringen. Oder wollen Sie etwas Duft am Sitzplatz? Ein bestimmtes Gelb, das zum Hausanstrich passt? Oder sind nostalgische Formen das Wichtigste? In diesem Kapitel finden Sie unter 480 empfehlenswerten Sorten bestimmt auch die richtige für Ihren Garten.

So finden Sie die richtigen Rosen

Blütenfarbe, Wuchsform und Größe einer Sorte sind für die meisten Gartenbesitzer die wichtigsten Kriterien bei der Suche nach der passenden Rose. Deshalb dienen diese Eigenschaften hier als Schlüssel zum Sortiment. Sie ermöglichen auch Rosen-Einsteigern schnell, unkompliziert und ohne große Vorkenntnisse zur Wunschrose zu finden. Die umfangreiche Sortenpalette lässt fast immer eine breite Auswahl.

Rosenauswahl Schritt für Schritt

In diesem Kapitel finden Sie 480 Rosensorten in Kurzporträts, geordnet nach Blütenfarbe (entsprechend der Stanzung an der Seite) und der Wuchsform (1. Spalte der Bildtafeln). Bei der Suche nach Ihrer neuen Rose gehen Sie wie folgt vor: Überlegen Sie, welche Farbe Ihre Rose haben und welche Funktion sie erfüllen soll. Die erste Frage führt Sie zum entsprechenden Farbkapitel, die zweite zur passenden Wuchsform (z. B. Rose zum Begrünen: Kletterrose, Rose als Sichtschutz: Strauchrose). Auf den entsprechenden Seiten finden Sie infrage kommende Sorten. Sie sind nach ihrer Wuchshöhe noch einmal in drei Gruppen unterteilt und innerhalb dieser Gruppen alphabetisch sortiert.

Ein Wort zur Farbe

Unter den vielen Rosensorten gibt es außer reinem Blau fast jede Farbtönung. Rot changiert von fast Orange bis Rotviolett – oder ist es schon Karminrosa? Schwer fällt die Farbeinordnung auch bei der Trendfarbe Apricot. Sie umfasst pfirsichfarbene, ins Gelbliche tendierende Töne ebenso wie mehr rosa oder lachsfarben angehauchte. Und erst Rosa: Es ist nach wie vor die Rosenfarbe schlechthin, was sich schon an der Fülle der Sorten ablesen lässt. Alte Rosen sind ausschließlich rosa oder weiß. Gelbe und warmrote Rosensorten entstanden dagegen erst im 19. und 20. Jahrhundert. Da die Rosa-Palette aber von zarten, fast weißen Pastelltönen bis zu kräftigen, tief purpurfarbenen reicht, die sich in ihrer Farbwirkung im Garten völlig unterscheiden, wird in diesem Buch nach Hellrosa und Dunkelrosa unterschieden. Natürlich treffen sich beide Farben irgendwo in der Mitte. Wer genau in diesem »Mittelsektor« sucht, sieht bitte beide Abschnitte nach der richtigen Sorte durch. Erschwert wird die Grenzziehung noch durch die Tatsache, dass Farbtöne nicht immer sta-

So finden Sie die richtigen Rosen

bil sind. Die Ausprägung bestimmter Farben hängt stark von Bodenverhältnissen und Witterungsverlauf ab. So fällt die Rose 'Aspirin' bei kühlem Wetter eher rosa aus, bei warmem blüht sie reinweiß. Dieses Buch versucht sich an charakteristischen, durchschnittlichen Farbeigenschaften zu orientieren. Abweichungen sind aber nicht auszuschließen. Auch zweifarbige Sorten gibt es in nicht geringer Anzahl. Entscheidend bei der Einteilung war hier der Gesamteindruck, der entsteht, wenn man die Pflanze aus der Entfernung betrachtet.

Die Rosensorten wurden in folgende sechs Farbgruppen unterteilt:

- Dunkelrosa/Violett
- Hellrosa
- Weiß
- Gelb
- Apricot/Orange
- Rot

Die Wuchshöhe

Naturgemäß gibt es auch hier Schwankungen. Ein und dieselbe Sorte entwickelt sich auf einem Standort mit Idealbedingungen besser als unter ungünstigeren Verhältnissen. Dennoch geben die Größenangaben eine gute Orientierung und lassen einen Vergleich der Sorten untereinander zu – auch wenn es immer wieder Grenzfälle gibt.

Hilfreiche Symbole

Neben Farbe und Größe spielen natürlich auch andere Merkmale eine Rolle bei der Entscheidung für Ihre Rosensorte. Um Ihnen eine schnelle Orientierung zu geben, weisen folgende Symbole auf besonders gefrage Eigenschaften hin.

→ **steht für Duft.** Dieses Symbol erhielten in diesem Buch nur Sorten, die einen deutlichen bis intensiven Duft entwickeln. Die Duftintensität einer Rose ist stets temperaturabhängig. Bei kühler Witterung fällt sie schwächer aus, bei warmem, sonnigem Wetter stärker, da mehr ätherische Öle in die Umgebung abgegeben werden.

→ **steht für »nostalgische Blüte«.** Flache Blütenschalen, prall gefüllt und im Zentrum oft geviertelt, sind das Markenzeichen vieler Alter Rosen. In den letzten drei Jahrzehnten erfreut sich dieser Romantik-Look wieder großer Beliebtheit. So gibt es heute auch zahlreiche Neuschöpfungen mit diesem Erscheinungsbild. In diesem Buch führt Sie dieses Symbol gezielt zu solchen Sorten.

→ **ADR-Prädikat:** Dieses Kürzel steht für »**A**llgemeine **D**eutsche **R**osenneuheiten-Prüfung«. Das ist die härteste Rosenprüfung der Welt. Bewertet werden dabei Eigenschaften wie Blühfreudigkeit, Farbe, Duft, Blütenaufbau, Wuchs und Winterhärte. Seit 1975 steht aber vor allem die Widerstandsfähigkeit gegen Pilzkrankheiten im Vordergrund. Die Prüfsorten werden an elf verschiedenen Standorten in Deutschland ohne Pflanzenschutzmittel kultiviert. Frühestens nach drei Jahren beurteilt eine Fachjury das Erscheinungsbild der Sorte. Erreicht sie eine Mindestpunktzahl, darf sie das ADR-Prädikat führen. Es ist also gerade für Roseneinsteiger ein guter Wegweiser zu widerstandsfähigen, robusten Rosen. Die Auszeichnung kann auch wieder aberkannt werden, wenn eine Rose nach Jahren die Erwartungen nicht mehr erfüllt. Über den aktuellen Stand kann man sich im Internet unter www.adr-rose.de informieren.

Verwendung/Gute Partner

In der Spalte ganz rechts auf jeder Seite finden Sie Gestaltungsvorschläge und -tipps. Diese können und sollen nur Anregungen sein. Die Vorschläge orientieren sich an den Gestaltungsgrundsätzen, wie sie auf den Seiten 20–23 dargestellt und im Anhang auf den Seiten 186–192 in einigen beispielhaften Pflanzvorschlägen konkretisiert werden. Für ähnliche Rosensorten gleicher Farbe und Größe eignen sich selbstverständlich auch die gleichen Begleitpflanzen. Gefällt Ihnen also ein Vorschlag nicht, dann lesen Sie am besten auch bei den benachbarten Porträts nach, um weitere Anregungen zu finden.

Kletterrosen

Wuchsform	Wuchshöhe		Name/Eigenschaften	Verwendung/Gute Partner
Kletter-rosen	1,5–3 m		**Fassadenzauber®** Noack 1997 → öfterblühend Blüte: kräftiges Reinrosa, edel gefüllt, in Dolden, 8 cm Wuchs: buschig, ca. 2,5 m hoch → dunkelglänzendes Laub, Vasenrose	→ für niedrige Fassaden und Rosen-bögen, auch am Obelisken im Beet → schön zu hellrosa Rosen, zu violetter Clematis (> S. 153) oder zu blauem Langblättrigen Ehrenpreis (> S. 170)
			Laguna® ADR Kordes 2004 → öfterblühend Blüte: kräftig pink, dicht gefüllt, 10 cm Wuchs: 1 m breit, 2,5 m hoch → sehr gesundes Laub	→ für niedrige Fassaden und Rosen-bögen, auch am Obelisken im Beet; für romantische Pflanzungen → hübsch z. B. mit Salbei 'Purpuras-cens' (> S. 172) unterpflanzt
			Morning Jewel® ADR Cocker 1968 → öfterblühend Blüte: dunkelrosa, edelrosenartig ge-füllt, 8–10 cm Wuchs: 1 m breit, 2–3 m hoch → sehr gesundes Laub, hitzeverträglich	→ für kleine Pergolen, auch am Obelis-ken im Beet → klassisch schön z. B. zu blauem Lavendel (> S. 165) oder Sommer-Salbei (> S. 171)
			Rosarium Uetersen® Kordes 1977 → öfterblühend Blüte: dunkelrosa, rosettenartig stark gefüllt, in Dolden, 8–11 cm Wuchs: 1 m breit, 2 m hoch → sehr frosthart	→ auch als Strauchrose; schön als Kas-kadenrose auf einem Stamm; für Kübel-kultur geeignet; für niedrige Fassaden und Rosenbögen → schön z. B. mit blauem Lein (> S. 167) unterpflanzt oder zu violettem Feinstrahl (> S. 161)

Kletterrosen

Wuchsform	Wuchshöhe		Name/Eigenschaften	Verwendung/Gute Partner
Kletter-rosen	1,5–3 m		**Super Excelsa® ADR** Hetzel 1986 → öfterblühend Blüte: karminrosa, stark gefüllt, in großen Büscheln, 3 cm Wuchs: Rambler, überhängend, 3 m hoch → sehr gesund, reich und lang blühend	→ auch als Kaskadenrose auf einem Stamm; für Wände, Spaliere und Pergolen → schön zu allen weiß oder hellrosa blühenden Begleitern, z. B. Astern (› S. 157) im Herbst
			Zéphirine Drouhine Bizot 1868 Alte Rose → öfterblühend Blüte: leuchtend karminrosa, locker gefüllt, 8 cm Wuchs: kräftig, 3 m hoch → stachellos, frosthart, regenfest	→ auch als Strauchrose; für niedrige Fassaden und Rosenbögen; auch am Obelisken im Beet → Ton in Ton mit hellrosa Begleitern wie Bechermalven (› S. 181) oder Buschmalven (› S. 166)
	3–5 m		**Bleu Magenta** um 1900 → einmalblühend Blüte: purpurviolett, im Verblühen mauve, gefüllt, in großen Büscheln Wuchs: Rambler, 5 m hoch, 2,5 m breit → stachellos, verträgt Halbschatten	→ auch für größere Pergolen, Lauben und Laubengänge; klettert in kleinere Bäume → schön z. B. in Kombination mit hellrosa Begleitern wie Fingerhut (› S. 160) im Halbschatten oder Feinstrahl (› S. 161) in der Sonne
			Hiawatha Walsh 1904 → einmalblühend Blüte: purpurviolett mit weißer Mitte, einfach, klein, in großen flachen Dolden Wuchs: Rambler, 4,5 m hoch und höher → hellgrünes Laub, verträgt Halbschatten	→ für größere Spaliere und Bögen, auch für Pergolen und Lauben; klettert in kleinere Bäume → hübsch z. B. mit weiß blühender Unterpflanzung wie weißem Männertreu (› S. 181) oder Duftsteinrich (› S. 182)

Kletterrosen

Wuchsform	Wuchshöhe		Name/Eigenschaften	Verwendung/Gute Partner
Kletterrosen	3–5 m		**Parade** 🌹 Boerner 1953 → öfterblühend Blüte: dunkelpink, dicht gefüllt, groß, in Büscheln Wuchs: 3–4 m hoch → Vasenrose, sehr winterhart	→ für Rosenbögen und Obelisken; für romantische Pflanzungen → Ton in Ton z. B. mit Schwarzäugigem Storchschnabel (› S. 163) oder Blut-Storchschnabel (› S. 163)
			Veilchenblau Schmidt 1909 → einmalblühend Blüte: violett mit weißer Mitte, später lila, halb gefüllt, in Büscheln, 4 cm Wuchs: Rambler, 3–5 m hoch → fast stachellos, verträgt Halbschatten	→ auch für größere Pergolen und Lauben; für breite Rosenbögen → sehr schön z. B. zu violetter Clematis (› S. 153) oder weiß blühender Unterpflanzung, etwa mit weißem Lein (› S. 167)
	› 5 m		**American Pillar** Van Fleet 1902 → einmalblühend Blüte: karminrosa mit weißer Mitte, einfach, in großen Büscheln Wuchs: Rambler, starkwüchsig → verträgt Halbschatten, aber keine Hitze	→ auch für große Pergolen, Lauben und Laubengänge, Pavillons; klettert in Bäume → harmoniert mit allen weiß und rosa blühenden Nachbarn, z. B. Spornblumen (› S. 158) oder Lichtnelken (› S. 172)
			Russeliana um 1840 → einmalblühend Blüte: dunkelviolett, im Verblühen mauve, gut gefüllt, in Büscheln Wuchs: Rambler, starkwüchsig → verträgt Halbschatten, raues Laub	→ auch für große Pergolen, Lauben und Laubengänge, Pavillons; klettert in Bäume → hübsch zu hellrosa Partnern, z. B. Fingerhut (› S. 160), sowie zu dunkelvioletten Partnern wie Sommer-Salbei (› S. 171)

Strauchrosen

Wuchsform	Wuchshöhe		Name/Eigenschaften	Verwendung/Gute Partner
Strauch-rosen	bis 1,2 m		**Agnés Schilliger®** Guillot 2002 → öfterblühend Blüte: purpurrosa, in der Mitte orange, dicht gefüllt Wuchs: buschig kompakt, 1 m hoch → verträgt Halbschatten	→ einzeln oder in Gruppen; auch für Kübelkultur; für gemischte Rabatten → harmoniert mit orange und rosa blühenden Partnern wie Schlafmützchen (> S.179) oder Lichtnelke (> S.172)
			Camaieux Vibert 1830 Alte Rose → einmalblühend Blüte: karminrosa mit weißen Streifen, später lavendelfarben, locker gefüllt Wuchs: buschig überhängend, 1 m hoch → verträgt Halbschatten, kaum Stacheln	→ einzeln oder in Gruppen; auch für Hecken; für Kübelkultur geeignet; für gemischte Rabatten → harmoniert prima mit allen weiß oder rosa blühenden Begleitern
			Chartreuse de Parme® Delbard 1996 → öfterblühend Blüte: dunkelviolettrosa, dicht gefüllt Wuchs: buschig kompakt, 0,8 m hoch → starker, sehr fruchtiger Duft	→ einzeln oder in Gruppen; für Kübelkultur geeignet; für gemischte Rabatten → klassisch schön z. B. zu Lavendel (> S. 165) oder Blauraute (> S. 170)
			Dan Poncet® Guillot 1999 → öfterblühend Blüte: dunkelkarminrosa, rosettenartig dicht gefüllt, in Büscheln Wuchs: buschig kompakt, 0,8 m hoch → reich und lang blühend	→ einzeln oder in Gruppen; für Kübelkultur geeignet; wegen des Dufts in Sitzplatznähe; für gemischte Rabatten → Ton in Ton z. B. mit Phlox (> S. 170) oder Salbei 'Purpurascens' (> S. 172)

Strauchrosen

Wuchsform	Wuchshöhe		Name/Eigenschaften	Verwendung/Gute Partner
Strauch-rosen	bis 1,2 m		**Falstaff®** 🌿 🌹 Austin 1999 Englische Rose → öfterblühend Blüte: zunächst karmesinrot, später pur-purviolett, dicht gefüllt Wuchs: buschig aufrecht, 1 m hoch → Vasenrose, duftet wie Alte Rose	→ einzeln oder in Gruppen; für Kübel-kultur geeignet; für gemischte Rabatten; wegen des Dufts in Sitzplatznähe → passt zu hellrosa Begleitern, z. B. Bechermalven (› S. 181), aber auch zu apricotfarbenen Rosen
			Felicitas® ADR Kordes 1998 → öfterblühend Blüte: karminrosa, einfach, sichtbare Staubgefäße, in Dolden, 4 cm Wuchs: überhängend, 0,8–1,2 m hoch → sehr gesund, gute Selbstreinigung	→ einzeln oder in Gruppen; auch für flächige Pflanzungen; schön an Bö-schungen oder Mauerkronen → für naturnahe Gärten, z. B. mit Gräsern wie Blaustrahlhafer (› S. 175)
			Officinalis 🌿 vor 1310 Alte Rose → einmalblühend Blüte: karminrosa, halb gefüllt, mit sichtbaren gelben Staubgefäßen Wuchs: breitbuschig, um 1 m hoch → verträgt Halbschatten, Hagebutten	→ einzeln oder in Gruppen; ideal für Hecken; für Kübelkultur geeignet → schön in naturnahen Gärten zusam-men mit Gräsern, z. B. Silber-Ährengras (› S. 177)
			Portland 🌿 um 1790 Alte Rose → öfterblühend Blüte: dunkelrosa, halb gefüllt Wuchs: breitbuschig, 0,9–1 m hoch → hellgrüne Blätter, viele Stacheln	→ einzeln oder in Gruppen; für Kübel-kultur geeignet; in gemischten Rabatten → schön zu hellrosa Rosen oder zu Salbei 'Purpurascens' (› S. 172)

Strauchrosen

Wuchsform	Wuchshöhe		Name/Eigenschaften	Verwendung/Gute Partner
Strauch-rosen	bis 1,2 m		**Rose de Resht** 🌿 🌹 1950 eingeführt Alte Rose → öfterblühend Blüte: purpurrosa, rosetten- bis pompon-förmig, dicht gefüllt, 7 cm Wuchs: breitbuschig, 0,8–1 m hoch → sehr frosthart	→ einzeln oder in Gruppen; auch für Hecken; für Kübelkultur geeignet; wegen des Dufts in Sitzplatznähe; in gemischten Rabatten → harmonisch z. B. zu blauer Katzenminze (› S. 169)
			Yolande d'Aragon 🌿 🌹 Vibert 1843 Alte Rose → remontierend Blüte: dunkel rosarot, dicht gefüllt, in Büscheln Wuchs: aufrecht, 1–1,2 m hoch → große hellgrüne Blätter, anspruchslos	→ einzeln oder in Gruppen; wegen des Dufts in Sitzplatznähe; für romantische Pflanzungen; in gemischten Rabatten → schön z. B. zu blauem und weißem Rittersporn (› S. 160)
	1,2–1,5 m		**Cardinal de Richelieu** 🌹 Parmentier vor 1847 Alte Rose → einmalblühend Blüte: dunkel purpurrosa, im Verblühen violett, dicht gefüllt Wuchs: buschig überhängend → kaum Stacheln, hitzeempfindlich	→ einzeln oder in Gruppen; auch als Hochstamm schön; in gemischten Rabatten → harmoniert gut mit weißen und violetten Begleitern wie Glockenblumen (› S. 157/158)
			Charles de Mills 🌿 🌹 Alter unklar Alte Rose → einmalblühend Blüte: dunkel karminrosa bis violett, flache, dicht gefüllte Schalen Wuchs: breitbuschig, überhängend → Vasenrose, verträgt Halbschatten	→ einzeln oder in Gruppen; auch für Hecken; für Kübelkultur geeignet; in gemischten Rabatten → schön z. B. zu pinkfarbenen Lichtnelken (› S. 172) oder silbrigen Edelrauten (› S. 156)

Strauchrosen

Wuchsform	Wuchshöhe		Name/Eigenschaften	Verwendung/Gute Partner
Strauch-rosen	1,2–1,5 m		**F. J. Grootendorst** Grootendorst 1918 → öfterblühend Blüte: dunkel karminrosa bis rot, klein, gefüllt, in großen Büscheln Wuchs: breitbuschig, überhängend → verträgt Halbschatten, frosthart	→ am besten einzeln; auch für Hecken; als Grundstücksbegrenzung; für naturnahe Gärten → attraktiv z. B. zu Blauraute (› S. 170)
			Hagenbecks Tierpark® Meilland 1995 → einmalblühend Blüte: karminrosa, halb gefüllt mit sichtbaren Staubgefäßen, 7–9 cm Wuchs: breitbuschig → frosthart, robust	→ in Gruppen; auch für flächige Pflanzungen; für naturnahe Gärten; in gemischten Rabatten → hübsch z. B. zu Gräsern wie Blauschwingel (› S. 174) oder Blaustrahlhafer (› S. 175)
			Nuits de Young Laffay 1845 Alte Rose → einmalblühend Blüte: dunkel rosarot, im Verblühen purpurviolett, gefüllt, in Büscheln Wuchs: locker buschig → Moosrose mit Drüsenhaaren	→ einzeln oder in Gruppen; in gemischten Rabatten → harmoniert z. B. mit hellrosa Rosen sowie violetten Begleitern wie Pracht-Storchschnabel (› S. 162) oder Sommer-Salbei (› S. 171)
			Reine des Violettes Millet-Malet 1860 Alte Rose → remontierend Blüte: dunkelpurpurn bis violett, im Verblühen aufhellend, dicht gefüllt Wuchs: buschig überhängend → fast stachellos, sehr frosthart	→ einzeln oder in Gruppen; auch als Hochstamm; in gemischten Rabatten → hübsch z. B. zu Schwarzäugigem Storchschnabel (› S. 163) oder Sommer-Salbei (› S. 171)

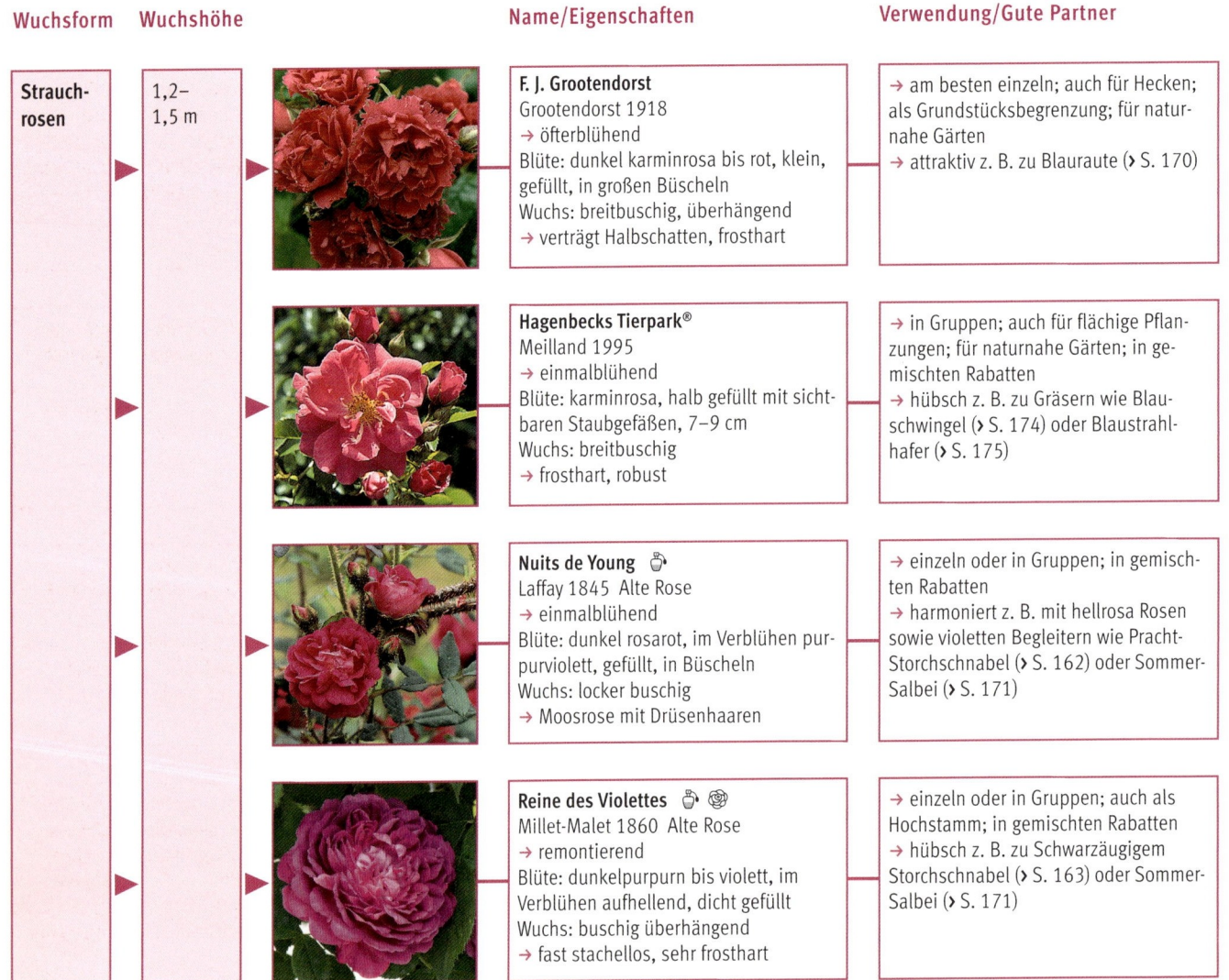

Strauchrosen

Wuchsform	Wuchshöhe		Name/Eigenschaften	Verwendung/Gute Partner
Strauch-rosen	1,2–1,5 m		**Romanze®** Tantau 1984 → öfterblühend Blüte: kräftig pink, edelrosenartig gefüllt, 8–12 cm Wuchs: buschig, 0,8 m breit → üppiger Herbstflor, frosthart	→ einzeln oder in Gruppen; auch für Hecken; für Kübelkultur geeignet; in gemischten Rabatten → schön zu hellrosa und weißen Rosen oder im Herbst zu violetten Astern (› S. 156/157)
			Rosenresli® ADR 🌸 Kordes 1986 → öfterblühend Blüte: dunkelrosa mit orangefarbenem Unterton, edel gefüllt, 10 cm Wuchs: buschig überhängend → sehr gesund, glänzendes Laub	→ einzeln oder in Gruppen; auch zum Beranken kleiner Spaliere; in gemischten Rabatten → passt z. B. gut zu blauen Kugel- und Edeldisteln (› S. 161/162)
	› 1,5 m		**American Beauty** 🌸 🌹 Ledéchaux 1875 Alte Rose → öfterblühend Blüte: leuchtend karminrosa, dicht gefüllt Wuchs: aufrecht, bis 1,8 m hoch → Vasenrose, sehr frosthart	→ einzeln oder in Gruppen; als Sichtschutz am Zaun; im Hintergrund gemischter Rabatten → schön z. B. zu dunkelblauem Rittersporn (› S. 160) oder silberlaubiger Edelraute (› S.156)
			Elmshorn Kordes 1951 öfterblühend → Blüte: kräftig rosarot, gut gefüllt, in großen Dolden Wuchs: überhängend, bis 2 m hoch → verträgt Halbschatten, frosthart	→ für raue Lagen; einzeln oder in Gruppen; auch zum Beranken von Obelisken und Säulen; als Sichtschutz am Zaun; auch für Hecken; im Hintergrund gemischter Rabatten → gut z. B. zu blauviolettem Ehrenpreis (› S. 170)

Strauchrosen

Wuchsform	Wuchshöhe		Name/Eigenschaften	Verwendung/Gute Partner
Strauch-rosen	› 1,5 m		**Madame Isaac Pereire** 🌿 🌹 Garçon 1881 Alte Rose → remontierend Blüte: tief purpurrosa, dicht gefüllt, Wuchs: überhängend, bis 2 m hoch, mit Stütze bis 3 m → in rauen Lagen Winterschutz nötig	→ am besten einzeln; auch als Kletter-rose verwendbar; zum Beranken von Obelisken und Säulen; als Sichtschutz am Zaun; im Hintergrund gemischter Rabatten → passt z. B. zu Steppenkerzen (› S. 161)
			New Look® ADR Noack 2009 → öfterblühend Blüte: karminrosa, im Abblühen hell-rosa, halb gefüllt, in Dolden, 8 cm Wuchs: kräftig, bis 1,9 m hoch → sehr gesund	→ einzeln oder in Gruppen; auch als Kletterrose verwendbar; als Sichtschutz am Zaun; im Hintergrund gemischter Rabatten → schön zu weißen und blau blühenden Begleitern wie Rittersporn (› S. 160)
			Tour de Malakoff 🌿 Soupert & Notting 1856 Alte Rose → einmalblühend Blüte: purpurn bis magenta, im Verblü-hen lila aufhellend, gefüllt Wuchs: überhängend, bis 2 m hoch → ungewöhnliches Farbspiel	→ einzeln oder in Gruppen; auch als Kletterrose verwendbar; als Sichtschutz am Zaun; im Hintergrund gemischter Rabatten → hübsch z. B. zu blauen Begleitern wie Katzenminze (› S. 169)
			William Lobb 🌿 🌹 Laffay 1855 Alte Rose → einmalblühend Blüte: karmin bis purpurrosa, im Verblü-hen lilagrau, gefüllt → Wuchs: überhängend, Triebe bis 3 m lang	→ am besten einzeln; aufgebunden auch als Kletterrose verwendbar; zum Beranken von Obelisken, Bögen und Säulen; als Sichtschutz am Zaun; im Hintergrund gemischter Rabatten → harmoniert z. B. mit Blut-Storch-schnabel (› S. 163)

Kleinstrauchrosen

Wuchsform	Wuchshöhe		Name/Eigenschaften	Verwendung/Gute Partner
Kleinstrauchrosen	bis 0,5 m		**Knirps® ADR** Kordes 1997 → öfterblühend Blüte: dunkelrosa, dicht gefüllt, in Büscheln, 3 cm Wuchs: flach niederliegend, 0,3 m hoch, 0,6 m breit	→ idealer Bodendecker; für flächige Pflanzungen; auch für Kübel, Töpfe und sogar Balkonkästen → hübsch z. B. zu weißem Duftsteinrich (› S. 182) oder blauem Männertreu (› S. 181)
			Limesstern® Pearce 2006 → öfterblühend Blüte: pinkrosa, locker gefüllt, klein, in Dolden Wuchs: 0,4 m hoch und breit → Dauerblüher, kleinlaubig	→ guter Bodendecker; für flächige Pflanzungen; für Kübelkultur; in gemischten Rabatten → hübsch z. B. zu weißen Glockenblumen (› S. 158)
			Magic Meidiland® ADR Meilland 1992 → öfterblühend Blüte: dunkelrosa, gefüllt, in Büscheln, 3–4 cm Wuchs: flach niederliegend, 0,4 m hoch → sehr gesundes Laub, frostfest	→ idealer Bodendecker; für flächige Pflanzungen; für Hänge und Böschungen → harmoniert mit hellrosa Flächenrosen oder violetten Begleitern wie Lavendel (› S. 165)
			Pretty Girl® Meilland 2008 → öfterblühend Blüte: pinkfarben, einfach mit gelben Staubgefäßen, 4–6 cm Wuchs: flach niederliegend, 0,4 m hoch → sehr frostfest, reichblühend	→ guter Bodendecker; für flächige Pflanzungen; für Hänge und Böschungen → hübsch z. B. zu Katzenminze (› S. 169) oder Blauraute (› S. 170)

Kleinstrauchrosen

Wuchsform	Wuchshöhe		Name/Eigenschaften	Verwendung/Gute Partner
Klein-strauch-rosen	bis 0,5 m		**Purple Meidiland® ADR** Radler/Meilland 2001 → öfterblühend Blüte: dunkelmagentarot, halb gefüllt, 6–7 cm Wuchs: buschig, 0,4–0,5 m hoch → sehr gesund, frostfest, robust	→ auch für raue Lagen; guter Bodendecker; für flächige Pflanzungen; in Rabatten → schön zu hellrosa oder weiß blühenden Nachbarn wie Spornblumen (› S. 158)
	0,5–0,8 m		**Heidetraum® ADR** Noack 1988 → öfterblühend Blüte: karminrosa, halb gefüllt, in Dolden, 4 cm Wuchs: breitbuschig → sehr gesund, verträgt Halbschatten	→ idealer Bodendecker; für flächige Pflanzungen; an Hängen und Böschungen; auch für Kübelkultur; in gemischten Rabatten → schön z. B. zu Sommer-Salbei (› S. 171)
			Mirato® ADR Tantau 1990 → öfterblühend Blüte: pinkfarben bis dunkelrosa, gefüllt, in großen Dolden, 6–7 cm Wuchs: breitbuschig, 0,5 m breit → sehr gesund, gute Selbstreinigung	→ guter Bodendecker; für flächige Pflanzungen; auch für Kübelkultur → harmoniert z. B. gut mit blauen Kugel- und Edeldisteln (› S. 161/162)
			Polarsonne® Strobel & Co. 1991 → öfterblühend Blüte: karminrosa, locker gefüllt, 5 cm Wuchs: buschig aufrecht → sehr frostfest und robust	→ guter Bodendecker; für flächige Pflanzungen; an Hängen und Böschungen; in Rabatten → schön z. B. zu rosa Stockrosen (› S. 178)

Kleinstrauchrosen

Wuchsform	Wuchshöhe		Name/Eigenschaften	Verwendung/Gute Partner
Kleinstrauchrosen	0,5–0,8 m		**Purple Roadrunner®** Uhl/Kordes 2007 → öfterblühend Blüte: purpurlila, locker gefüllt, 5 cm Wuchs: breitbuschig, 0,7 m hoch und breit → sehr gesund und frosthart, raues Laub	→ guter Bodendecker; für flächige Pflanzungen an Hängen und Böschungen; auch für Kübelkultur → hübsch z. B. zu weiß blühenden Begleitern wie weißem Fingerhut (> S. 160)
			Rosa rugosa Pierette® ADR Uhl/Tantau 1987 → öfterblühend Blüte: kräftig pink, locker gefüllt Wuchs: breitbuschig, bogig überhängend → sehr gesund, robust, Hagebutten	→ guter Bodendecker; für flächige Pflanzungen; für Hecken; für Randbepflanzungen in Rabatten → passt z. B. zu pinkfarbenen und weißen Lichtnelken (> S. 172)
			Rotes Meer® ADR Baum 1983 → öfterblühend Blüte: dunkelkarminrosa, halb gefüllt, 6–8 cm Wuchs: buschig aufrecht → verträgt Halbschatten, frosthart	→ guter Bodendecker; für flächige Pflanzungen; auch für Hecken; für Kübelkultur geeignet; in Rabatten → hübsch z. B. zu Katzenminze (> S. 169)
			Smart Roadrunner® ADR Uhl/Kordes 2001 → öfterblühend Blüte: dunkelrosa, gefüllt, in Büscheln, 5 cm Wuchs: breitbuschig, überhängend → sehr gesund, filigranes Laub	→ guter Bodendecker; für flächige Pflanzungen; in gemischten Rabatten → schön z. B. zu blauviolettem Sommer-Salbei (> S. 171)

Kleinstrauchrosen

Wuchsform	Wuchshöhe		Name/Eigenschaften	Verwendung/Gute Partner
Kleinstrauchrosen	0,5–0,8 m		**Stadt Rom® ADR** Tantau 2007 → öfterblühend Blüte: dunkelachsrosa, einfach, in Dolden, 6–7 cm Wuchs: dicht, flach buschig → farbstabil, reiche Herbstblüte	→ guter Bodendecker; für flächige Pflanzungen; für Hänge und Böschungen; für naturnahe Gärten; in Rabatten → schön z. B. im Herbst zu violetten Astern (› S. 156/157)
	› 0,8 m		**Blühwunder 08® ADR** Kordes 2008 → öfterblühend Blüte: leuchtend pink, halb gefüllt, mit gelben Staubgefäßen, in Dolden, 6 cm Wuchs: buschig, 0,9 m hoch und breit → sehr gesund, gute Selbstreinigung	→ guter Bodendecker; ideal für flächige Pflanzungen; für naturnahe Gärten; in gemischten Rabatten → schön z. B. zu Gräsern wie Reitgras (› S. 174)
			Juanita® ADR Kordes 2007 → öfterblühend Blüte: leuchtend pink, einfach, mit sichtbaren Staubgefäßen, in Dolden Wuchs: buschig, bis 1,1 m hoch → sehr gesund, reichblühend	→ guter Bodendecker; für flächige Pflanzungen; für naturnahe Gärten; in gemischten Rabatten → schön z. B. zu Blauraute (› S. 170) oder Säckelblume (› S. 152)
			Ravenna® ADR Noack 1999 → öfterblühend Blüte: pink, einfach, in Dolden, 4 cm Wuchs: aufrecht, bogig überhängend, 0,8–1 m hoch → sehr gesund, Hagebuttenansatz	→ guter Bodendecker; für flächige Pflanzungen; für naturnahe Gärten; in gemischten Rabatten → schön z. B. zu Gräsern wie Blaustrahlhafer (› S. 175)

Beetrosen

Wuchsform	Wuchshöhe		Name/Eigenschaften	Verwendung/Gute Partner
Beet-rosen	bis 0,6 m		**Acropolis®** Meilland 2001 → öfterblühend Blüte: verwaschen rosa, im Verblühen bräunlich, gefüllt, in Dolden, 5–6 cm Wuchs: buschig aufrecht, 0,4–0,6 m → ungewöhnliche Farbe, Vasenrose	→ in Gruppen für Rosenbeete und gemischte Rabatten; auch für Kübelkultur → harmoniert mit roten und rosa Rosen als Beetnachbarn sowie mit purpur- und karamelllaubigen Purpurglöckchen (> S. 165)
			Bad Wörishofen® ADR Kordes 2005 → öfterblühend Blüte: karminrosa, halb gefüllt, in Dolden 7 cm Wuchs: buschig, 0,5 m hoch und breit → sehr gesund, frosthart	→ in Gruppen für Rosenbeete und gemischte Rabatten; auch für flächige Pflanzungen → klassisch schön zu blauem Lavendel (> S. 165) oder Sommer-Salbei (> S. 171)
			Criollo® ADR Noack 1994 → öfterblühend Blüte: karminrosa, halb gefüllt, in Dolden, 6 cm Wuchs: aufrecht, kompakt, 0,4–0,5 m → sehr gesund, glänzendes Laub	→ in Gruppen für Rosenbeete und gemischte Rabatten; für naturnahe Gärten → harmoniert gut mit weißen und hellrosa Partnern, etwa Spornblumen (> S. 158)
			Heidi Klum Rose® Tantau 2006 → öfterblühend Blüte: violettrosa, dicht gefüllt, 6–9 cm Wuchs: buschig kompakt, 0,4–0,5 m → reichblühend	→ in Gruppen für Rosenbeete und gemischte Rabatten; für Kübelkultur; wegen des Dufts in Sitzplatznähe → harmoniert z. B. gut mit weißem Duftsteinrich (> S. 182) oder violettem Feinstrahl (> S. 161)

Beetrosen

Wuchsform	Wuchshöhe		Name/Eigenschaften	Verwendung/Gute Partner
Beet-rosen	bis 0,6 m		**Medley Pink® ADR** Noack 2002/2003 → öfterblühend Blüte: dunkelrosa, halb gefüllt, in Dolden, 4 cm Wuchs: buschig kompakt, 0,3–0,4 m → sehr gesund, glänzendes Laub	→ in Gruppen für Rosenbeete und gemischte Rabatten; für Kübelkultur → schön z. B. zu Sommer-Salbei (› S. 171) oder Salbei 'Purpurascens' (› S. 172)
			Neon® ADR Kordes 2001 → öfterblühend Blüte: leuchtend karminrosa, halb gefüllt, in Büscheln, 5 cm Wuchs: breit, 0,5 m hoch und breit → sehr gesund, hitzeverträglich	→ in Gruppen für Rosenbeete und gemischte Rabatten; auch für flächige Pflanzungen; für Hänge und Böschungen → harmoniert gut z. B. mit Spornblumen (› S. 158) oder silberlaubigem Salbei 'Berggarten' (› S. 172)
			Shocking Blue® Kordes 1975 → öfterblühend Blüte: lila, gefüllt, 6 cm Wuchs: buschig aufrecht, 0,6 m hoch → außergewöhnlich »blaue« Farbe	→ in Gruppen für Rosenbeete und gemischte Rabatten; wegen des Dufts in Sitzplatznähe → passt gut zu hellrosa Begleitern wie Bechermalven (› S. 181) sowie zu silberlaubigen wie Woll-Ziest (› S. 173)
			Sonia Meilove® Meilland 1995 → öfterblühend Blüte: pink, rosettenartig, gut gefüllt, in Dolden, 5–6 cm Wuchs: buschig aufrecht, 0,4–0,6 m	→ in Gruppen für Rosenbeete und gemischte Rabatten; auch für Kübelkultur → schön z. B. zu rosa Duftsteinrich (› S. 182)

Beetrosen

Wuchsform	Wuchshöhe		Name/Eigenschaften	Verwendung/Gute Partner
Beet-rosen	0,6–0,8 m		**Blue Parfum®** Tantau 1978 → öfterblühend Blüte: violett bis dunkellila, edelrosen-artig gefüllt, 8–11 cm Wuchs: buschig aufrecht → außergewöhnliche »blaue« Farbe	→ nur für gute Rosenstandorte; in Gruppen für Rosenbeete und gemischte Rabatten; auch für Kübelkultur; wegen des Dufts in Sitzplatznähe → edel mit weißen Partnern, z. B. Sommer-Schleierkraut in Weiß (› S. 179)
			**Deep Impression®** Tantau 2008 → öfterblühend Blüte: rot und karminrosa gestreift, edelrosenartig gefüllt, 6–8 cm Wuchs: dichtbuschig, rund → außergewöhnliches Farbspiel	→ für gute Rosenstandorte; in Gruppen für Rosenbeete und gemischte Rabatten → harmoniert mit rosa und roten Beetpartnern, auch schön mit purpurlaubigen Begleitern wie Purpurglöckchen (› S. 165)
			**Leonardo da Vinci®** Meilland 1993 → öfterblühend Blüte: dunkelrosa, dicht gefüllt, in Büscheln, 5–7 cm Wuchs: buschig aufrecht → reichblühend, regenfest, farbstabil	→ in Gruppen für Rosenbeete und gemischte Rabatten; auch für Kübelkultur; für Hecken geeignet; für romantische Pflanzungen → schön z. B. zu weißem Feinstrahl (› S. 161)
			**Pomponella® ADR** Kordes 2005 → öfterblühend Blüte: kräftig dunkelrosa, pomponartig, dicht gefüllt, 4 cm Wuchs: buschig aufrecht → sehr gesund, reichblühend	→ in Gruppen für Rosenbeete und gemischte Rabatten; für romantische Pflanzungen → harmoniert prima mit hellrosa und violetten Begleitern, z. B. Bechermalven (› S. 181) im Sommer oder Kissen-Astern (› S. 157) im Herbst

Beetrosen

Wuchsform	Wuchshöhe		Name/Eigenschaften	Verwendung/Gute Partner
Beet-rosen	> 0,8 m		**Donauprinzessin®** Noack 1994 → öfterblühend Blüte: dunkelrosa, edelrosenartig gefüllt, in Dolden, 6 cm Wuchs: buschig aufrecht, 0,9 m → farbstabil, gute Vasenrose	→ in Gruppen für Rosenbeete und gemischte Rabatten → passt z. B. gut zu blauem und weißem Rittersporn (› S. 160) oder zu Blauraute (› S. 170)
			Escapade® Harkness 1967 → öfterblühend Blüte: magentarosa, halb gefüllt, mit gelben Staubgefäßen Wuchs: aufrecht, 0,8–1 m hoch → sehr gesund, reichblühend	→ in Gruppen für Rosenbeete und gemischte Rabatten; für Hecken; schön in naturnahen Gärten → passt z. B. zu rosa und weißen Stockrosen (› S. 178)
			Heimatmelodie® Tantau 2000 → öfterblühend Blüte: Blütenblätter innen karminrosarot, außen weiß, edel gefüllt, 8–10 cm Wuchs: buschig aufrecht, bis 1 m → außergewöhnliches Farbspiel	→ in Gruppen für Rosenbeete und gemischte Rabatten → harmoniert mit weißen, rosa und roten Beetpartnern und kann zwischen schwierigen Kontrasten vermitteln
			Rhapsody in Blue® Warner 2002 → öfterblühend Blüte: violett bis dunkellila, halb gefüllt, mit sichtbaren Staubgefäßen, 5–6 cm Wuchs: aufrecht, bis 1,2 m hoch → außergewöhnlich »blaue« Farbe	→ einzeln oder in Gruppen; auch als Strauchrose verwendbar; für Rosenbeete und gemischte Rabatten → sehr schön zu weißen oder hellrosa Begleitern, etwa Schmuckkörbchen (› S. 178)

Edelrosen

Wuchsform	Wuchshöhe		Name/Eigenschaften	Verwendung/Gute Partner
Edelrosen	bis 0,7 m		**Derby®** Dorieux 2000 → öfterblühend Blüte: magenta bis lila, edel gefüllt, 8–10 cm Wuchs: buschig aufrecht, 0,5–0,7 m → Vasenrose	→ in kleinen Gruppen für Rosenbeete und gemischte Rabatten → harmoniert z. B. gut mit blauer Katzenminze (› S. 169) sowie mit silberlaubiger Zwerg-Edelraute (› S. 156)
			Old Port® MC Gredy 1994 → öfterblühend Blüte: dunkellila, dicht gefüllt Wuchs: buschig aufrecht, 0,5–0,7 m → außergewöhnliche Farbe, Vasenrose	→ in kleinen Gruppen für Rosenbeete und gemischte Rabatten; für romantische Pflanzungen → schön z. B. zu Begleitern wie rosaviolettem Blut-Storchschnabel (› S. 163)
	0,7–1 m		**Arosia®** Noack 2006 → öfterblühend Blüte: dunkelrosa, edel gefüllt, 10 cm Wuchs: buschig aufrecht → Vasenrose, glänzendes Laub	→ in kleinen Gruppen für Rosenbeete und gemischte Rabatten → hübsch z. B. zu weißem, rosa oder violettem Buntschopf-Salbei (› S. 184)
			Ascot® Tantau 2007 → öfterblühend Blüte: purpurviolett, dicht gefüllt, 10–12 cm Wuchs: buschig, kompakt → haltbare Vasenrose	→ in kleinen Gruppen für Rosenbeete und gemischte Rabatten; auch für Kübelkultur geeignet → schön z. B. zu Salbei 'Purpurascens' (› S. 172) sowie zu weißen oder rosa Pfingst-Nelken (› S. 160)

Edelrosen

Wuchsform	Wuchshöhe		Name/Eigenschaften	Verwendung/Gute Partner
Edelrosen	0,7–1 m		**Caprice de Meilland®** 🌸 Meilland 1997 → öfterblühend Blüte: dunkelrosa, gefüllt, 8–10 cm Wuchs: buschig aufrecht → Vasenrose, hitzeempfindlich, duftet wie Alte Rosen	→ in kleinen Gruppen für Rosenbeete und gemischte Rabatten; wegen des Dufts in Sitzplatznähe → apart z. B. zu weißem Schleierkraut (› S. 163) oder rosa Phlox (› S. 170)
			Duftrausch® 🌸 Tantau 1986 → öfterblühend Blüte: lilarosa, edel gefüllt, 8–10 cm Wuchs: buschig aufrecht → Vasenrose, außergewöhnliche Farbe	→ in kleinen Gruppen für Rosenbeete und gemischte Rabatten; wegen des Dufts in Sitzplatznähe → schön z. B. zu rosa oder weißen Spornblumen (› S. 158)
			Elbflorenz® ADR 🌸 🌹 Meilland 2006 → öfterblühend Blüte: karminrosarot, dicht gefüllt, 8–10 cm Wuchs: buschig aufrecht → sehr gesund, Vasenrose	→ in kleinen Gruppen für Rosenbeete und gemischte Rabatten; wegen des Dufts in Sitzplatznähe; für romantische Pflanzungen → hübsch z. B. zu hellrosa Bechermalven (› S. 181)
			Mainzer Fastnacht® 🌸 Tantau 1964 → öfterblühend Blüte: fliederfarben lila, edel gefüllt, 8–10 cm Wuchs: straff aufrecht, 0,4 m breit → einzigartige Farbe, langblühend	→ in kleinen Gruppen für Rosenbeete und gemischte Rabatten; wegen des Dufts in Sitzplatznähe → hübsche Herbstbilder Ton in Ton z. B. zu rosa und violetten Astern (› S. 156/157)

Edelrosen

Wuchsform	Wuchshöhe		Name/Eigenschaften	Verwendung/Gute Partner
Edelrosen	0,7–1 m		**Parole®** Kordes 2001 → öfterblühend Blüte: leuchtend pink, edel gefüllt, 12–14 cm Wuchs: buschig aufrecht, 0,5 m breit → gute Vasenrose	→ in kleinen Gruppen für Rosenbeete und gemischte Rabatten; wegen des Dufts in Sitzplatznähe → klassisch schön zu blauem Lavendel (› S. 165) oder Sommer-Salbei (› S. 171)
			Senteur Royale® Tantau 2004 → öfterblühend Blüte: purpurviolett, dicht gefüllt, 9–12 cm Wuchs: buschig aufrecht → robust, glänzendes Laub	→ in kleinen Gruppen für Rosenbeete und gemischte Rabatten; wegen des Dufts in Sitzplatznähe; für romantische Pflanzungen → apart z. B. zu blauen Begleitern wie Katzenminze (› S. 169) oder Jungfer im Grünen (› S. 183)
	› 1 m		**Lady Like®** Tantau 1989 → öfterblühend Blüte: dunkelrosa, elegant gefüllt, 9–12 cm Wuchs: buschig aufrecht, bis 1,5 m → gute Vasenrose, frosthart	→ einzeln oder in kleinen Gruppen; für Rosenbeete und Rabatten; wegen des Dufts in Sitzplatznähe → edel z. B. zu weißen Madonnen-Lilien (› S. 167) oder blauem Rittersporn (› S. 160)
			Walzertraum® Tantau 2003 → öfterblühend Blüte: intensiv dunkelrosa, dicht gefüllt, 10–12 cm Wuchs: buschig aufrecht → gute Vasenrose, farbstabil	→ in kleinen Gruppen für Rosenbeete und gemischte Rabatten → Ton in Ton z. B. zu Schwarzäugigem Storchschnabel (› S. 163) oder rosa Phlox (› S. 170)

Kletterrosen

Wuchsform	Wuchshöhe		Name/Eigenschaften	Verwendung/Gute Partner
Kletter-rosen	1,5–3 m		**Coral Dawn®** Boerner-Jackson & Perkins 1952 → öfterblühend Blüte: kräftig rosa, gut gefüllt, in Büscheln, 8–10 cm Wuchs: 0,8–1 m breit → ledrig glänzende Blätter	→ für niedrige Fassaden und Rosenbögen; auch am Obelisken im Beet → schön zu violetter Clematis (> S. 153) sowie z. B. zu violettem Pracht-Storchschnabel (> S. 162)
			**Graciosa®** Noack 2002 → öfterblühend Blüte: zart pastellrosa, fast weiß, gut gefüllt, in Dolden, 10 cm Wuchs: buschig → Vasenrose, glänzendes Laub	→ für niedrige Fassaden und Rosenbögen; auch am Obelisken im Beet → Ton in Ton zu kräftig rosafarbenen Begleitern wie Spornblumen (> S. 158) oder rosa Clematis (> S. 153)
			**Harlekin®** Kordes 1986 → öfterblühend Blüte: zweifarbig weiß mit kräftig rosafarbenem Rand, gefüllt, 8–10 cm Wuchs: buschig → dunkelgrün glänzendes Laub	→ für niedrige Fassaden, Pergolen und Rosenbögen; auch am Obelisken im Beet → harmoniert gut mit weiß- und rosablühenden Begleitern, z. B. Lichtnelken (> S. 172) in beiden Farben
			**Jasmina® ADR** Kordes 2005 → öfterblühend Blüte: violett-rosa, dicht gefüllt, in Büscheln, 8–9 cm Wuchs: 1,8–2,5 m hoch, 0,8 m breit → gesundes Laub, reichblühend	→ für niedrige Fassaden und Rosenbögen; auch am Obelisken im Beet; für romantische Pflanzungen → schön z. B. zu silber- und purpurlaubigem Salbei (> S. 172)

Kletterrosen

Wuchsform	Wuchshöhe		Name/Eigenschaften	Verwendung/Gute Partner
Kletterrosen	1,5–3 m		**Manita® ADR** Kordes 1996 → öfterblühend Blüte: rosa mit gelblich weißer Mitte, locker gefüllt, 9 cm Wuchs: bis 1 m breit → gesundes Laub, frosthart	→ für niedrige Fassaden und Rosenbögen; auch am Obelisken im Beet → passt z. B. zu dunkelrosa Spornblumen (> S. 158) oder weißer Clematis (> S. 153)
			**Nahéma®** Delbard 1998 → öfterblühend Blüte: hellrosa, dicht gefüllt Wuchs: bis 1 m breit → hitzeverträglich, Duft fruchtig-zitronig	→ für niedrige Fassaden und Rosenbögen; am Obelisken im Beet; wegen des Dufts in Sitzplatznähe → romantisch zu silberlaubigen Partnern wie Edelrauten (> S. 156) oder Woll-Ziest (> S. 173)
			**Raubritter®** Kordes 1936 → einmalblühend Blüte: kräftig rosa, ballonförmig bis kugelig, locker gefüllt, in Dolden, 4 cm Wuchs: Rambler, breitbuschig → sehr frosthart	→ für niedrige Fassaden und Rosenbögen; auch freistehend als Strauchrose; für romantische Pflanzungen → schön zu Madonnen-Lilien (> S. 167) oder pinkfarbenem Schwarzäugigem Storchschnabel (> S. 163)
			**Super Dorothy®** Hetzel 1986 → öfterblühend Blüte: kräftig rosa, gut gefüllt, in Büscheln, 3 cm Wuchs: Rambler, überhängend, 2 m breit → reichblühend, hitzeverträglich	→ für niedrige Fassaden, Pergolen und Rosenbögen; auch schön als Kaskadenrose → stilecht in Bauerngärten zu Prachtstauden wie Phlox (> S. 170) oder Rittersporn (> S. 160)

Hellrosa

Kletterrosen

Wuchsform	Wuchshöhe		Name/Eigenschaften	Verwendung/Gute Partner
Kletter-rosen	3–5 m		**Apple Blossom** Burbank 1932 → einmalblühend Blüte: zartrosa weiß, halb gefüllt, in großen Büscheln, 4 cm; Wuchs: Rambler, ca. 3,5 m hoch → halbschattenverträglich, frosthart	→ für raue Lagen geeignet; für Hausfassaden und Rosenbögen; auch für größere Pergolen und Lauben → hübsch zu weiß oder rosa blühender Unterpflanzung, etwa Duftsteinrich (> S. 182) oder zu hohen Stockrosen (> S. 178)
			**Constance Spry** Austin 1961 Englische Rose → einmalblühend Blüte: klarrosa, päonienartig dicht gefüllt, 8–10 cm Wuchs: ca. 3,5 m hoch, 2 m breit → halbschattenverträglich, Myrrheduft	→ für Hausfassaden und Rosenbögen; für größere Lauben und Pergolen; auch frei stehend als Strauchrose; für romantische Pflanzungen → klassisch schön zu blauen Begleitern wie Rittersporn (> S. 160) oder Sommer-Salbei (> S. 171)
			**Giardina®** Tantau 2008 → öfterblühend Blüte: hellrosa, dicht gefüllt, in Dolden, 8–10 cm Wuchs: buschig, 3–4 m hoch → gute Vasenrose	→ für Hausfassaden und Rosenbögen; auch für größere Lauben und Pergolen; am Obelisken im Beet; für romantische Pflanzungen → schön z. B. mit Duft-Wicken (> S. 181) oder zu silberlaubigen Edelrauten (> S. 156)
			Maria Lisa Liebau 1936 → einmalblühend Blüte: kräftig rosa mit weißer Mitte, einfach, in Dolden, 2–3 cm Wuchs: Rambler, 1,5 m breit → halbschattenverträglich	→ für Hausfassaden und Rosenbögen; für größere Lauben und Pergolen; auch frei stehend als Strauch am Zaun; hübsch als Kaskadenrose → schön z. B. zu weiß blühenden Nachbarn wie weißem Rittersporn (> S. 160)

Hellrosa

Kletterrosen

Wuchsform	Wuchshöhe		Name/Eigenschaften	Verwendung/Gute Partner
Kletter-rosen	3–5 m		**Minnehaha** Walsh 1905 → einmalblühend Blüte: hellrosa, gefüllt, in Dolden, 3 cm Wuchs: Rambler, 3–4 m hoch → verträgt Halbschatten, keine Stauhitze	→ für Hausfassaden und Rosenbögen; auch für größere Lauben und Pergolen → harmonisch z. B. im Halbschatten zu Fingerhut (> S. 160) oder in der Sonne zu einjährigem Mehligem Salbei (> S. 184)
			**New Dawn** Sommerset Nursery 1930 → öfterblühend Blüte: zart cremerosa, locker edelrosenartig gefüllt, 6–8 cm Wuchs: 3–4 m hoch → halbschattentauglich, sehr frosthart	→ für Fassaden, Pergolen und Rosenbögen → schön z. B. hinter blauen Glockenblumen (> S. 157/158) oder blauen Kugeldisteln (> S. 161)
			**Paul Noel** Tanne 1913 → einmalblühend Blüte: rosa mit Lachston, stark gefüllt, 9 cm Wuchs: Rambler, 3–4 m hoch → halbschattenverträglich	→ für Hausfassaden und Rosenbögen; auch für größere Lauben und Pergolen; wegen des Dufts in Sitzplatznähe → harmoniert auch mit gelb- oder apricotfarben blühenden Partnern wie Schafgarben (> S. 154) oder Taglilien (> S. 164)
	> 5 m		**Paul's Himalayan Musk** 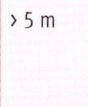 Paul (Alter unbekannt) → einmalblühend Blüte: zart violettrosa bis weiß, rosettig gefüllt, in Dolden, 2–3 cm Wuchs: Rambler, starkwüchsig, 5–10 m → halbschattenverträglich, robust	→ auch für große Pergolen, Lauben, Laubengänge, Pavillons; rankt in hohe Baumkronen → hübsch zu weißen oder rosa blühenden Stauden in der Nachbarschaft, etwa Levkojen (> S. 182) oder Stockrosen (> S. 178)

Hellrosa

Strauchrosen

Wuchsform	Wuchshöhe		Name/Eigenschaften	Verwendung/Gute Partner
Strauchrosen	bis 1,2 m		**Angela® ADR** Kordes 1984 → öfterblühend Blüte: kräftig altrosa, locker gefüllt, in Büscheln, 4 cm Wuchs: buschig aufrecht, 1 m hoch → sehr gesund, hitzeverträglich	→ einzeln oder in Gruppen; auch für Hecken geeignet; passt in naturnahe Pflanzungen; für gemischte Rabatten → schön zu weiß blühenden Begleitern wie weißen Bechermalven (› S. 181)
			**Armada® ADR** Harkness 1989 → öfterblühend Blüte: intensiv rosa, edelrosenartig gefüllt, in Büscheln Wuchs: buschig aufrecht, 0,8–1,2 m → gesundes Laub, gute Schnittrose	→ einzeln oder in Gruppen; auch für Hecken geeignet; für gemischte Rabatten → elegant zu weißen oder blau blühenden Nachbarn wie Madonnen-Lilien (› S. 167) oder Lavendel (› S. 165)
			**Bremer Stadtmusikanten®** Kordes 2000 → öfterblühend Blüte: pastellig cremerosa mit dunklerer Mitte, kamelienähnlich gefüllt, 8 cm Wuchs: buschig aufrecht, 1–1,2 m → reichblühend	→ am besten in Gruppen; auch für Hecken sowie für Kübelkultur geeignet; in gemischten Rabatten → romantisch z. B. zu weißem Schleierkraut (› S. 163) oder Feinstrahl (› S. 161)
			**Brother Cadfael**  Austin 1990 Englische Rose → öfterblühend Blüte: hellrosa, päonienartig groß und dicht gefüllt Wuchs: buschig, 1 m hoch → gute Schnittrose	→ am besten einzeln; auch in gemischten Rabatten; wegen des Dufts in Sitzplatznähe → ideal für nostalgische Pflanzungen oder für Bauerngärten, zusammen mit Rittersporn (› S. 160) oder Phlox (› S. 170)

Hellrosa

Strauchrosen

Wuchsform	Wuchshöhe		Name/Eigenschaften	Verwendung/Gute Partner
Strauch-rosen	bis 1,2 m		**Dortmunder Kaiserhain® ADR** Noack 2006 → öfterblühend Blüte: zartrosa, gut gefüllt, in Dolden, 7 cm Wuchs: buschig, überhängend, 1 m hoch → gute Vasenrose, sehr gesund	→ einzeln oder in Gruppen; in gemischten Rabatten → schön in Ton-in-Ton-Pflanzungen zu weißen, rosa und violetten Partnern, etwa Schmuckkörbchen (› S. 178) oder Vanilleblume (› S. 180)
			**Eglantyne®** Austin 1994 Englische Rose → öfterblühend Blüte: zartrosa, dicht gefüllt, schalenförmig, groß Wuchs: buschig, überhängend, 1 m hoch → süßer Duft	→ einzeln oder in Gruppen; in gemischten Rabatten; passt in romantische Pflanzungen und Bauerngärten → apart zu silberlaubigen Begleitern wie Edelrauten (› S. 156) oder Woll-Ziest (› S. 173)
			**Gartenträume®** Tantau 2005 → öfterblühend Blüte: hellrosa, dicht gefüllt, 8–10 cm Wuchs: zunächst 1 m hoch, später bis 1,4 m → gute Vasenrose	→ einzeln oder in Gruppen; wegen des Dufts in Sitzplatznähe; in gemischten Rabatten; passt in romantische Pflanzungen → kontraststark zu blauem Sommer-Salbei (› S. 171) oder Rittersporn (› S. 160)
			**Petite de Hollande** vor 1800 Alte Rose → einmalblühend Blüte: zartrosa, am Rand heller, dicht gefüllt Wuchs: buschig, gedrungen, bis 1,2 m → sehr frosthart, halbschattenverträglich	→ einzeln oder in Gruppen; gut für Kübelkultur geeignet; wegen des Dufts in Sitzplatznähe; in gemischten Rabatten → klassisch schön zu silberlaubigen Begleitern wie Woll-Ziest (› S. 173) oder bläulicher Wein-Raute (› S. 171)

Hellrosa

Strauchrosen

Wuchsform	Wuchshöhe		Name/Eigenschaften	Verwendung/Gute Partner
Strauch-rosen	bis 1,2 m		**Saremo® ADR** Noack 1999 → öfterblühend Blüte: hellrosa, locker gefüllt, 8 cm Wuchs: buschig, überhängend, 1,2 m hoch und breit → sehr gesundes, glänzendes Laub	→ einzeln oder in Gruppen; in gemischten Rabatten → schön z. B. mit Rosen in dunklerem Rosa und Weiß sowie mit blauer Unterpflanzung, z. B. aus Männertreu (› S. 181) oder Jungfer im Grünen (› S. 183)
			The Alnwick Rose® Austin 2001 Englische Rose → öfterblühend Blüte: warm hellrosa, am Rand etwas heller, dicht gefüllte Schalen Wuchs: rundlich buschig, 0,8–1,2 m → gute Vasenrose, blüht bis zum Frost	→ einzeln oder in Gruppen; in gemischten Rabatten → passt in romantische Pflanzungen, z. B. Ton in Ton zu magentafarbenen und violetten Nachbarn wie Lichtnelken (› S. 172) und im Herbst zu Astern (› S. 156/157)
			**Versicolor** 1583 Alte Rose → einmalblühend Blüte: weiß mit rosa Streifen, halb gefüllt mit sichtbaren Staubgefäßen, 8 cm Wuchs: buschig, überhängend, 1 m → sehr frosthart, halbschattenverträglich	→ einzeln oder in Gruppen; als niedrige Hecke geeignet; in gemischten Rabatten → schön zu weißen und rosa Nachbarn wie z. B. Spornblumen (› S. 158) und Moschus-Malven (› S. 168)
			**Zaide®** Kordes 2007 → öfterblühend Blüte: kräftig rosa, dicht gefüllt, 10 cm Wuchs: buschig, später überhängend, 1,2 m hoch → regenfest, fruchtiger Duft	→ einzeln oder in Gruppen; gut für Kübelkultur geeignet; wegen des Dufts in Sitzplatznähe; in gemischten Rabatten → kontraststark zu blauen Begleitern wie Kugeldisteln (› S. 161) oder Sommer-Salbei (› S. 171)

Strauchrosen

Wuchsform	Wuchshöhe		Name/Eigenschaften	Verwendung/Gute Partner
Strauch-rosen	1,2–1,5 m		**Celsiana** 🏺 vor 1750 Alte Rose → einmalblühend Blüte: halb gefüllt, seidig, zart pastellrosa mit weißen Partien, 10 cm Wuchs: buschig aufrecht, 1,2 m breit → regenfest, halbschattenverträglich	→ einzeln oder in Gruppen; wegen des Dufts in Sitzplatznähe; für Hecken geeignet; passt in naturnahe Gärten und gemischte Rabatten → hübsch z. B. zu Katzenminze (❯ S. 169) oder blauer Edeldistel (❯ S. 162)
			**Centenaire de Lourdes** 🏺 Delbard-Chabert 1958 → öfterblühend Blüte: hellrosa, locker gefüllt, in Büscheln, 10 cm Wuchs: buschig aufrecht, 0,8 m breit → halbschatten-, hitze-, frostverträglich	→ einzeln oder in Gruppen; als Hecke und für Kübelkultur geeignet; in gemischten Rabatten → zu allen weißen, blauen und rosafarbenen Partnern wie Rittersporn (❯ S. 160)
			**Cinderella®** 🏺 🌹 Kordes 2003 → öfterblühend Blüte: zart pastellrosa, dicht gefüllt, 10 cm Wuchs: buschig aufrecht, 0,7 m breit → Vasenrose	→ einzeln oder in Gruppen; auch als Kletterrose verwendbar; für romantische Pflanzungen; in gemischten Rabatten → harmonisch z. B. mit rosa und weiß blühendem Phlox (❯ S. 170) oder Bechermalven (❯ S. 181)
			**Comte de Chambord** 🏺 🌹 Moreau-Robert 1860 Alte Rose → öfterblühend Blüte: kräftig rosa, am Rand aufhellend, dicht gefüllt Wuchs: buschig aufrecht, 0,8 m breit → regenfest, gute Vasenrose	→ einzeln oder in Gruppen; wegen des Dufts in Sitzplatznähe; für Kübelkultur geeignet; in gemischten Rabatten → schön z. B. zu weißen und blauen Glockenblumen (❯ S. 157/158) oder Feinstrahl (❯ S. 161)

Hellrosa

Strauchrosen

Wuchsform	Wuchshöhe		Name/Eigenschaften	Verwendung/Gute Partner
Strauch-rosen	1,2–1,5 m		**Eifelzauber®** Kordes 2008 → öfterblühend Blüte: zart pastellrosa bis apricot, dicht gefüllt, 10 cm; Knospen orange Wuchs: buschig aufrecht, 0,6 m breit → Vasenrose	→ einzeln oder in Gruppen; für romantische Pflanzungen; in gemischten Rabatten → passt zu rosa und apricotfarbenen Begleitern sowie zu Blaublühern, etwa Kugel- oder Edeldisteln (> S. 161/162)
			**Félicité Parmentier** vor 1834 Alte Rose → einmalblühend Blüte: hell pastellrosa, im Verblühen fast weiß, dicht gefüllt, in Büscheln Wuchs: aufrecht, zur Blüte überhängend → Vasenrose, halbschattenverträglich	→ einzeln oder in Gruppen; für Hecken geeignet; wegen des Dufts in Sitzplatznähe; für romantische Pflanzungen; in gemischten Rabatten → schön z. B. neben Rittersporn (> S. 160) oder Madonnen-Lilien (> S. 167)
			**Flashlight® ADR** Noack 2006 → öfterblühend Blüte: hellrosa, dicht gefüllt, in Dolden, 10 cm Wuchs: locker aufrecht, 0,9 m breit → gesundes, hellgrünes Laub, Vasenrose	→ einzeln oder in Gruppen; in gemischten Rabatten; für romantische Pflanzungen → hübsch z. B. zu purpur- oder silberlaubigem Salbei (> S. 172) sowie zu Schleier-Eisenkraut (> S. 185)
			**Gateway® ADR** Noack 2008 → öfterblühend Blüte: kräftig rosa mit lachsfarbener Mitte, in Dolden, 10 cm Wuchs: locker aufrecht, 1,1 m breit → gesundes, dunkles Laub, rote Triebe	→ einzeln oder in Gruppen; in gemischten Rabatten → schön z. B. zu karminrosa Spornblumen (> S. 158) oder Schwarzäugigem Storchschnabel (> S. 163)

Strauchrosen

Wuchsform	Wuchshöhe		Name/Eigenschaften	Verwendung/Gute Partner
Strauchrosen	1,2–1,5 m		**Gertrude Jekyll®** 🌢 🌹 Austin 1986 Englische Rose → öfterblühend Blüte: kräftig rosa, am Rand heller, rosettenförmig, dicht gefüllt Wuchs: aufrecht, 1 m breit → Vasenrose, halbschattenverträglich	→ einzeln oder in Gruppen; für Hecken geeignet; wegen des Dufts in Sitzplatznähe; für romantische Pflanzungen; in gemischten Rabatten → harmoniert z. B. schön mit Purpur-Salbei (› S. 172)
			**Heritage®** 🌢 🌹 Austin 1984 Englische Rose → öfterblühend Blüte: zart fleischrosa, am Rand heller, seidig, dicht gefüllt, 6–8 cm Wuchs: buschig aufrecht, 1 m breit → Vasenrose, halbschattenverträglich	→ einzeln oder in Gruppen; für Hecken geeignet; wegen des Dufts in Sitzplatznähe; für romantische Pflanzungen; in gemischten Rabatten → ästhetisch zu silberlaubigen Partnern wie Woll-Ziest (› S. 173)
			**Isphahan** 🌢 🌹 vor 1832 Alte Rose → einmalblühend Blüte: kräftig rosa, seidig, dicht gefüllt Wuchs: breitbuschig, überhängend → toleriert Halbschatten und arme Böden	→ auch für raue Lagen; einzeln oder in Gruppen; hecken- und kübeltauglich; wegen des Dufts in Sitzplatznähe; in gemischten Rabatten → schön zu allen blau und violett blühenden Begleitern wie Katzenminze (› S. 169)
			**James Galway®** 🌢 🌹 Austin 2000 Englische Rose → öfterblühend Blüte: in der Mitte kräftig rosa, am Rand heller, rosettenartig dicht gefüllt Wuchs: leicht überhängend, 1,2 m breit → fast stachellose Triebe	→ einzeln oder in Gruppen; mit Stütze auch als Kletterrose; für große Kübel geeignet; für romantische Pflanzungen; in gemischten Rabatten → hübsch z. B. zu Lavendel (› S. 165) oder Sommer-Salbei (› S. 171)

Hellrosa

Strauchrosen

Wuchsform	Wuchshöhe		Name/Eigenschaften	Verwendung/Gute Partner
Strauch-rosen	1,2–1,5 m		**Königin von Dänemark** 🌸 🌹 Booth 1816 Alte Rose → einmalblühend Blüte: hell silbrig rosa, dicht gefüllt, Knospen karminrosa Wuchs: leicht überhängend, 1,2 m breit → Vasenrose, halbschattenverträglich	→ auch für raue Lagen; einzeln oder in Gruppen; für Hecken geeignet; wegen des Dufts in Sitzplatznähe; für romantische Pflanzungen und gemischte Rabatten → hübsch z. B. zu weißen und blauen Glockenblumen (> S. 157/158)
			**Mary Rose®** 🌸 Austin 1983 Englische Rose → öfterblühend Blüte: kräftig rosarot, gefüllt, 8–10 cm Wuchs: buschig aufrecht, 1 m breit → Vasenrose, halbschattenverträglich	→ einzeln oder in Gruppen; hecken- und kübeltauglich; in gemischten Rabatten → schön z. B. zu blauen Kugel- oder Edeldisteln (> S. 161/162)
			Pink Grootendorst 1923 → öfterblühend Blüte: rosa, locker gefüllt, nelkenähnlich gefranst, klein, in großen Dolden Wuchs: breitbuschig → halbschatten- und frostverträglich	→ einzeln oder in Gruppen; gut als Hecke; für naturnahe Pflanzungen; in gemischten Rabatten → schön z. B. zu pinkfarbenen oder weißen Lichtnelken (> S. 172)
			**The Generous Gardener®** 🌸 Austin 2002 Englische Rose → öfterblühend Blüte: leicht rosa angehaucht, fast weiß, gefüllt Wuchs: breitbuschig, überhängend → sehr gesund, Vasenrose	→ einzeln oder in Gruppen; mit Stütze auch als Kletterrose; in gemischten Rabatten → harmoniert gut mit Rosen in kräftigeren Rosatönen sowie mit pink blühenden Partnern wie der Spornblume (> S. 158)

Hellrosa

Strauchrosen

Wuchsform	Wuchshöhe		Name/Eigenschaften	Verwendung/Gute Partner
Strauch-rosen	> 1,5 m		**Blush Damask** 🌸 🏵️ Herkunft unbekannt Alte Rose → einmalblühend Blüte: lilarosa, am Rand und im Verblühen heller, dicht gefüllt, 5 cm Wuchs: überhängend, 1,5–1,8 m hoch → toleriert arme Böden, frosthart	→ am besten in Einzelstellung; im Hintergrund gemischter Rabatten, am Zaun → gut zu Rosen in dunkleren Rosatönen sowie zu silberlaubigen Begleitern wie Edelrauten (> S. 156)
			**Blush Noisette** Noisette 1817 Alte Rose → remontierend Blüte: zart pastellrosa, im Verblühen fast weiß, gefüllt, in großen Büscheln Wuchs: langtriebig, 1,5–2,5 m hoch → fast stachellos, verträgt Halbschatten	→ am besten einzeln; mit Stütze auch als Kletterrose; ideal für Obelisken; passt gut in naturnahe Gärten; in gemischten Rabatten → harmonisch mit weißen und rosa blühenden Partnern wie Fingerhut (> S. 160)
			**Eden Rose '85®** 🏵️ Meilland 1985 → öfterblühend Blüte: hellrosa, am Rand fast cremeweiß, ballonförmig, dicht gefüllt, 11 cm Wuchs: überhängend, 1,5–2 m hoch → glänzendes Laub, fast stachellos	→ einzeln und in Gruppen; auch als Kletterrose; hecken- und kübeltauglich; für romantische Pflanzungen; in gemischten Rabatten → edel zu weiß blühenden Begleitern, etwa Phlox (> S. 170)
			**Fantin Latour** 🌸 🏵️ 19. Jahrhundert Alte Rose → einmalblühend Blüte: zartrosa, zum Rand hin aufhellend, dicht gefüllt Wuchs: überhängend, 1,5–2 m hoch → toleriert Halbschatten und arme Böden	→ einzeln und in Gruppen; auch für Hecken; für romantische Pflanzungen; im Hintergrund gemischter Rabatten, am Zaun oder vor Mauern → schön z. B. zu blauen Glockenblumen (> S. 157/158) oder Rittersporn (> S. 160)

Hellrosa

Strauchrosen

Wuchsform	Wuchshöhe		Name/Eigenschaften	Verwendung/Gute Partner
Strauch-rosen (Hellrosa)	> 1,5 m		**Louise Odier** ☙ ❀ Margottin 1851 Alte Rose → öfterblühend Blüte: kräftig rosa, dicht gefüllt, 9 cm Wuchs: kräftig aufrecht, 1,8–2 m hoch → Vasenrose, toleriert Halbschatten	→ am besten in Einzelstellung; auch für Hecken; als Kletterrose geeignet für Obelisken; für romantische Pflanzungen; im Hintergrund gemischter Rabatten → gut z. B. zu Sommer-Salbei (› S. 171) oder Mehligem Salbei (› S. 184)
			**Mrs. John Laing** ☙ ❀ Bennett 1887 Alte Rose → remontierend Blüte: silbrig rosa, dicht gefüllt Wuchs: buschig aufrecht, 1,8–2 m hoch → toleriert arme Böden, fast stachellos	→ auch für raue Lagen; am besten in Einzelstellung; im Hintergrund gemischter Rabatten, am Zaun → harmoniert z. B. gut mit rosa blühenden Stockrosen (› S. 178) oder Rittersporn (› S. 160)
			**Muscosa** ☙ ❀ 17. oder 18. Jahrhundert Alte Rose → einmalblühend Blüte: silbrig rosa, am Rand heller, dicht gefüllt Wuchs: buschig, 1,5–2 m hoch → Kelch und Knospe bemoost	→ auch für raue Lagen; am besten in Einzelstellung; wegen des Dufts in Sitzplatznähe; im Hintergrund gemischter Rabatten, am Zaun → schön z. B. zu rosa-weißen Steppenkerzen (› S. 161) oder silbrigem Heiligenkraut (› S. 172)
			**Trigintipetala** ☙ 1689 Alte Rose → einmalblühend Blüte: rosa, locker gefüllt, seidig Wuchs: buschig, überhängend, rund 2 m hoch → frost- und halbschattenverträglich	→ auch für raue Lagen; am besten in Einzelstellung; wegen des Dufts in Sitzplatznähe; in naturnahen Gärten; im Hintergrund gemischter Rabatten → schön zu blauen Begleitern wie Rittersporn (› S. 160)

Kleinstrauchrosen

Wuchsform	Wuchshöhe		Name/Eigenschaften	Verwendung/Gute Partner
Kleinstrauchrosen	bis 0,5 m		**Lovely Meidiland®** Meilland 1999 → öfterblühend Blüte: hellrosa, dicht gefüllt, in Büscheln, 5 cm Wuchs: breitbuschig, 0,4–0,5 m hoch → reich blühend	→ guter Bodendecker, ideal für flächige Pflanzungen; aber auch als Beetrose verwendbar; für Kübelkultur geeignet; als Beeteinfassung → schön zu silberlaubigen Partnern wie Woll-Ziest (> S. 173)
			Satina® ADR Tantau 1992 → öfterblühend Blüte: zartrosa, gefüllt, in Büscheln, 4 cm Wuchs: breitbuschig, 0,3–0,5 m hoch → gesund, regenfest, hitzeverträglich	→ guter Bodendecker; für flächige Pflanzungen; für Kübelkultur geeignet; schön als Hochstämmchen oder Beetrandbepflanzung → hübsch z. B. neben Sommer-Salbei (> S. 171)
	0,5–0,8 m		**Heidekönigin®** Kordes 1985 → einmalblühend Blüte: reinrosa, gut gefüllt, in Büscheln, 5 cm Wuchs: niederliegend, bis 2 m breit → blüht Juli bis August	→ guter Bodendecker; ideal für flächige Pflanzungen; auch als Kletterrose verwendbar; hübsch als Kaskadenrose; am Beetrand → schön z. B. vor blau blühenden Stauden wie Blauraute (> S. 170)
			**Larissa® ADR** Kordes 2008 → öfterblühend Blüte: hellrosa, dicht gefüllt, 5 cm Wuchs: breitbuschig, 0,6 m breit → sehr gesund, gute Selbstreinigung	→ guter Bodendecker; einzeln und für flächige Pflanzungen; in gemischten Rabatten → perfekt z. B. zu silberlaubigen Begleitern wie Woll-Ziest (> S. 173) oder Lichtnelken (> S. 172)

Hellrosa

Kleinstrauchrosen

Wuchsform	Wuchshöhe		Name/Eigenschaften	Verwendung/Gute Partner
Kleinstrauchrosen	0,5–0,8 m		**Lavender Dream®** Interplant 1985 → öfterblühend Blüte: zart rosa-lila, halb gefüllt, in großen Büscheln, 4 cm Wuchs: breitbuschig → ungewöhnlicher Farbton	→ guter Bodendecker; ideal für flächige Pflanzungen; an Hängen und Böschungen; als Beeteinfassung → schön z. B. zu Lavendel (> S. 165)
			**Lavender Meidiland® ADR** Meilland 2008 → öfterblühend Blüte: rosa bis lavendelfarben, halb gefüllt, in Dolden, 5 cm Wuchs: niederliegend, breiter als hoch → sehr gesund, farbstabil	→ guter Bodendecker; ideal für flächige Pflanzungen; für Kübelkultur geeignet → gut zu einjährigen Beetpflanzen, z. B. Schleier-Eisenkraut (> S. 185)
			**Pearl Mirato®** Tantau 2002 → öfterblühend Blüte: zart perlrosa bis reinrosa, dicht gefüllt, in Büscheln, 6 cm Wuchs: breitbuschig, 0,5–0,6 m hoch → gute Selbstreinigung	→ guter Bodendecker; für flächige Pflanzungen, Hänge und Böschungen; als Beeteinfassung → kontraststark zu violettem Lavendel (> S. 165), Ton in Ton mit Spornblumen (> S. 158)
			Rosa Zwerg Baum 1983 → öfterblühend Blüte: reinrosa, halb gefüllt, mit sichtbaren Staubgefäßen, 6 cm Wuchs: buschig aufrecht, 0,5–0,6 m → halbschattenverträglich	→ guter Bodendecker; für flächige Pflanzungen; für Hecken und für Kübelkultur geeignet; passt in naturnahe Gärten → hübsch z. B. zu Katzenminze (> S. 169)

Hellrosa

Kleinstrauchrosen

Wuchsform	Wuchshöhe		Name/Eigenschaften	Verwendung/Gute Partner
Klein-strauch-rosen	0,5–0,8 m		**Schöne Dortmunderin®** ADR Noack 1991 → öfterblühend Blüte: strahlend reinrosa, halb gefüllt, in Dolden, 4 cm Wuchs: straff aufrecht, 0,5 m breit → sehr gesund, halbschattenverträglich	→ für flächige Pflanzungen; für Hänge und Böschungen; für Rabatten → kontraststark zu blauem Sommer-Salbei (❯ S. 171) oder Lavendel (❯ S. 165)
			**Soft Meidiland®** ADR Meilland 2004 → öfterblühend Blüte: hell porzellanrosa, einfach, mit sichtbaren Staubgefäßen, 2,5 cm Wuchs: breitbuschig → sehr gesundes Laub	→ guter Bodendecker; ideal für flächige Pflanzungen; passt in naturnahe Gärten; für Hänge und Böschungen; als Beet-einfassung → hübsch z. B. zu Blaustrahlhafer (❯ S. 175)
			**Sommermelodie®** Noack 1993 → öfterblühend Blüte: zartrosa, halb gefüllt, in Dolden, 4 cm Wuchs: niedrig, buschig → glänzendes Laub	→ guter Bodendecker; für flächige Pflanzungen; für Hänge und Böschungen → romantisch Ton in Ton z. B. zu rosa Buschmalven (❯ S. 166) oder zu silber-laubigen Begleitern wie Edelrauten (❯ S. 156)
			**Sommerwind®** ADR Kordes 1985 → öfterblühend Blüte: leuchtend reinrosa, halb gefüllt, in Dolden, 4 cm Wuchs: breitbuschig, 0,6 m hoch → sehr gesundes Laub, frosthart	→ guter Bodendecker; ideal für flächige Pflanzungen; an Hängen und Böschungen; für Kübelkultur geeignet; als Beet-einfassung → schön z. B. zu weißen Lilien (❯ S. 167)

Hellrosa

Kleinstrauchrosen

Wuchsform	Wuchshöhe		Name/Eigenschaften	Verwendung/Gute Partner
Kleinstrauchrosen	0,5–0,8 m		**The Fairy** Bentall 1932 → öfterblühend Blüte: hellrosa, gut gefüllt, in Büscheln, 3 cm Wuchs: buschig, 0,5 m breit → dauerblühend, sehr winterhart	→ guter Bodendecker; für flächige Pflanzungen; auch als Beetrose verwendbar; für Kübelkultur geeignet → klassisch schön zu Lavendel (> S. 165) oder Blauraute (> S. 170)
			**Wildfang® ADR** Noack 1991 → öfterblühend Blüte: strahlend reinrosa, halb gefüllt, in Dolden, 5 cm Wuchs: niedrig, buschig → sehr gesundes, ledriges Laub	→ guter Bodendecker; für flächige Pflanzungen; auch für Hecken geeignet; in Rabatten → schön z. B. zu dunkel purpurfarbigen Rosen oder zu Salbei 'Purpurascens' (> S. 172)
	> 0,8 m		**Dagmar Hastrup** Hastrup 1914 → öfterblühend Blüte: zart pastellrosa, einfach, mit sichtbaren Staubgefäßen, 6–8 cm Wuchs: überhängend, bis 1 m hoch → frosthart, Hagebuttenansatz	→ einzeln oder für flächige Pflanzungen; auch für Hecken geeignet; für Hänge und Böschungen; schön in naturnahen Gärten → hübsch z. B. zu Gräsern wie Blaustrahlhafer (> S. 175)
			**Estima® ADR** Noack 1998 → öfterblühend Blüte: zart hellrosa, gefüllt, in Dolden, 5 cm Wuchs: überhängend, bis 1 m hoch → gesundes, glänzendes Laub	→ für flächige Pflanzungen; auch für Hecken geeignet; für Hänge und Böschungen → harmonisch zu dunkelrosa Rosen, kontraststark zu allen blau blühenden Begleitern wie Rittersporn (> S. 160)

Kleinstrauchrosen

Wuchsform	Wuchshöhe		Name/Eigenschaften	Verwendung/Gute Partner
Klein-strauch-rosen	> 0,8 m		**Medusa® ADR** 🌹 Noack 1996 → öfterblühend Blüte: rosa bis lavendelfarben, gut gefüllt, in Dolden, 5 cm Wuchs: breitbuschig, ca. 1 m hoch → gesundes, ledriges Laub	→ für flächige Pflanzungen; auch für Hecken geeignet; für Hänge und Böschungen → hübsch z. B. zu Salbei 'Purpurascens' (> S. 172) oder blauen Kugeldisteln (> S. 161)
			**Palmengarten Frankfurt® ADR** Kordes 1988 → öfterblühend Blüte: kräftig rosa, gut gefüllt, in Büscheln, 4 cm Wuchs: buschig, bis 0,9 m hoch → sehr gesund, glänzendes Laub	→ guter Bodendecker; für flächige Pflanzungen; für Hänge und Böschungen; für Rabatten → schön z. B. zu Blauraute (> S. 170) oder Säckelblume (> S. 152)
			**Simply® ADR** Noack 1998 → öfterblühend Blüte: fleischfarbig rosé, halb gefüllt, in Rispen, 4 cm Wuchs: bogig überhängend, bis 1,2 m → regenfest, gesundes glänzendes Laub	→ einzeln oder für flächige Pflanzungen; auch für Hecken geeignet; für Hänge und Böschungen → schön z. B. zu Lavendel (> S. 165) sowie zu weißen oder pinkfarbenen Lichtnelken (> S. 172)
			**Windrose® ADR** Noack 1993 → öfterblühend Blüte: zartrosa, einfach, mit sichtbaren Staubgefäßen, in Dolden, 4 cm Wuchs: bogig überhängend, bis 1,2 m → sehr gesundes, glänzendes Laub	→ guter Bodendecker; für flächige Pflanzungen; auch für Hecken geeignet → in Rabatten schön, z. B. zu Fingerhut (> S. 160) oder Madonnen-Lilien (> S. 167)

Hellrosa

65

Beetrosen

Wuchsform	Wuchshöhe		Name/Eigenschaften	Verwendung/Gute Partner
Beetrosen	bis 0,6 m		**Bad Birnbach® ADR** Harkness 1984 → öfterblühend Blüte: leuchtend lachsrosa, locker gefüllt, in Dolden, 4 cm, Knospen lachsrot Wuchs: breitbuschig, 0,4–0,5 m hoch → hitzeverträglich, lediges Laub	→ in Gruppen für Rosenbeete und gemischte Rabatten; für niedrige Hecken → schön z. B. zu Männertreu (> S. 181) oder Mehligem Salbei (> S. 184)
			**Banquet®** Harkness 1984 → öfterblühend Blüte: zart lachsrosa, gefüllt, in Dolden, 6 cm Wuchs: buschig aufrecht, 0,6 m → glänzendes Laub, Vasenrose	→ in Gruppen für Rosenbeete und gemischte Rabatten → schön zu dunkelrosa Rosen und violetten Begleitern wie Vanilleblume (> S. 180) oder Iran-Lauch (> S. 155)
			**Medley Soft Pink®** Noack 2002/2003 → öfterblühend Blüte: zart hellrosa, locker gefüllt, in Dolden, 5 cm Wuchs: breitbuschig, 0,3–0,4 m hoch → dunkelgrün glänzendes Laub	→ in Gruppen für Rosenbeete und gemischte Rabatten; gut für Kübelkultur geeignet → apart zu silberlaubigen Partnern wie Zwerg-Edelraute (> S. 156) oder Blauschwingel (> S. 174)
			**Pink Swany® ADR** Meilland 2003 → öfterblühend Blüte: kräftig rosa, dicht gefüllt, in Dolden, 6–7 cm Wuchs: breitbuschig, bis 0,6 m hoch → gesundes glänzendes Laub	→ in Gruppen für Rosenbeete und gemischte Rabatten; für Kübelkultur geeignet; für romantische Pflanzungen → schön z. B. zu rosa und violetten Kissen-Astern (> S. 157)

Beetrosen

Wuchsform	Wuchshöhe		Name/Eigenschaften	Verwendung/Gute Partner
Beetrosen	bis 0,6 m		**Royal Bonica®** Meilland/Martens 1992 → öfterblühend Blüte: kräftig rosa, gut gefüllt, 6–8 cm Wuchs: aufrechtbuschig, 0,4–0,6 m → Vasenrose, hitzeverträglich	→ in Gruppen für Rosenbeete und gemischte Rabatten → edel z. B. zu lilablauer Katzenminze (› S. 169) oder Lavendel (› S. 165)
	0,6–0,8 m		**Bailando®** 🌿 Tantau 2008 → öfterblühend Blüte: kräftig lachsrosa, dicht gefüllt, in Dolden, 4–6 cm Wuchs: dichtbuschig → sehr robust	→ in Gruppen für Rosenbeete und gemischte Rabatten; auch für Kübelkultur → apart z. B. zu weiß blühenden Partnern wie Spornblumen (› S. 158) oder Feinstrahl (› S. 161)
			**Bonica '82®** ADR Meilland 1982 → öfterblühend Blüte: hellrosa, gefüllt, in Dolden, 7 cm Wuchs: breitbuschig → frosthart, robust, hitzeverträglich, für extreme Lagen, Hagebuttenansatz	→ in Gruppen für Rosenbeete und gemischte Rabatten; auch für flächige Pflanzungen und als Bodendecker; für Hecken → schön z. B. zu Rittersporn (› S. 160) oder weißen Lilien (› S. 167)
			Botticelli® 🌿 Meilland 2004 → öfterblühend Blüte: lachsrosa, dicht gefüllt, in Dolden, 6–7 cm Wuchs: breitbuschig, → glänzendes Laub	→ in Gruppen für Rosenbeete und gemischte Rabatten; auch für flächige Pflanzungen; für Kübelkultur geeignet → schön z. B. zu silberlaubigem Woll-Ziest (› S. 173) oder Heiligenkraut (› S. 172)

Hellrosa

Beetrosen

Hellrosa

Wuchsform	Wuchshöhe		Name/Eigenschaften	Verwendung/Gute Partner
Beetrosen	0,6–0,8 m		**Crescendo ADR** Noack 2003 → öfterblühend Blüte: hellrosa, dicht gefüllt, in Dolden, 10 cm Wuchs: breitbuschig, 0,8 m hoch → gesund, regenempfindlich, Vasenrose	→ in Gruppen für Rosenbeete und Rabatten; für Kübelkultur geeignet; für Hecken → schön z. B. zu rosa Spornblumen (> S. 158) oder silberlaubigem Salbei 'Berggarten' (> S. 172)
			**Home & Garden®** Kordes 2001 → öfterblühend Blüte: reinrosa, im Verblühen aufhellend, dicht gefüllt, in Dolden, 8 cm Wuchs: straff aufrecht → hitzeverträglich	→ in Gruppen für Rosenbeete und gemischte Rabatten; für romantische Pflanzungen → schön zu allen weiß blühenden Beetnachbarn wie Sommer-Schleierkraut (> S. 179) sowie zu silberlaubigen Partnern wie Woll-Ziest (> S. 173)
			**Johann Strauss®** Meilland 1993 → öfterblühend Blüte: pastellrosa, dicht gefüllt, in Dolden, 8–10 cm Wuchs: breitbuschig → glänzendes Laub	→ in Gruppen für Rosenbeete und gemischte Rabatten; für romantische Pflanzungen → harmonisch z. B. zu dunkelrosa Rosen oder zu einjähriger Jungfer im Grünen (> S. 183)
			**Mariatheresia®** Tantau 2003 → öfterblühend Blüte: hellrosa, dicht gefüllt, in Dolden, 7–8 cm Wuchs: buschig, leicht überhängend → haltbare Vasenrose, dunkles Laub	→ in Gruppen für Rosenbeete und gemischte Rabatten; auch für Kübelkultur; für romantische Pflanzungen → apart z. B. zu Blauraute (> S. 170) oder Bechermalven (> S. 181)

Beetrosen

Wuchsform	Wuchshöhe		Name/Eigenschaften	Verwendung/Gute Partner
Beetrosen	0,6–0,8 m		**Maxi Vita® ADR** Kordes 2001 → öfterblühend Blüte: außen kräftig rosa, innen orange, locker gefüllt, in Dolden, 5 cm Wuchs: breitbuschig → sehr gesund, ausgefallene Farbe	→ in Gruppen für Rosenbeete und gemischte Rabatten; auch für flächige Pflanzungen → harmoniert gut mit rosa, orange und gelb blühenden Begleitern
			**Noack's Blühendes Barock®** Noack 1997 → öfterblühend Blüte: hell lachsrosa, gefüllt, in Dolden, 6 cm Wuchs: aufrechtbuschig → Vasenrose, glänzendes Laub	→ in Gruppen für Rosenbeete und gemischte Rabatten → schön zu Rosen in anderen Rosatönen sowie klassisch zu allen blau blühenden oder silberlaubigen Begleitern
			**Play Rose® ADR** Meilland 1989 → öfterblühend Blüte: kräftig rosa, locker gefüllt, in Dolden, 8–9 cm Wuchs: aufrechtbuschig → sehr gesund, Hagebuttenansatz	→ einzeln oder in Gruppen; für Rosenbeete und Rabatten; auch in Kübelkultur → schön z. B. im Herbst zu Astern (› S. 156/157) oder im Sommer zu Phlox (› S. 170)
			**Rosenfee®** Kordes 2006 → öfterblühend Blüte: reinrosa, dicht gefüllt, in Dolden, 7–8 cm; Knospe lachsrot Wuchs, aufrechtbuschig → glänzendes Laub	→ in Gruppen für Rosenbeete und gemischte Rabatten; für romantische Pflanzungen → schön zu Alten Rosen oder silberlaubigen Begleitern wie Heiligenkraut (› S. 172)

Hellrosa

Beetrosen

Wuchsform	Wuchshöhe		Name/Eigenschaften	Verwendung/Gute Partner
Beetrosen	0,6–0,8 m		**Rosenprofessor Sieber® ADR** Kordes 1997 → öfterblühend Blüte: reinrosa, locker gefüllt, meist in Dolden, 5 cm Wuchs: straff aufrecht → sehr gesund	→ in Gruppen für Rosenbeete und gemischte Rabatten; auch für Kübelkultur → apart z. B. zu Schleier-Eisenkraut (> S. 185) oder Stauden-Lein (> S. 167)
			**Souvenir de la Malmaison®** Beluze 1843 Alte Rose → öfterblühend Blüte: zartrosa, im Verblühen fast cremeweiß, dicht gefüllt Wuchs: buschig, leicht überhängend → Vasenrose, regenempfindlich	→ einzeln oder in Gruppen; für Rosenbeete und Rabatten; auch für Kübelkultur; für romantische Pflanzungen; wegen des Dufts in Sitzplatznähe → schön z. B. zu silberlaubigen Lichtnelken (> S. 172) in Pink und Weiß
	> 0,8 m		**Diadem®** Tantau 1986 → öfterblühend Blüte: hellrosa, edelrosenartig gefüllt, in Dolden, 5–6 cm Wuchs: breit, überhängend, bis 1 m → haltbare Vasenrose, winterhart	→ in Gruppen für Rosenbeete und Rabatten; schön als Hochstammrose → elegant und nobel z. B. mit weißem Schleierkraut (> S. 163) oder Madonnen-Lilien (> S. 167)
			**Hans Gönewein Rose** Tantau 2009 → öfterblühend Blüte: hellrosa, zuerst ball-, später becherförmig, gefüllt, 5–8 cm Wuchs: buschig kompakt, 1,2 m hoch → ausgefallene Blütenform	→ einzeln oder in Gruppen; auch als Strauchrose verwendbar; für Hecken; für Kübelkultur geeignet; für Rosenbeete und Rabatten → nobel z. B. zu silberlaubigen Edelrauten (> S. 156) oder Woll-Ziest (> S. 173)

Hellrosa

Beetrosen

Wuchsform	Wuchshöhe		Name/Eigenschaften	Verwendung/Gute Partner
Beetrosen	> 0,8 m		**Jacques Cartier** ☀ ✿ Moreau-Robert 1868 Alte Rose → öfterblühend Blüte: kräftig rosa, im Verblühen aufhellend, rosettig dicht gefüllt, 8–10 cm Wuchs: buschig kompakt, bis 1,2 m → Laub hellgrün	→ einzeln oder in Gruppen; auch als Strauchrose verwendbar; für Rosenbeete und Rabatten; für Kübelkultur geeignet; für romantische Pflanzungen → hübsch z. B. zu silber- oder purpurlaubigem Salbei (› S. 172)
			**NDR 1 Radio Niedersachsen**® Kordes 1996 → öfterblühend Blüte: altrosa, einfach, mit sichtbaren Staubgefäßen, in Dolden, 6 cm Wuchs: aufrecht, 1–1,2 cm hoch → gute Selbstreinigung	→ einzeln oder in Gruppen; für Rosenbeete und gemischte Rabatten; schön in naturnahen Gärten → passt z. B. zu rosa Stockrosen (› S. 178) oder blauem Lavendel (› S. 165)
			**St. Swithun**® ☀ ✿ Austin 1993 Englische Rose → öfterblühend Blüte: innen hellrosa, an den Rändern aufhellend, dicht gefüllt Wuchs: buschig, 1–1,2 m hoch → Vasenrose, halbschattenverträglich	→ einzeln oder in Gruppen; für Rosenbeete und Rabatten; für Hecken; für romantische Pflanzungen → schön mit dunkelrosa Rosen sowie z. B. zu silberlaubigen Begleitern wie Woll-Ziest (› S. 173)
			**The Queen Elizabeth Rose**® Germain Seed & Plant Co. 1955 → öfterblühend Blüte: reinrosa, halb gefüllt Wuchs: straff aufrecht, bis 1,2 m → Vasenrose, halbschattenverträglich, frostfest	→ in Gruppen für Rosenbeete und gemischte Rabatten; für Hecken geeignet → hübsch z. B. zu Blauraute (› S. 170) und Schleierkraut (› S. 163)

Hellrosa

Edelrosen

Wuchsform	Wuchshöhe		Name/Eigenschaften	Verwendung/Gute Partner
Edelrosen	bis 0,7 m		**Harmonie®** Kordes 1981 → öfterblühend Blüte: lachsrosa, edel gefüllt, 11 cm Wuchs: straff aufrecht, 0,6–0,7 m hoch → Vasenrose, lange Blütezeit	→ in kleinen Gruppen für Rosenbeete und gemischte Rabatten; wegen des Dufts in Sitzplatznähe → kontraststark z. B. zu blauem Großen Ehrenpreis (> S. 173) oder Rittersporn (> S. 160)
			**La Nina®** Meilland 2004 → öfterblühend Blüte: hellrosa, edel gefüllt, 8–9 cm Wuchs: buschig aufrecht, 0,6–0,7 m → Vasenrose, robust	→ in kleinen Gruppen für Rosenbeete und gemischte Rabatten → apart z. B. zu silberlaubigem Heiligenkraut (> S. 172) oder zu Edelrauten (> S. 156)
			**Pariser Charme®** Tantau 1965 → öfterblühend Blüte: lachsrosa, edel gefüllt Wuchs: straff aufrecht, 0,4–0,6 m hoch → Vasenrose	→ in kleinen Gruppen für Rosenbeete und gemischte Rabatten → klassisch schön zu blauem Lavendel (> S. 165) oder Sommer-Salbei (> S. 171)
	0,7–1 m		**Aachener Dom®** Meilland 1982 → öfterblühend Blüte: lachsrosa, edel gefüllt, 10 cm Wuchs: straff aufrecht, 0,4 m breit → Vasenrose, frosthart	→ in kleinen Gruppen für Rosenbeete und gemischte Rabatten → schön z. B. mit Katzenminze (> S. 169) unterpflanzt oder mit pinkfarbenen, silberlaubigen Lichtnelken (> S. 172)

Edelrosen

Wuchsform	Wuchshöhe		Name/Eigenschaften	Verwendung/Gute Partner
Edelrosen	0,7–1 m		**Andre le Notre®** 🌹 ✿ Meilland 2001 → öfterblühend Blüte: zartrosa, dicht gefüllt, 10–12 cm Wuchs: straff aufrecht → Vasenrose, für regenarme Standorte	→ in kleinen Gruppen für Rosenbeete und Rabatten; wegen des Dufts in Sitzplatznähe; für romantische Pflanzungen → schön z. B. zu zierlichen weißen oder blauen Partnern wie Jungfer im Grünen (> S. 183) und Stauden-Lein (> S. 167)
			**Aphrodite®** ✿ Tantau 2006 → öfterblühend Blüte: zart roséfarben, dicht gefüllt, 10–12 cm Wuchs: buschig aufrecht → haltbare Vasenrose, regenfest	→ in kleinen Gruppen für Rosenbeete und gemischte Rabatten; für romantische Pflanzungen → harmonisch z. B. zu dunkelrosa Rosen oder silberlaubigen Begleitern wie Woll-Ziest (> S. 173)
			**Carina®** Meilland 1963 → öfterblühend Blüte: silbrig rosa, edel gefüllt, 8–10 cm Wuchs: straff aufrecht, bis 1 m hoch → Vasenrose	→ in kleinen Gruppen für Rosenbeete und gemischte Rabatten → Ton in Ton zu dunkelrosa Rosen, kontraststark z. B. zu violetten Vanilleblumen (> S. 180) oder blauem Pracht-Storchschnabel (> S. 162)
			**Eliza®** ADR Kordes 2004 → öfterblühend Blüte: kräftig silbrig rosa, locker gefüllt, 9 cm Wuchs: straff aufrecht, 0,5 m breit → Vasenrose, sehr gesund, frosthart	→ in kleinen Gruppen für Rosenbeete und gemischte Rabatten → hübsch z. B. zu blauen Edeldisteln (> S. 162) oder zierlicher Blauraute (> S. 170)

Hellrosa

Edelrosen

Hellrosa

Wuchsform	Wuchshöhe		Name/Eigenschaften	Verwendung/Gute Partner
Edelrosen	0,7–1 m		**Frederic Mistral®** 🌸 Meilland 1993 → öfterblühend Blüte: pastellig hellrosa, edel gefüllt, 10–12 cm Wuchs: buschig aufrecht, 0,5 m breit → Vasenrose, regenfest	→ in kleinen Gruppen für Rosenbeete und gemischte Rabatten; wegen des Dufts in Sitzplatznähe; für Kübelkultur geeignet → apart z. B. zu blauen und weißen Glockenblumen (> S. 157/158)
			**History®** Tantau 2002 → öfterblühend Blüte: reinrosa, edel gefüllt, 8–11 cm Wuchs: buschig aufrecht → haltbare Vasenrose	→ in kleinen Gruppen für Rosenbeete und gemischte Rabatten; für Kübelkultur → sehr schön Ton in Ton mit rosa und violetten Begleitern, z. B. Spornblumen (> S. 158) oder im Herbst zu Kissen-Astern (> S. 157)
			**Mondiale®** Kordes 1993 → öfterblühend Blüte: lachsrosa, am Rand heller, edel gefüllt, 10 cm Wuchs: straff aufrecht, 0,4 m breit → haltbare Vasenrose, im Austrieb rötlich	→ in kleinen Gruppen für Rosenbeete und gemischte Rabatten → harmonisch z. B. zu pinkfarbenen Lichtnelken (> S. 172) oder dunkelrosa Spornblumen (> S. 158)
			**Sachsenperle®** Noack 2006 → öfterblühend Blüte: zartrosa, fast weiß, edel gefüllt, 10 cm Wuchs: straff aufrecht → ledriges Laub	→ in kleinen Gruppen für Rosenbeete und gemischte Rabatten → romantisch z. B. mit silberlaubigem Salbei 'Berggarten' (> S. 172) oder Ton in Ton mit Salbei 'Purpurascens' (> S. 172)

Edelrosen

Wuchsform	Wuchshöhe		Name/Eigenschaften	Verwendung/Gute Partner
Edelrosen	0,7–1 m		**Schloss Ippenburg® ADR**
Meilland 2006
→ öfterblühend
Blüte: zart salmrosa, edel gefüllt, 8–10 cm
Wuchs: straff aufrecht
→ Vasenrose, regenfest, robustes dunkelgrünes Laub, Alte-Rosen-Duft	→ in kleinen Gruppen für Rosenbeete und gemischte Rabatten; wegen des Dufts in Sitzplatznähe
→ sehr schön mit anderen rosa blühenden Rosen oder Begleitern wie Phlox (> S. 170) oder Bechermalven (> S. 181)
			**Souvenir de Baden-Baden®**
Kordes 2008
→ öfterblühend
Blüte: cremerosa, elegant gefüllt, 10 cm
Wuchs: straff aufrecht, 0,4 m breit
→ haltbare Vasenrose	→ in kleinen Gruppen für Rosenbeete und gemischte Rabatten
→ edel z. B. zu blauer Säckelblume (> S. 152), romantisch z. B. zu weißem Schleierkraut (> S. 163)
	> 1 m		**Summer Lady®**
Tantau 1991
→ öfterblühend
Blüte: hellrosa, am Rand dunkelrosa, edel gefüllt, 9–12 cm
Wuchs: straff aufrecht, bis 1,2 m hoch
→ gute Vasenrose, ledriges großes Laub	→ einzeln oder in kleinen Gruppen; für Rosenbeete und Rabatten
→ schön zu Rosen in dunkleren Rosatönen sowie zu allen blau und weiß blühenden Partnern, etwa Glockenblumen (> S. 158)
			**Violina®**
Tantau 1997
→ öfterblühend
Blüte: hellrosa, gut gefüllt, 8–11 cm
Wuchs: straff aufrecht, kräftig, bis 1,5 m hoch
→ gute Vasenrose	→ einzeln oder in kleinen Gruppen; für Rosenbeete und Rabatten; wegen des Dufts in Sitzplatznähe
→ kontraststark z. B. zu blauen Kugeldisteln (> S. 161), elegant z. B. zu weißen Glockenblumen (> S. 157/158)

Hellrosa

Kletterrosen

Wuchsform	Wuchshöhe	Name/Eigenschaften	Verwendung/Gute Partner
Kletter-rosen	1,5–3 m	**Aimée Vibert** ® 1828 Alte Rose → remontierend Blüte: reinweiß, dicht gefüllt, flache Schalen Wuchs: buschig, langtriebig → zarte Ausstrahlung	→ für niedrige Fassaden und Rosen-bögen; am Obelisken im Beet; stilecht in Bauerngärten → stimmige Unterpflanzung z. B. mit weißen Madonnen-Lilien (› S. 167) oder Glockenblumen (› S. 157/158)
		Elfe® ® Tantau 2000 → öfterblühend Blüte: ungewöhnlich grünlich weiß, dicht gefüllt, 12 cm Wuchs: 0,8–1m breit → haltbare Vasenrose, regenempfindlich	→ für warme sonnige Lagen; für niedrige Fassaden und Rosenbögen; am Obelis-ken im Beet → harmoniert z. B. gut mit grünlich gelbem Frauenmantel (› S. 155) oder Steppen-Wolfsmilch (› S. 162)
		Guirlande d'Amour® Lens 1993 → remontierend Blüte: schneeweiß, locker gefüllt, mit sichtbaren Staubgefäßen, 3–4 cm Wuchs: Rambler, bis 1,5 m breit → verträgt Halbschatten	→ auch für Ostwände geeignet; für nied-rige Fassaden und Rosenbögen; am Obelisken im Beet; in naturnahen Gär-ten und Gartenecken → im Halbschatten z. B. hübsch zu weiß panaschierten Funkien (› S. 165)
		Ilse Krohn Superior® Kordes 1964 → öfterblühend Blüte: reinweiß, edelrosenartig gefüllt, 10 cm Wuchs: bis 1 m breit → frosthart, wetterfest, dunkles Laub	→ für niedrige Fassaden und Rosen-bögen; am Obelisken im Beet; gedeiht auch in Kübelkultur → attraktiv z. B. mit weiß blühenden Clematis-Sorten (› S. 153) oder weiß panaschierter Kriechspindel (› S. 153)

Kletterrosen

Wuchsform	Wuchshöhe		Name/Eigenschaften	Verwendung/Gute Partner
Kletter-rosen	1,5–3 m		**Schneewalzer®** 👃 Tantau 1987 → öfterblühend Blüte: reinweiß, edelrosenartig gefüllt, mit 12–14 cm sehr groß Wuchs: gut verzweigt → sehr frosthart, sehr dunkles Laub	→ für niedrige Fassaden und Rosen-bögen; am Obelisken im Beet → wegen der Blütengröße gut in Gesell-schaft von Prachtstauden wie Ritter-sporn (› S. 160) und Fingerhut (› S. 160)
	3–5 m		**Alberic Barbier** 👃 Barbier 1900 → remontierend Blüte: cremeweiß, gut gefüllt, Knospen hellgelb Wuchs: Rambler, starkwüchsig → verträgt Halbschatten, Hagebutten	→ für Nordwände geeignet; für größere Pergolen, Fassaden und Lauben; auch als Bodendecker einsetzbar → hübsch z. B. zu gelb blühenden Be-gleitern wie Frauenmantel (› S. 155)
			**Madame Alfred Carrière** Schwartz 1879 Alte Rose → öfterblühend Blüte: rahmweiß mit rosigem Schimmer, im Verblühen weiß, locker gefüllt, 4 cm Wuchs: kräftig aufrecht → schattenverträglich, Dauerblüher	→ auch für Nordfassaden; gedeiht auch als Strauchrose; für größere Hauswän-de, Pavillons oder Pergolen → in sonnigen Lagen z. B. mit Duft-Wicken (› S. 181), in schattigen Lagen mit blaulaubigen oder weiß panaschier-ten Funkien (› S. 165)
			**Seagull** 👃 Prichard 1907 → einmalblühend Blüte: reinweiß, halb gefüllt, in großen Büscheln Wuchs: Rambler, 4,5 m hoch → robust, verträgt Halbschatten	→ für größere Pergolen, Lauben, Pavil-lons; klettert in kleinere Bäume; wegen des Dufts in Sitzplatznähe; für natur-nahe Gärten und Bauerngärten → passt z. B. zu Fingerhut (› S. 160) oder einem Teppich aus Filzigem Hornkraut (› S. 159)

Kletterrosen

Wuchsform	Wuchshöhe		Name/Eigenschaften	Verwendung/Gute Partner
Kletterrosen	> 5 m		**Bobbie James** 🌱 Sunningdale Nurseries 1961 → einmalblühend Blüte: cremeweiß, einfach, sichtbare Staubgefäße, in großen Büscheln, 4 cm Wuchs: Rambler, starkwüchsig, bis 10 m hoch → verträgt Halbschatten	→ klettert auch in hohe Baumkronen; überwächst Pavillons, Schuppen und große Pergolen oder Lauben; für naturnahe und romantische Gärten → schön z. B. neben Lampenputzergras (› S. 177) oder Riesen-Pfeifengras (› S. 176)
			**Félicité et Perpétue** 🌱 De Neuilly 1828 → einmalblühend Blüte: milchweiß, rosettenartig gefüllt, in Büscheln, Knospen dunkelrosa Wuchs: Rambler, buschig, 5–7 m hoch → frosthart, verträgt Halbschatten	→ auch für raue Lagen geeignet; für große Lauben, Pergolen und Schuppen; berankt Bäume → hübsch z. B. mit rosa Unterpflanzung aus Pfingst-Nelken (› S. 160) oder Moschus-Malven (› S. 168)
			Kiftsgate 🌱 Murrell 1954 → einmalblühend Blüte: rahmweiß, einfach, überreich in großen Büscheln Wuchs: Rambler, starkwüchsig, bis 10 m → verträgt Halbschatten, Hagebutten	→ für große Lauben, Laubengänge, Pergolen, Schuppen; berankt hohe Bäume; passt in naturnahe Gärten, aber auch in Romantikgärten → attraktiv z. B. hinter stattlichen Steppenkerzen (› S. 161)
			**Lykkefund** 🌱 Olsen 1930 → einmalblühend Blüte: rahmweiß, halb gefüllt, überreich in großen Büscheln Wuchs: Rambler, starkwüchsig, bis 7,5 m → fast stachellos, winterhart, Hagebutten	→ auch für raue und halbschattige Lagen; für große Lauben, Pergolen, Pavillons; erklimmt mittelgroße Bäume; für naturnahe und romantische Gärten → schön z. B. neben Nachtviole (› S. 180) oder Fingerhut (› S. 160)

Strauchrosen

Wuchsform	Wuchshöhe		Name/Eigenschaften	Verwendung/Gute Partner
Strauch-rosen	bis 1,2 m		**Eliane Gillet®** Guillot 1998 → öfterblühend Blüte: weiß mit rosa Schimmer, dicht gefüllt, Knospen rosa überhaucht Wuchs: kompakt, 1–1,2 m hoch → glänzendes Laub	→ einzeln oder in Gruppen; für gemischte Rabatten; ideal für romantische Gärten → schön z. B. mit rosa blühenden Begleitern wie Bechermalven (› S. 181) oder Stockrosen (› S. 178) sowie silberlaubigen Stauden
			**Leda** vor 1827 Alte Rose → remontierend Blüte: weiß mit karminrosa Spitzen, rosettig gefüllt; Knospen rotbraun Wuchs: gut verzweigt, 1–1,2 m hoch → außergewöhnliche Farbgebung	→ auch für frostgefährdete Lagen; einzeln oder in Gruppen; für gemischte Rabatten; auch für Kübelkultur geeignet; für Hecken verwendbar → passt in nostalgische Bauerngärten, z. B. zu Blut-Storchschnabel (› S. 163)
			**Schneewittchen®** Kordes 1958 → öfterblühend Blüte: schneeweiß, edelrosenartig gefüllt, 7–9 cm Wuchs: überhängend, ca. 1,2 m hoch → reich- und dauerblühend	→ einzeln oder in Gruppen; für gemischte Rabatten; für elegante reinweiße Beete → ideal z. B. mit weißem Rittersporn (› S. 160) oder Schnee auf dem Berge (› S. 179)
			**Winchester Cathedral®** Austin 1988 Englische Rose → öfterblühend Blüte: weiß, mitunter rosa Streifen, dicht gefüllte Schalen Wuchs: kompakt, 1–1,2 m hoch → Duft nach Honig und Mandeln	→ einzeln als Solitär oder in Gruppen in gemischten Rabatten; mit allen Blütenfarben gut kombinierbar → romantische Wirkung in der Nachbarschaft silberlaubiger Begleiter wie Woll-Ziest (› S. 173) oder Edelraute (› S. 156)

Strauchrosen

Wuchsform	Wuchshöhe		Name/Eigenschaften	Verwendung/Gute Partner
Strauch-rosen	1,2–1,5 m		**Blanchefleur** ❀ Vibert 1835 Alte Rose → einmalblühend Blüte: weiß, dicht gefüllt, im Zentrum cremefarben; Knospen rötlich Wuchs: überhängend, bis 1,2 m breit → kräftige Stacheln, frosthart	→ als Solitär im Rasen; im Hintergrund gemischter Rabatten, am Gartenzaun; für nostalgische Bauerngärten → stilecht z. B. zu Knäuel-Glocken-blumen (› S. 157) oder Madonnen-Lilien (› S. 167)
			Boule de Neige ☕ ❀ Lacharme 1867 Alte Rose → remontierend Blüte: cremeweiß, kugelig, in Büscheln, Knospen karmesinrot Wuchs: aufrecht, schlank → kaum Stacheln, evtl. Winterschutz	→ auch für schattige Lagen geeignet; einzeln oder in Gruppen; gedeiht aber auch im Kübel; im Hintergrund von Ra-batten; für nostalgische Bauerngärten → stilecht z. B. zu Garten-Margeriten (› S. 166) oder Rittersporn (› S. 160)
			Certinia® Noack 2005 → öfterblühend Blüte: cremeweiß, mit rosa Spitzen, ge-füllt, in Dolden, 6–8 cm, Knospen rosarot Wuchs: buschig, bis 1,2 m breit → mittelgrünes, glänzendes Laub	→ einzeln als Solitär oder in Gruppen; in gemischten Rabatten → harmonisch mit rosaroten Begleitern wie Spornblume (› S. 158) oder wir-kungsvoll vor einer dunklen Eibenhecke (› S. 153)
			Flora Romantica® ☕ ❀ Meilland 1998 → öfterblühend Blüte: cremeweiß, rosettenartig dicht gefüllt, 6–7 cm Wuchs: etwa so breit wie hoch → braucht viel Sonne	→ mit Stütze auch als Kletterrose ver-wendbar; gedeiht auch im Kübel; ein-zeln oder in Gruppen; für gemischte Rabatten; für romantische Pflanzungen → schön z. B. mit Jungfer im Grünen (› S. 183) oder Stauden-Lein (› S. 167)

Strauchrosen

Wuchsform	Wuchshöhe		Name/Eigenschaften	Verwendung/Gute Partner
Strauch-rosen	1,2–1,5 m		**Stanwell Perpetual** 🌿 Lee 1838 → remontierend Blüte: weiß, teilweise zartrosa überhaucht, dicht gefüllt Wuchs: dichtbuschig → graugrünes Laub, würziger Duft	→ einzeln oder in Gruppen; für gemischte Rabatten; auch als Hecke einsetzbar → harmonisch z. B. zu rosa blühenden Begleitern wie Fingerhut (> S. 160) oder zu silberlaubigen Stauden wie Edelrauten (> S. 156)
			White Haze® ADR 🌿 Tantau 2005 → öfterblühend Blüte: strahlend weiß, einfach, mit sichtbaren Staubgefäßen, 6–7 cm Wuchs: kompakt bis breitbuschig → dunkelgrüne, stark glänzende Blätter	→ einzeln oder in Gruppen; für gemischte Rabatten; auch als Hecke einsetzbar; für flächige Pflanzungen; für naturnahe Gärten → schön z. B. zu Gräsern wie Lampenputzergras (> S. 177)
	> 1,5 m		**Madame Hardy** 🌿 🌹 Hardy 1832 Alte Rose → einmalblühend Blüte: schneeweiß, mit grünem Knopfauge, rosettenartig dicht gefüllt Wuchs: straff aufrecht, bis 1,8 m hoch → hellgrünes Laub, zitroniger Duft	→ am besten in Einzelstellung, z. B. am Gartenzaun; im Hintergrund gemischter Rabatten; wegen des Dufts in Sitzplatznähe → hübsch z. B. zu gelbem Frauenmantel (> S. 155) oder zu blauer Edeldistel (> S. 162)
			**Madame Plantier** 🌿 🌹 Plantier 1835 Alte Rose → einmalblühend Blüte: cremeweiß, zu schneeweiß aufhellend, Knospen zartrosa getönt Wuchs: kräftig, 2 m und mehr → verträgt Halbschatten, fast stachellos	→ für raue Lagen geeignet; mit Stütze auch als Kletterrose verwendbar; am Obelisken oder Bogen; als Sichtschutz am Zaun; im Hintergrund von Rabatten passt in nostalgische Bauerngärten → schön z. B. zu Stockrosen (> S. 178)

Kleinstrauchrosen

Wuchsform	Wuchshöhe		Name/Eigenschaften	Verwendung/Gute Partner
Kleinstrauchrosen	bis 0,5 m		**Ice Meidiland®** Meilland 1996 → öfterblühend Blüte: schneeweiß, halb gefüllt, mit gelben Staubgefäßen, in Dolden, 4–5 cm Wuchs: breit niederliegend, 0,4 m hoch → frosthart, robust	→ guter Bodendecker; für flächige Pflanzungen; ideal für Hänge und Böschungen; als Beetabschluss → harmoniert mit allen Blütenfarben, apart z. B. zu Blauraute (› S. 170) oder Frauenmantel (› S. 155)
			Innocencia ADR Kordes 2003 → öfterblühend Blüte: schneeweiß, halb gefüllt, mit gelben Staubgefäßen, in Dolden, 5 cm Wuchs: breitbuschig, 0,4–0,5 m hoch → sehr gesund, gute Selbstreinigung	→ gut für raue Lagen geeignet; auch als Beetrose verwendbar; für Randbepflanzungen; für flächige Pflanzungen; als Bodendecker; für naturnahe Gärten; gedeiht auch im Kübel → schön zu Gräsern, z. B. zu Blauschwingel (› S. 174)
			Schneeflocke® ADR Noack 1991 → öfterblühend Blüte: strahlend weiß, halb gefüllt, gelbe Staubgefäße, in Dolden, 6 cm Wuchs: straff aufrecht, 0,4–0,5 m hoch → selbstreinigend, toleriert Halbschatten	→ für flächige Pflanzungen; auch als Bodendecker einsetzbar; gedeiht sogar im Kübel; in gemischten Rabatten → passt farblich zu allen Blühpartnern, hübsch z. B. zu Gräsern wie Silber-Ährengras (› S. 177)
			Swany® Meilland 1977 → öfterblühend Blüte: weiß, stark gefüllt, in Dolden, 4–6 cm Wuchs: flach niederliegend, 0,4–0,5 m → reich- und dauerblühend	→ guter Bodendecker; für flächige Pflanzungen; ideal an Hängen und auf Mauerkronen; gedeiht auch im Kübel → hübsch zu silberlaubigen Partnern wie Salbei (› S. 172) oder Wein-Raute (› S. 171)

Kleinstrauchrosen

Wuchsform	Wuchshöhe		Name/Eigenschaften	Verwendung/Gute Partner
Klein-strauch-rosen	0,5–0,8 m		**Alba Meidiland®** Tantau 1997 → öfterblühend Blüte: reinweiß, gut gefüllt, in Dolden mit bis zu 20 Einzelblüten, 2–3 cm Wuchs: breitbuschig → sehr frosthart und robust	→ für raue Lagen geeignet; als Bodendecker; für flächige Pflanzungen und Beetrandbepflanzungen → passt zu allen Blühpartnern, kontraststark z. B. zu blauer Säckelblume (› S. 152)
			**Apfelblüte® ADR** Noack 1990 → remontierend Blüte: weiß, einfach, in Dolden mit bis zu 20 Einzelblüten, 4 cm Wuchs: buschig → sehr gesundes Laub, Hagebutten	→ guter Bodendecker mit Wildrosencharakter; für flächige Pflanzungen; mit Stütze auch als Kletterrose; ideal für naturnahe Gärten → stimmig z. B. zu Gräsern wie Blaustrahlhafer (› S. 175)
			**Aspirin-Rose® ADR** Tantau 1997 → öfterblühend Blüte: weiß, bei kühler Witterung leicht roséfarben, gut gefüllt, in Dolden, 6 cm Wuchs: buschig, überhängend → sehr gesund, gute Selbstreinigung	→ guter Bodendecker; für flächige Pflanzungen; für Kübelkultur geeignet; als Beetrose verwendbar → hübsch z. B. zu blauen Begleitern wie Sommer-Salbei (› S. 171)
			**Danica®** Noack 1998 → öfterblühend Blüte: reinweiß, einfach, in Dolden, ca. 4 cm, Knospen zartrosa Wuchs: breitbuschig, 0,8 m hoch → stark glänzendes, dunkles Laub	→ als Bodendecker; für flächige Pflanzungen; ideal für naturnahe Gärten; für Beetrandbepflanzungen → apart z. B. zu silberlaubigen Edelrauten (› S. 156)

Kleinstrauchrosen

Wuchsform	Wuchshöhe		Name/Eigenschaften	Verwendung/Gute Partner
Kleinstrauchrosen	0,5–0,8 m		**Diamant® ADR** Kordes 2001 → öfterblühend Blüte: schneeweiß, mit sichtbaren Staubgefäßen, locker gefüllt, 6 cm Wuchs: breitbuschig, 0,5 m breit → gesundes, widerstandsfähiges Laub	→ als Bodendecker einsetzbar; für flächige Pflanzungen; für Beete als Randbepflanzung; an Hängen und Böschungen → passt zu allen Blütenfarben in der Umgebung, z. B. zu Lavendel (› S. 165) oder Gräsern wie Blaustrahlhafer (› S. 175)
			**Medeo® ADR** Kordes 2003 → öfterblühend Blüte: weiß mit zartem Rosaton, einfach, gelbe Staubgefäße, in Dolden, 3 cm Wuchs: flach niederliegend, 0,8 m breit → gesundes, widerstandsfähiges Laub	→ idealer Bodendecker; gut für Flächenpflanzungen; an Hängen und Böschungen; als Beetrandbepflanzung → schön z. B. zu rosafarbenen Partnern wie Phlox (› S. 170) oder zu Blaublühern wie Edeldisteln (› S. 162)
			**Schneekönigin® ADR** Tantau 1992 → öfterblühend Blüte: strahlend weiß, halb gefüllt, in üppiger Anzahl, in Dolden, 4–6 cm Wuchs: bogig überhängend → gesundes Laub	→ guter Bodendecker; für flächige Pflanzungen; auch für Kombinationen mit Stauden → harmoniert mit allen Blühpartnern, üppig zu Rittersporn (› S. 160) oder Stockrosen (› S. 178)
			**Sea Foam** Schwartz 1964 → öfterblühend Blüte: weiß mit rosa Hauch, stark gefüllt, in Büscheln, 4 cm Wuchs: breitbuschig, meterlange Triebe → glänzendes, dunkles Laub	→ idealer Bodendecker; für flächige Pflanzungen; gut für Hanglagen und Böschungen → harmoniert am Beetrand farblich zu allen Blühpartnern

Kleinstrauchrosen

Wuchsform	Wuchshöhe		Name/Eigenschaften	Verwendung/Gute Partner
Klein-strauch-rosen	> 0,8 m		**Escimo® ADR** Kordes 2006 → öfterblühend Blüte: weiß, einfach, in Dolden, 4–5 cm Wuchs: breitbuschig, 0,8–1,2 m hoch, bis 0,5 m breit → sehr gesund, Dauerblüher	→ für flächige Pflanzungen; ideal für naturnahe Gärten und naturnahe Pflanzungen → harmoniert mit allen Blühpartnern, hübsch z. B. zu gelbem Gold-Felberich (> S. 168)
			**Nemo® ADR** Noack 2001 → öfterblühend Blüte: leuchtend weiß, einfach, in Rispen, 4 cm, Knospen zartrosa Wuchs: breitbuschig, 0,8–1 m hoch → gesund, auffallend gelbe Staubgefäße	→ für flächige Pflanzungen; auch für Hecken; aber auch in Einzelstellung oder für Kombinationen mit Stauden → harmonisch z. B. mit weiß panaschierter Kriechspindel (> S. 153)
			**Pretty Snow® ADR** Meilland 2008 → öfterblühend Blüte: cremeweiß, mit leuchtend gelben Staubgefäßen, einfach, 8 cm Wuchs: bogig überhängend, 0,8–1 m → sehr robust	→ für flächige Pflanzungen; auch in Einzelstellung; in gemischten Rabatten → hübsch z. B. in der Nachbarschaft gelb blühender Stauden wie Frauenmantel (> S. 155) oder gelber Stockrose (> S. 178)
			**Venice® ADR** Noack 2003 → öfterblühend Blüte: weiß, einfach, in Dolden, 6 cm, Knospen lachsrosa Wuchs: breitbuschig, 0,8–1 m hoch → gesundes Laub, Hagebuttenansatz	→ als Bodendecker; für flächige Pflanzungen; ideal für naturnahe, pflegeextensive Gärten → schön z. B. mit Gräsern wie Reitgras (> S. 174) oder Riesen-Pfeifengras (> S. 176)

Beetrosen

Wuchsform	Wuchshöhe		Name/Eigenschaften	Verwendung/Gute Partner
Beetrosen	bis 0,6 m		**Edelweiß®** Poulsen 1969 → öfterblühend Blüte: cremeweiß, edelrosenartig gefüllt Wuchs: niedrig, 0,3–0,5 m hoch → dunkelgrün glänzendes Laub	→ in Gruppen für Rosenbeete und für den Vordergrund gemischter Rabatten; auch für Kübelkultur → edel zu blau blühenden Partnern wie Lavendel (> S. 165) oder Katzenminze (> S. 169)
			La Paloma® Tantau 1985 → öfterblühend Blüte: rahmweiß, im Zentrum gelblich, edelrosenartig gefüllt, 8–10 cm Wuchs: 0,5 m hoch, manchmal höher → dunkelgrün glänzendes Laub	→ in Gruppen für Rosenbeete und gemischte Rabatten; auch für niedrige Einfassungshecken → harmoniert mit allen Blühpartnern, elegant z. B. mit silberlaubiger Zwerg-Edelraute (> S. 156) oder Duftsteinrich (> S. 182)
			Little White Pet 1879 Alte Rose → öfterblühend Blüte: Pomponblütchen in Cremeweiß, dicht gefüllt, in Büscheln, Knospen rosa Wuchs: kompakt, zierlich, 0,3–0,5 m hoch → glänzendes, dunkelgrünes Laub	→ auch als Bodendecker verwendbar; hübsch als Hochstämmchen; ideal für Kübelkultur; für Beete und Rabatten → apart z. B. zu weißem Kriechenden Schleierkraut (> S. 163)
	0,6– 0,8 m		**Alabaster®** Tantau 2007 → öfterblühend Blüte: cremeweiß, dicht gefüllt, in kleinen Dolden, 10 cm Wuchs: rundbuschig → sehr haltbare Blüte	→ in Gruppen für Rosenbeete oder gemischte Rabatten; für romantische Pflanzungen; harmoniert mit allen Blütenfarben → apart z. B. zu graulaubigen Begleitern wie Majoran (> S. 183) oder Blauraute (> S. 170)

Beetrosen

Wuchsform	Wuchshöhe		Name/Eigenschaften	Verwendung/Gute Partner
Beetrosen	0,6–0,8 m		**Brautzauber® ADR** Noack 1999 → öfterblühend Blüte: weiß, bei kühler Witterung leicht rosa, locker gefüllt, in Dolden, 4 cm Wuchs: breitbuschig → gesund, spät, erst ab Juli blühend	→ bevorzugt sehr sonnige Standorte; auch für flächige Pflanzungen; in Gruppen für Rosenbeete und gemischte Rabatten → harmoniert mit allen Blütenfarben, hübsch z. B. zu rosa Partnern wie Buschmalven (> S. 166)
			**Lions-Rose® ADR** 🌹 Kordes 2002 → öfterblühend Blüte: cremeweiß mit apricotfarbenem Hauch, dicht gefüllt, in Dolden, 8 cm Wuchs: aufrecht, ca. 0,5 m breit → sehr gesundes Laub, Dauerblüher	→ in Gruppen für Rosenbeete und gemischte Rabatten; auch für Einzelstand; schön in romantischen Pflanzungen → edel z. B. in reinweißen Rabatten, zu weißer Jungfer im Grünen (> S. 183) oder zu rosa Bechermalven (> S. 181)
			**Lovely Green®** 🌹 Meilland 2004 → öfterblühend Blüte: grünlich weiß, dicht gefüllt, 5 cm Wuchs: rundbuschig → gute haltbare Vasenrose, außergewöhnliche Farbe	→ in Gruppen für Rosenbeete und gemischte Rabatten; für romantische Gärten → hübsch z. B. zu grünlich gelbem Frauenmantel (> S. 155) sowie im Halbschatten zu Funkien mit grünlich gelbem Laub (> S. 165)
			Margeret Merril® 👃 Harkness 1977 → öfterblühend Blüte: perlweiß, seidig, edelrosenartig gefüllt, 7 cm Wuchs: aufrecht, ca. 0,5 m breit → Auszeichnungen für ihren Duft	→ in Gruppen für Rosenbeete und gemischte Rabatten; auch für Kübelkultur geeignet; wegen des Dufts in Sitzplatznähe → harmoniert mit allen Blühpartnern, edel z. B. zu silberlaubigem Heiligenkraut (> S. 172)

Beetrosen

Wuchsform	Wuchshöhe		Name/Eigenschaften	Verwendung/Gute Partner
Beet-rosen	0,6–0,8 m		**Petticoat® ADR** Kordes 2004 → öfterblühend Blüte: cremeweiß mit leicht apricotfarbener Mitte, dicht gefüllt, 6–7 cm Wuchs: aufrecht, ca. 0,5 m breit → gesundes Laub, hitzeverträglich	→ in Gruppen für Rosenbeete und gemischte Rabatten; ideal für romantische Pflanzungen → schön zu apricotfarbenen Rosen und Stauden wie manchen Schafgarben-Sorten, z. B. 'Lachsschönheit' (> S. 154)
	> 0,8 m		**Diamant Border® ADR** Poulsen/Rosen Union 2002 → öfterblühend Blüte: reinweiß, halb gefüllt, mit sichtbaren Staubgefäßen, in Dolden Wuchs: aufrecht, bis 1 m hoch → robust, hitzeverträglich	→ in Gruppen für Rosenbeete und gemischte Rabatten; schön an Böschungen und Hängen → harmoniert mit allen anderen Blütenfarben, hübsch mit gelben Partnern wie Mädchenauge (> S. 159)
			Glamis Castle® Austin 1992 Englische Rose → öfterblühend Blüte: reinweiße Schalen, dicht gefüllt Wuchs: buschig, 0,9 m hoch und rund 0,75 m breit → Myrrheduft	→ in Gruppen für Rosenbeete und gemischte Rabatten; auch für die Kübelkultur; gut für nostalgische und romantische Pflanzungen → hübsch z. B. zu Levkojen (> S. 182), edel zu weiß panaschierten Nachbarn wie Ananas-Minze (> S. 168)
			Kosmos® ADR Kordes 2006 → öfterblühend Blüte: rahmweiß, in der Mitte cremefarben, dicht gefüllt, 8 cm Wuchs: buschig aufrecht, bis 1 m → gesundes Laub	→ in Gruppen für Rosenbeete und gemischte Rabatten; auch in Einzelstellung; schön in nostalgischen und romantischen Pflanzungen zu Alten Rosen → gut für reinweiße Beete oder mit Buchs-Einfassung (> S. 152)

Edelrosen

Wuchsform	Wuchshöhe		Name/Eigenschaften	Verwendung/Gute Partner
Edelrosen	bis 0,7 m		**Evening Star®** Jackson & Perkins 1974 → öfterblühend Blüte: reinweiß, edel gefüllt, 9 cm Wuchs: aufrecht, 0,6–0,7 m hoch → hitzeverträglich, dunkles Laub, Vasenrose	→ einzeln oder in Gruppen; für Rosenbeete und Rabatten → harmoniert mit allen Blühpartnern, klassisch schön zu blauen Begleitern wie Katzenminze (› S. 169) oder Lavendel (› S. 165)
			**Karl-Heinz-Hanisch®** Meilland 1986 → öfterblühend Blüte: cremeweiß, edel gefüllt, 10–12 cm Wuchs: aufrecht, 0,5–0,7 m hoch → Duft nach Zitrone und Gewürztraminer	→ in Gruppen für Rosenbeete und gemischte Rabatten; auch für Kübelkultur → hübsch zu gelben Partnern wie Taglilien (› S. 164) oder zu gelb panaschiertem Reitgras 'Overdam'(› S. 174)
			**Memoire®** Kordes 1992 → öfterblühend Blüte: schneeweiß mit cremefarbenen Schattierungen, edel gefüllt, 11 cm Wuchs: aufrecht, 0,6–0,7 m hoch → Teerosenduft	→ einzeln oder in Gruppen in gemischten Rabatten → passt zu allen Blütenfarben in der Nachbarschaft, elegant z. B. zu blaulaubiger Weinraute (› S. 171) oder zu weiß panaschierten Begleitern wie Salbei 'Tricolor' (› S. 172)
			**Pascali®** Lens 1963 → öfterblühend Blüte: reinweiß, edel gefüllt, Knospen sehr edel Wuchs: aufrecht, 0,5–0,7 m hoch → rötlicher Austrieb	→ in Gruppen für Rosenbeete und gemischte Rabatten → harmoniert mit allen Blühpartnern, sehr edel zu silberlaubigen Begleitern, z. B. Lichtnelken (› S. 172) oder Edelrauten (› S. 156)

Edelrosen

Wuchsform	Wuchshöhe		Name/Eigenschaften	Verwendung/Gute Partner
Edelrosen	bis 0,7 m		**Poker®** Meilland 1998 → öfterblühend Blüte: weiß, im Zentrum leicht rosa angehaucht, edel gefüllt, 9–10 cm Wuchs: buschig aufrecht, 0,4–0,6 m hoch → gute Schnittrose	→ für wärmere Standorte; wegen des Dufts in Sitzplatznähe; in Gruppen für Rosenbeete und Rabatten → schön z. B. zu rosafarbenen Begleitern wie Moschus-Malven (› S. 168) oder Pfingst-Nelken (› S. 160)
			Virgo Mallerin 1947 → öfterblühend Blüte: reinweiß, edel gefüllt, Knospen edel langgestreckt Wuchs: aufrecht, 0,5–0,7 m → gute Schnittrose	→ in Gruppen für Rosenbeete und gemischte Rabatten → harmoniert mit allen Blühpartnern, elegant z. B. in rein weißen Pflanzungen und mit silberlaubigen Begleitern wie Heiligenkraut (› S. 172)
	0,7–1 m		**Ambiente®** Noack 2001 → öfterblühend Blüte: cremeweiß, im Zentrum leicht gelb, edel gefüllt, 10 cm Wuchs: buschig → Austrieb rötlich, haltbare Vasenrose	→ einzeln oder in Gruppen; für Rosenbeete oder gemischte Rabatten; schön als Hochstämmchen → gut zu gelb oder blau blühenden Partnern, z. B. Mädchenauge (› S.159) oder Mehligem Salbei (› S. 184)
			My Girl® Tantau 2008 → öfterblühend Blüte: cremeweiß, ballförmig, stark gefüllt, 8–12 cm Wuchs: rundbuschig → glänzendes, dunkles Laub	→ einzeln oder in Gruppen; auch für Kübelkultur; als Hochstämmchen; für Beete und gemischte Rabatten → vor allem für nostalgische und romantische Pflanzungen, z. B. zu Glockenblumen (› S. 157/158)

Edelrosen

Wuchsform	Wuchshöhe		Name/Eigenschaften	Verwendung/Gute Partner
Edelrosen	0,7–1 m		**Polarstern®** Tantau 1982 → öfterblühend Blüte: schneeweiß, edel gefüllt, 9–11 cm Wuchs: sehr variabel, 0,6–1 m hoch → gut winterhart	→ in kleinen Gruppen für Beete und gemischte Rabatten → harmoniert mit allen Blütenfarben, edel in rein weißen Beeten mit Partnern wie Schleierkraut (> S. 163) oder Feinstrahl (> S. 161)
	> 1 m		**Marie-Luise-Marjan®** Kordes 1999 → öfterblühend Blüte: cremeweiß, mit zartem rosa Schimmer, gefüllt, 11 cm Wuchs: strauchig, bis 1,2 m hoch → hitzeverträglich, schönes Farbspiel	→ einzeln oder in kleinen Gruppen; für gemischte Rabatten → schön in der Nachbarschaft zartrosa blühender Stauden und Sommerblumen wie Moschus-Malven (> S. 168) oder Schmuckkörbchen (> S. 178)
			**Osiana®** Tantau 1989 → öfterblühend Blüte: elfenbeinfarben, edel gefüllt, 8–10 cm, Knospen perfekt geformt Wuchs: aufrecht, bis 1,2 m hoch → gute Vasenrose, ledriges Laub	→ in kleinen Gruppen für Beete und gemischte Rabatten → elegant z. B. zu blau und violett blühenden Partnern wie Sommer-Salbei (> S. 171) oder Langblättrigem Ehrenpreis (> S. 170)
			**Sebastian Kneipp®** Kordes 1997 → öfterblühend Blüte: cremeweiß, im Zentrum apricotfarben, dicht gefüllt, 11 cm Wuchs: überhängend, bis 1,2 m hoch → glänzendes, dunkles Laub	→ einzeln oder in kleinen Gruppen für Beete und gemischte Rabatten; schön in nostalgischen und romantischen Pflanzungen → sehr hübsch z. B. zu rosa und blau blühenden Begleitern wie Jungfer im Grünen (> S. 183)

Kletterrosen

Wuchsform	Wuchshöhe	Name/Eigenschaften	Verwendung/Gute Partner
Kletter-rosen	1,5–3 m	**Ghislaine de Féligonde** Turbat 1916 → öfterblühend Blüte: gelb-apricot, verblühend creme-weiß, in Dolden, 4 cm, Knospen orange Wuchs: Rambler, bis 1 m breit → verträgt Halbschatten, tolles Farbspiel	→ für raue Lagen geeignet; auch als Strauch zu verwenden; am Gartenzaun; am Obelisken im Staudenbeet → kontraststark zu blau blühenden Begleitern wie Großer Ehrenpreis (› S. 173) oder Langblättriger Ehrenpreis (› S. 170)
		Goldener Olymp® Kordes 1984 → öfterblühend Blüte: goldgelb mit einem Hauch Kupfer, locker gefüllt, in Dolden, 10 cm Wuchs: 2 m hoch, bis 1 m breit → frosthart	→ für raue Lagen; für Bögen und niedrige Fassaden; am Obelisken im Staudenbeet → leuchtkräftig neben blauviolett blühenden Begleitern, z. B. Clematis (› S. 153), Ton in Ton z. B. mit Gold-Garbe (› S. 154)
		Golden Gate® ADR Kordes 2005 → öfterblühend Blüte: goldgelb, locker gefüllt, in Dolden, 9 cm Wuchs: 2,5 m hoch, 1 m breit → sehr gesundes Laub	→ für Rosenbögen, niedrige Fassaden; am Obelisken im Staudenbeet → wirkungsvoll zu blau blühenden Begleitern wie Katzenminze (› S. 169), hübsch Ton in Ton z. B. mit Kapuzinerkresse (› S. 185) unterpflanzt
		Golden Showers® Lammerts 1956 → öfterblühend Blüte: hellgelb, locker gefüllt, in Dolden, 10–12 cm Wuchs: ca. 2,5 m hoch → für gute Rosenstandorte	→ für Rosenbögen, niedrige Fassaden; am Obelisken im Staudenbeet → apart z. B. zu gelb panaschierter Kriechspindel (› S. 153) oder gelb-grünem Salbei 'Icterina' (› S. 172)

Kletterrosen

Wuchsform	Wuchshöhe		Name/Eigenschaften	Verwendung/Gute Partner
Kletterrosen	1,5–3 m		**Goldstern®** Tantau 1966 → öfterblühend Blüte: goldgelb, gefüllt, 8–10 cm Wuchs: gut verzweigt, bis 3 m hoch, 0,8–1 m breit → lange blühfreudig, gut winterhart	→ für niedrige Fassaden und Rosenbögen; am Obelisken im Staudenbeet → klassisch schön zu blauen Begleitern wie Sommer-Salbei (› S. 171), apart mit grünlich gelber Frauenmantel-Unterpflanzung (› S. 155)
			**Kordes' Rose Moonlight®** Kordes 2004 → öfterblühend Blüte: zitronengelb mit rosa Hauch, später aufhellend, locker gefüllt, 12 cm Wuchs: vieltriebig, 0,8–1 m breit → robust, glänzendes Laub	→ für niedrige Fassaden und Bögen; am Obelisken im Staudebeet; auch für Kübelkultur geeignet → hübsch zu rosa blühenden Partnern wie Spornblumen (› S. 158) oder Lichtnelken (› S. 172)
	3–5 m		**Christine Hélène** Meile/Schultheis 2005 → öfterblühend Blüte: gelb, locker gefüllt, am Rand weiß aufhellend, in langen Rispen Wuchs: Rambler, starkwüchsig → wenig Stacheln, Hagebuttenansatz	→ für Pergolen, Lauben, Fassaden; mit Stütze am Zaun → elegant zu weiß blühenden Unterpflanzungen, z. B. aus weißem Feinstrahl 'Sommerneuschnee' (› S. 161) oder Garten-Margeriten (› S. 166)
			**Easlea's Golden Rambler** Easlea 1932 → einmalblühend Blüte: buttergelb, gefüllt, groß Wuchs: Rambler, bis 5 m hoch und bis 2 m breit → verträgt Halbschatten	→ zur Begrünung von Pergolen, Lauben, Pavillons, Schuppen → passt gut zu gelben, weißen und blauen Unterpflanzungen wie Katzenminze (› S. 169) oder Steppen-Wolfsmilch (› S. 162)

Gelb

Strauchrosen

Wuchsform	Wuchshöhe		Name/Eigenschaften	Verwendung/Gute Partner
Strauch-rosen	bis 1,2 m		**Emil Nolde Rose®** Tantau 2001 → öfterblühend Blüte: leuchtend gelb, halb gefüllt, 8–10 cm Wuchs: kompakt, 1–1,2 m hoch → sehr robust, glänzendes Laub	→ einzeln oder in kleinen Gruppen; auch für flächige Pflanzungen; für gemischte Rabatten → klassisch schön zu blauen Begleitern wie Großer Ehrenpreis (> S. 173) oder Mehliger Salbei (> S. 184)
			**Felidaé®** 2001 Schultheis → öfterblühend Blüte: pfirsichgelb, am Rand cremeweiß aufhellend, dicht gefüllt Wuchs: 1,2 m hoch → gute Vasenrose	→ einzeln oder in kleinen Gruppen; auch für Kübelkultur geeignet; in gemischten Rabatten; für nostalgische und romantische Pflanzungen → schön z. B. mit gelbem Frauenmantel (> S. 155) oder weißem Schleierkraut (> S. 163)
			**Golden Celebration®** Austin 1992 Englische Rose → öfterblühend Blüte: tief goldgelb, päonienartig dicht gefüllt, bis 12 cm Wuchs: rundbuschig, 1–1,2 m hoch → Vasenrose, glänzendes Laub	→ am besten einzeln; auch für Kübelkultur geeignet; in gemischten Rabatten → sonnig mit orangefarbenen und roten Begleitern, z. B. Tagetes (> S. 185) oder Kapuzinerkresse (> S. 185)
			**Johannes Rau®** Noack 2001 → öfterblühend Blüte: dunkelgelb, am Rand leicht rosa, edelrosenartig gefüllt, in Dolden, 10 cm Wuchs: aufrecht, 1,2 m hoch → Vasenrose, interessantes Farbspiel	→ einzeln z. B. im Rasen; für gemischte Rabatten → harmoniert auch mit rosa Begleitern wie Schmuckkörbchen (> S. 178) oder Schleifenblume (> S. 180)

Gelb

Strauchrosen

Wuchsform	Wuchshöhe		Name/Eigenschaften	Verwendung/Gute Partner
Strauch-rosen	bis 1,2 m		**Souvenir de Marcel Proust ®** Delbard 1993 → öfterblühend Blüte: zitronengelbe, dicht gefüllte Schalen Wuchs: kompakt, nur 0,8–0,9 m hoch → hellgrünes Laub, Vasenrose	→ einzeln oder in kleinen Gruppen; auch für Kübelkultur; für gemischte Rabatten; in romantischen Pflanzungen → erfrischend z. B. zu grünlich gelbem Ziertabak (> S. 183) oder weiß blühenden Begleitern
			**Teasing Georgia®** Austin 1998 Englische Rose → öfterblühend Blüte: innen dunkelgelb, am Rand blassgelb, Schalen, dicht gefüllt Wuchs: kompakt, 0,9–1,2 m hoch → robust, Vasenrose, Teerosenduft	→ als Solitär oder in kleinen Gruppen; in gemischten Rabatten → klassisch schön mit blauen Begleitern, etwa Sommer-Salbei (> S. 171) oder Ton in Ton z. B. mit Mädchenauge (> S. 159)
	1,2–1,5 m		**Claudia Cardinale®** Guillot 1997 → öfterblühend Blüte: bernsteingelb, am Rand aufhellend, Schalen, rosettig dicht gefüllt Wuchs: aufrecht, 1,5 m hoch → braucht regelmäßigen Rückschnitt	→ als Solitär; für gemischte Rabatten → Ton in Ton z. B. mit gelben und orange blühenden Begleitern wie Taglilien (> S. 164) oder Sonnenbraut (> S. 164)
			**Kaiser von Lautern® ADR** Michler 2000 → öfterblühend Blüte: gelb mit Bronzeton, locker gefüllt, mit sichtbaren Staubgefäßen Wuchs: aufrecht → glänzendes Laub	→ einzeln oder in Gruppen; auch als Hecke verwendbar; für Kübelkultur geeignet → für naturnahe Gärten, dort schön zu Gräsern wie gelb panaschiertem Reitgras 'Overdam' (> S. 174)

Gelb

Strauchrosen

Wuchsform	Wuchshöhe		Name/Eigenschaften	Verwendung/Gute Partner
Strauchrosen	1,2–1,5 m		**Lichtkönigin Lucia® ADR** Kordes 1966 → öfterblühend Blüte: zitronengelb, gefüllt, 9 cm Wuchs: aufrecht buschig → reich- und bis zum Frost blühend, sehr gesund und frosthart	→ als Solitär und in Gruppen; auch für Hecken verwendbar; für gemischte Rabatten → schön z. B. zu Blaublühern wie Lavendel (› S. 165) und Sommer-Salbei (› S. 171)
			**Michka®** Meilland 1998 → öfterblühend Blüte: goldgelb, edelrosenartig gefüllt, 6–7 cm Wuchs: rundbuschig, → regenfest, blühwillig	→ als Solitär oder in kleinen Gruppen; auch für Kübelkultur; für gemischte Rabatten → hübsch z. B. zu orangefarbenen Blühpartnern wie Schlafmützchen (› S. 179) oder Studentenblume (› S. 185)
			**Postillon® ADR** Kordes 1998 → öfterblühend Blüte: postgelb, gefüllt, 10 cm Wuchs: aufrecht, ca. 0,8 m breit → sehr gesund, frosthart	→ als Solitär und in Gruppen; auch für Hecken verwendbar; für gemischte Rabatten → zu allen blauen und violetten Partnern oder Ton in Ton mit Gelb- und Orangeblühern wie Ringelblume (› S. 178) und Kapuzinerkresse (› S. 185)
			**Yellow Romantica®** Meilland/Martens 1999 → öfterblühend Blüte: hellgelb, stark rosettig gefüllt, 7–8 cm Wuchs: aufrecht, leicht überhängend → glänzendes Laub	→ am besten als Solitär; in Gruppen für Rosenbeete und gemischte Rabatten → spritzig mit weiß blühenden Begleitern, z. B. weißen Glockenblumen (› S. 157/158) oder weißem Rittersporn (› S. 160)

Strauchrosen

Wuchsform	Wuchshöhe		Name/Eigenschaften	Verwendung/Gute Partner
Strauch-rosen	› 1,5 m		**Graham Thomas®** Austin 1983 Englische Rose → öfterblühend Blüte: kräftig dottergelb, becherförmig, dicht gefüllt, 11 cm Wuchs: kräftig, 1,5 m, mit Stütze höher → gute Vasenrose, robust	→ auch für halbschattige Lagen; als Solitär im Rasen oder vor Wänden; mit Stütze auch als Kletterrose; im Hintergrund gemischter Rabatten → hübsch z. B. zu blau blühenden Begleitern und im Halbschatten zu gelb panaschierten Funkien (› S. 165)
			Maigold Kordes 1953 → einmalblühend Blüte: goldgelb, halb gefüllt Wuchs: sehr kräftig, 2 m hoch und höher → sehr früh blühend (Mai)	→ einzeln im freien Stand; mit Stütze auch als Kletterrose; für Hecken geeignet; als Sichtschutz am Zaun → schön z. B. zu Gräsern wie Bärenfell-Schwingel (› S. 175) oder gelb panaschiertem Reitgras 'Overdam' (› S. 174)
			**Rugelda®** ADR Kordes 1989 → öfterblühend Blüte: zitronengelb, rötlich gerandet, locker gefüllt, 9 cm Wuchs: sehr kräftig, 2 m → stark bestachelt, frosthart	→ für sehr raue Lagen geeignet; für Einzelstand; ideal für Schutzhecken; als Sichtschutz am Zaun → harmoniert z. B. gut mit Silber-Ährengras (› S. 177)
			**The Pilgrim®** Austin 1991 Englische Rose → öfterblühend Blüte: hellzitronengelb, am Rand fast weiß aufhellend, dicht gefüllt Wuchs: kräftig, ca. 1,8 m → Vasenrose, Myrrheduft	→ auch für halbschattige Lagen; für Einzelstand; auch für Hecken geeignet; im Hintergrund gemischter Rabatten → raffiniert zu grünlich gelber Steppen-Wolfsmilch (› S. 162) oder panaschierten Begleitern wie Ananas-Minze (› S. 168)

Gelb

Kleinstrauchrosen

Wuchsform	Wuchshöhe		Name/Eigenschaften	Verwendung/Gute Partner
Kleinstrauchrosen	bis 0,5 m		**Sunny Rose® ADR** Kordes 2001 → öfterblühend Blüte: blassgelb, halb gefüllt, in Büscheln, 3 cm Wuchs: breit buschig, 0,2–0,3 cm klein → gesundes Laub, ausgefallene Farbe	→ guter Bodendecker; für flächige Pflanzungen; an Hängen und Böschungen → ideal für reingelbe Beete, z. B. vor Sonnenhut (› S. 171)
	0,5–0,8 m		**Amber Sun®** Kordes 2005 → öfterblühend Blüte: erst kupfergelb, später cremegelb aufhellend, halb gefüllt, 5 cm Wuchs: 0,5 m hoch und 0,6 m breit → reichblühend	→ für flächige Pflanzungen; an Hängen und Böschungen; hübsch in naturnahen Gärten → harmoniert z. B. mit Braunblättrigem Stachelnüsschen (› S. 154) oder Reitgras (› S. 174)
			**Celina® ADR** Noack 1997 → öfterblühend Blüte: hellgelb, halb gefüllt, in Dolden, 4 cm, Knospe oft rötlich Wuchs: aufrecht, bogig überhängend → sehr gesund, toleriert Halbschatten	→ in kleinen Gruppen und für flächige Pflanzungen; an Hängen und Böschungen; hübsch in naturnahen Gärten → schön z. B. zu gelben Begleitern wie Gold-Garbe (› S. 154) oder Nachtkerze (› S. 169)
			**Gelbe Dagmar Hastrup®** Moore 1987 → öfterblühend Blüte: sattgelb, halb gefüllt, 6–8 cm, auf behaarten Stielen Wuchs: aufrecht, dicht → sehr robust, braucht starken Schnitt	→ guter Bodendecker; für flächige Pflanzungen; auch für niedrige Hecken und Einfassungen → schön z. B. vor gelben Stockrosen (› S. 178)

Kleinstrauchrosen

Wuchsform	Wuchshöhe		Name/Eigenschaften	Verwendung/Gute Partner
Kleinstrauchrosen	0,5– 0,8 m		**Loredo® ADR** Noack 2002 → öfterblühend Blüte: leuchtend gelb, halb gefüllt, in Dolden, 5 cm Wuchs: straff aufrecht → sehr gesundes Laub	→ in kleinen Gruppen; für flächige Pflanzungen; für Böschungen und Hänge; für gemischte Rabatten → leuchtstark z. B. zu blau blühenden Partnern wie Blauraute (› S. 170) oder Katzenminze (› S. 169)
			**Pretty Star®** Meilland 2008 → öfterblühend Blüte: zitronengelb, einfach, mit goldgelben Staubgefäßen, 6–8 cm Wuchs: rundbuschig, bis 0,8 m hoch → Dauerblüher	→ in kleinen Gruppen und für flächige Pflanzungen; auch in Einzelstellung; ideal in naturnahen Gärten → in Gesellschaft von Stauden z. B. schön zu gelb panaschierten Gräsern wie Reitgras 'Overdam' (› S. 174)
			**Sonnenschirm®** Tantau 1993 → öfterblühend Blüte: zitronengelb, locker gefüllt, in Dolden, 7 cm Wuchs: aufrecht überhängend → glänzendes Laub, gute Selbstreinigung	→ in kleinen Gruppen und für flächige Pflanzungen; auch für gemischte Rabatten; hübsch als Hochstämmchen → harmoniert mit gelb, weiß und blau blühenden Partnern, etwa Lavendel (› S. 165)
			**Yellow Fairy®** Poulsen 1990 → öfterblühend Blüte: zitronengelb, anfangs oft rötlich gerändert, gut gefüllt Wuchs: etwa so breit wie hoch → frischgrünes Laub	→ in kleinen Gruppen und für flächige Pflanzungen; für Hänge und Böschungen; auch für gemischte Rabatten als Randbepflanzung → kontraststark neben blau blühenden Begleitern wie Katzenminze (› S. 169)

Gelb

Beetrosen

Wuchsform	Wuchshöhe		Name/Eigenschaften	Verwendung/Gute Partner
Beet-rosen	bis 0,6 m		**Bayerngold®** Tantau 1990 → öfterblühend Blüte: reingelb, edel gefüllt, 5–7 cm Wuchs: kompakt, niedrig, 0,5 m hoch → frischgrün glänzendes Laub, frosthart	→ in Gruppen für Rosenbeete und gemischte Rabatten; auch für die Topfkultur geeignet → harmoniert gut mit anderen gelben und orangefarbenen Nachbarn wie Studentenblume (› S. 185) oder Ringelblume (› S. 178)
			**Friesia®** Kordes 1973 → öfterblühend Blüte: strahlend goldgelb, locker gefüllt, 6–7 cm Wuchs: aufrecht, 0,4–0,6 m hoch → frühblühend, hitze- und wetterfest	→ in Gruppen für Rosenbeete und gemischte Rabatten; für die Topfkultur geeignet → schön zu blauen, gelben, weißen und orange blühenden Begleitern
			**Golden Border®** Verschuren 1993 → öfterblühend Blüte: schwefelgelb, ballonförmig, stark gefüllt, in Dolden, 3–4 cm Wuchs: breitbuschig, 0,4–0,5 m hoch → dunkelgrünes, glänzendes Laub	→ auch als Kleinstrauchrose für flächige Pflanzungen verwendbar; für die Topfkultur geeignet; für gemischte Rabatten → hübsch z. B. zu schwefelgelbem Frauenmantel (› S. 155) oder zu grünlich weißem Ziertabak (› S. 183)
			**Inner Wheel®** Meilland 2008 → öfterblühend Blüte: hellgelb, nach außen cremeweiß aufhellend, in Dolden, 8–10 cm Wuchs: flach, breitbuschig, 0,4–0,6 m → sehr blühwillig	→ in Gruppen für Rosenbeete und gemischte Rabatten; für die Topfkultur geeignet → edel zu blauen Begleitern wie Katzenminze (› S. 169) oder weißen wie Feinstrahl 'Sommerneuschnee' (› S. 161)

Gelb

Beetrosen

Wuchsform	Wuchshöhe		Name/Eigenschaften	Verwendung/Gute Partner
Beet-rosen	bis 0,6 m		**Sunlight Romantica®** Meilland 2002 → öfterblühend Blüte: leuchtend gelbe, dicht gefüllte Schalen, 7–8 cm Wuchs: aufrecht, 0,4–0,5 m hoch → sehr regenfeste Blüten	→ in Gruppen für Rosenbeete und gemischte Rabatten; für die Topfkultur geeignet; wegen des Dufts in Sitzplatznähe; in romantischen Pflanzungen → schön z. B. zu Duftsteinrich (› S. 182) oder Stauden-Lein (› S. 167)
			**Tchaikovski®** Meilland 1999 → öfterblühend Blüte: zartgelb, außen cremeweiß aufhellend, rosettenartig gefüllt, 8–9 cm Wuchs: buschig aufrecht, 0,4–0,6 m hoch → sehr blühwillig	→ in Gruppen für Rosenbeete und gemischte Rabatten; für die Topfkultur geeignet → hübsch in reingelben Ton-in-Ton-Pflanzungen oder nobel zu weißen Königs-Lilien (› S. 167)
			**Yellow Meilove®** ADR Meilland 2008 → öfterblühend Blüte: intensiv zitronengelb, stark gefüllt, in Dolden, 5–6 cm Wuchs: aufrecht, 0,4–0,6 m hoch → reich blühend	→ in Gruppen für Rosenbeete und gemischte Rabatten → kontraststark zu blauen Blühpartnern, harmonisch zu gelb panaschiertem Salbei 'Icterina' (› S. 172) oder Ananas-Minze (› S. 168)
	0,6–0,8 m		**Anthony Meilland®** Meilland 1990 → öfterblühend Blüte: leuchtend goldgelb, gefüllt, 6–8 cm Wuchs: aufrecht → dunkelgrünes Laub	→ in Gruppen für Rosenbeete und gemischte Rabatten → wirkungsvoll mit allen blau blühenden Nachbarn wie Sommer-Salbei (› S. 171) sowie zu gelb panaschierter Kriechspindel (› S. 153)

Gelb

Beetrosen

Wuchsform	Wuchshöhe		Name/Eigenschaften	Verwendung/Gute Partner
Beet-rosen	0,6–0,8 m		**Carte d'Or®** Meilland 2001 → öfterblühend Blüte: leuchtend tiefgelb, gut gefüllt, 7–8 cm Wuchs: straff aufrecht → früh- und reichblühend	→ in Gruppen für Rosenbeete und gemischte Rabatten; auch für Kübelkultur geeignet → wirkungsvoll z. B. mit Buchs-Einfassung (› S. 152) oder sonnig zu gelber und orangefarbener Sonnenbraut (› S. 164)
			**China Girl®** Tantau 2005 → öfterblühend Blüte: strahlend zitronengelb, stark gefüllt, in Dolden, 8–10 cm Wuchs: kompakt aufrecht → hitzeverträgliche, farbstabile Blüten	→ anspruchsvoll, für gute Rosenstandorte; in Gruppen für Rosenbeete und gemischte Rabatten; für Kübelkultur geeignet → schön in romantischen Pflanzungen, z. B. zu Glockenblumen (› S. 157/158) oder Garten-Margeriten (› S. 166)
			**Goldquelle®** Tantau 1988 → öfterblühend Blüte: goldgelb, edelrosenartig gefüllt, in großen Büscheln, 8–10 cm Wuchs: kräftig aufrecht → sehr farbstabile Blüten	→ in Gruppen für Rosenbeete und gemischte Rabatten; für Kübelkultur geeignet → hübsch z. B. zu Gold-Garbe (› S. 154) oder gelben Taglilien (› S. 164)
			**Juliette Gréco®** Delbard 1999 → öfterblühend Blüte: erst gelb, im Aufblühen elfenbeinfarben, dicht gefüllt Wuchs: buschig aufrecht → Duft fruchtig süß	→ am besten einzeln; wegen des Dufts in Sitzplatznähe; für nostalgische Pflanzungen; in gemischten Rabatten → harmonisch zu weißen Partnern wie Sommer-Schleierkraut (› S. 179) oder Schleifenblume (› S. 180)

Beetrosen

Wuchsform	Wuchshöhe		Name/Eigenschaften	Verwendung/Gute Partner
Beet-rosen	0,6–0,8 m		**Lisa®** Noack 2003 → öfterblühend Blüte: dottergelb, im Verblühen apricot, gut gefüllt, 6 cm, Knospen orange Wuchs: buschig aufrecht → glänzendes Laub	→ in Gruppen für Rosenbeete und gemischte Rabatten → wegen des Farbspiels schön in reingelben Pflanzungen oder zu orange- und apricotfarbenen Nachbarn wie Taglilien (› S. 164) oder Sonnenbraut (› S. 164)
	› 0,8 m		**Gelber Engel® ADR** Kordes 2002 → öfterblühend Blüte: hellgelb, halb gefüllt, mit goldgelben Staubgefäßen, in Dolden, 6 cm Wuchs: 0,8 m hoch, 0,6 m breit → sehr gesundes Laub	→ einzeln oder in Gruppen; für Rosenbeete und gemischte Rabatten → schön zu kupfergelb blühenden Stauden, z. B. Sonnenbraut 'Waltraut' (› S. 164) oder zu Reitgras (› S. 174)
			**Molineux®** Austin 1994 Englische Rose → öfterblühend Blüte: in sattem, strahlendem Gelb, stark gefüllt Wuchs: aufrecht, bis 0,9 m hoch → reich- und dauerblühend, Teerosenduft	→ einzeln oder in Gruppen; für Rosenbeete und gemischte Rabatten; passt in romantische Pflanzungen → klassisch schön zu blau blühenden Begleitern wie Rittersporn (› S. 160) oder Sommer-Salbei (› S. 171)
			**Sunstar® ADR** Kordes 2007 → öfterblühend Blüte: zartgelb, am Rand aufhellend, gut gefüllt, 7 cm Wuchs: aufrecht, bis 1 m hoch → sehr gesundes Laub	→ einzeln oder in Gruppen; für Rosenbeete und gemischte Rabatten → schön zu anderen Gelbblühern wie Sonnenauge (› S. 164) oder zu Begleitern mit gelb panaschiertem Laub wie Salbei 'Icterina' (› S. 172)

Gelb

Edelrosen

Wuchsform	Wuchshöhe		Name/Eigenschaften	Verwendung/Gute Partner
Edelrosen	bis 0,7 m		**Cappuccino®** Tantau 2005 → öfterblühend Blüte: cremegelb, sehr dicht gefüllt, edel geformt, 8 cm Wuchs: kompakt, vieltriebig, 0,5–0,7 cm → Blüten öffnen sich langsam	→ für Rosenbeete und Gruppenpflanzungen in gemischten Rabatten; für Kübelkultur geeignet; schön als Stammrose → harmoniert z. B. schön mit lilablauer Katzenminze (› S. 169) oder gelbem Frauenmantel (› S. 155)
			**Michelangelo®** Meilland 1997 → öfterblühend Blüte: intensiv goldgelb, stark gefüllt, 8–10 cm Wuchs: aufrecht, 0,4–0,6 m hoch → früh- und reichblühend, Schnittrose	→ in Gruppen für Rosenbeete und gemischte Rabatten; für Topfkultur geeignet → schön z. B. zu blauem Männertreu (› S. 181) oder orangefarbenem Schlafmützchen (› S. 179)
			**Paul Ricard®** Meilland 1991 → öfterblühend Blüte: hell pastellgelb, edel gefüllt, 10–12 cm Wuchs: aufrecht, 0,5–0,7 m hoch → sehr intensiver Duft, Schnittrose	→ in Gruppen für Rosenbeete und gemischte Rabatten; für Topfkultur geeignet; wegen des Dufts in Sitzplatznähe → hübsch z. B. zu weißen oder apricotfarbenen Begleitern, etwa Levkojen (› S. 182) oder Taglilien (› S. 164)
			**Valencia®** Kordes 1989 → öfterblühend Blüte: kupfergelb, gut gefüllt, 12 cm Wuchs: aufrecht, 0,5–0,7 m hoch → in rauen Lagen Winterschutz nötig	→ in Gruppen für Rosenbeete und gemischte Rabatten; wegen des Dufts in Sitzplatznähe → Ton in Ton z. B. zu Sonnenhut (› S. 171) oder Goldrute (› S. 173)

Gelb

Edelrosen

Wuchsform	Wuchshöhe		Name/Eigenschaften	Verwendung/Gute Partner
Edelrosen	0,7–1 m		**Candlelight®** Tantau 2001 → öfterblühend Blüte: goldgelb, dicht gefüllt, 11–13 cm Wuchs: buschig aufrecht, 0,8–1 m → gute Vasenrose, in rauen Lagen Winterschutz nötig	→ einzeln oder in Gruppen; für Rosenbeete und Rabatten; wegen des Dufts in Sitzplatznähe; für romantische Pflanzungen → schön z. B. zu Frauenmantel (> S. 155) oder silberlaubigem, gelb blühendem Heiligenkraut (> S. 172)
			Comtessa® Tantau 2006 → öfterblühend Blüte: innen pastellgelb, außen cremeweiß, Schalen, dicht gefüllt, 10–12 cm Wuchs: buschig aufrecht, 0,8–1 m → sehr blühwillig	→ einzeln oder in Gruppen; für Rosenbeete und Rabatten; wegen des Dufts in Sitzplatznähe; für romantische Pflanzungen → harmoniert gut mit weißen und kräftig gelben Partnern sowie mit gelb panaschierten Begleitern
			**Duftgold®** Tantau 1981 → öfterblühend Blüte: goldgelb, elegant gefüllt, 8–10 cm, Knospe lang gestreckt Wuchs: aufrecht, bis 0,8 m hoch → sehr wetterfeste Blüten	→ für Rosenbeete und gemischte Rabatten; wegen des Dufts in Sitzplatznähe → apart z. B. die Unterpflanzung mit gelb panaschiertem Salbei 'Icterina' (> S. 172) oder Ananas-Minze (> S. 168)
			**Elina®** ADR Dickson 1984 → öfterblühend Blüte: pastellgelb bis cremeweiß, gut gefüllt, edel geformt Wuchs: buschig aufrecht → gute Schnittrose	→ einzeln oder in Gruppen; für Rosenbeete und Rabatten → schön z. B. zu weißem Sommer-Schleierkraut (> S. 179) sowie zu blau blühenden Partnern wie Katzenminze (> S. 169)

Gelb

Edelrosen

Wuchsform	Wuchshöhe		Name/Eigenschaften	Verwendung/Gute Partner
Edelrosen	0,7–1 m		**Landora®** Tantau 1970 → öfterblühend Blüte: strahlend goldgelb, edel gefüllt, 9–11 cm Wuchs: aufrecht → gute Vasenrose	→ einzeln oder in Gruppen; für Rosenbeete und Rabatten → Ton in Ton z. B. zu Goldrute (› S. 173), kontraststark zu blauem Rittersporn (› S. 160)
			La Perla® Kordes 2008 → öfterblühend Blüte: innen pastellgelb, außen cremeweiß, kugelig, dicht gefüllt, 9 cm Wuchs: straff aufrecht, 0,3 m breit → sehr robust	→ in Gruppen für Rosenbeete und gemischte Rabatten; für romantisch nostalgische Pflanzungen → harmonisch z. B. zu weiß oder gelb blühenden Partnern wie Ziertabak (› S. 183) oder Mädchenauge (› S. 159)
			**Marco Polo®** Meilland 1991 → öfterblühend Blüte: goldgelb, gut gefüllt, 9–10 cm Wuchs: stark buschig, aufrecht, 0,3–0,4 m breit → sehr robust, Schnittrose	→ in Gruppen für Rosenbeete und gemischte Rabatten → klassisch schön zu blauem Lavendel (› S. 165) oder Ton in Ton z. B. zu Gold-Garbe (› S. 154)
			**Speelwark®** Kordes 1999 → öfterblühend Blüte: pfirsichgelb, mit rosa Rändern, edel geformt, gut gefüllt, 12 cm Wuchs: straff aufrecht, 0,4 m breit → gute Schnittrose	→ in Gruppen für Rosenbeete und gemischte Rabatten → harmoniert z. B. mit gelben und orangefarbenen Studentenblumen (› S. 185) sowie mit rosa Begleitern, etwa Buntschopf-Salbei (› S. 184)

Edelrosen

Wuchsform	Wuchshöhe		Name/Eigenschaften	Verwendung/Gute Partner
Edelrosen	0,7–1 m		**Sterntaler®** Kordes 2004 → öfterblühend Blüte: zitronengelb, nostalgisch dicht gefüllt, 12 cm Wuchs: strauchig, 0,9 m hoch, 0,5 m breit → sehr gesundes Laub	→ einzeln oder in Gruppen; für Rosenbeete und Rabatten; auch als Strauchrose verwendbar; für romantische Pflanzungen → apart z. B. zu grünlich gelber Steppen-Wolfsmilch (› S. 162), frisch zu weißem Sommer-Schleierkraut (› S. 179)
	› 1 m		**Berolina®** Kordes 1986 → öfterblühend Blüte: zitronengelb mit leicht rötlichem Hauch, edel gefüllt, 11 cm Wuchs: buschig, 1–1,5 m hoch → gute Vasenrose	→ einzeln oder in Gruppen; für Rosenbeete und Rabatten; schön als Hochstammrose; für Kübelkultur geeignet → hübsch z. B. zu Nachtkerzen (› S. 169) oder zu gelber und roter Sonnenbraut (› S. 164)
			**Golden Medaillon®** Kordes 1991 → öfterblühend Blüte: goldgelb, gut gefüllt, 11 cm Wuchs: buschig aufrecht, 0,9 m hoch, 0,5 m breit → gute Vasenrose	→ einzeln oder in Gruppen; für Rosenbeete und Rabatten; wegen des Dufts in Sitzplatznähe → klassisch schön z. B. zu Lavendel (› S. 165) oder blauem Rittersporn (› S. 160)
			**Golden Tower®** Tantau 2005 → öfterblühend Blüte: dunkelgelb, gut gefüllt, sehr edel geformt, 12–14 cm Wuchs: sehr kräftig, 1,2–1,5 m → sehr langstielige Blüte, Vasenrose	→ einzeln oder in Gruppen; für Rosenbeete und Rabatten → Ton in Ton z. B. mit Mädchenauge (› S. 159) oder mit etwas Abstand zu gelb gestreiftem Chinaschilf (› S. 176)

Gelb

Kletterrosen

Wuchsform	Wuchshöhe		Name/Eigenschaften	Verwendung/Gute Partner
Kletter-rosen	1,5–3 m		**Amaretto®** Kordes 2006 → öfterblühend Blüte: zart pastellig apricot, am Rand cremefarben, dicht gefüllt, 10 cm Wuchs: 2,5 m hoch, 1 m breit → fruchtiger Duft	→ für Hausfassaden und Rosenbögen; auch am Obelisken im Staudenbeet → passt gut zu weißen und rosafarbenen Beetnachbarn wie Moschus-Malven (› S. 168), aber auch zu lilablauer Blauraute (› S. 170)
			**A Shropshire Lad®** Austin 1996 Englische Rose → öfterblühend Blüte: zart pastellig apricotfarben mit Rosatönung, rosettig dicht gefüllt Wuchs: 1,5–2,5 m hoch → fast stachellos, Duft fruchtig	→ auch als Strauchrose verwendbar; für Hausfassaden und Rosenbögen; auch am Obelisken im Staudenbeet; wegen des Dufts in Sitzplatznähe; für romantische Pflanzungen → edel zu weißen Blühpartnern wie Schleierkraut (› S. 163)
			**Barock®** Tantau 1999 → öfterblühend Blüte: von apricotgelb ins Roséfarbene changierend, dicht gefüllt, 9–11 cm Wuchs: bis 1,2 m breit → glänzend dunkelgrünes Laub	→ auch als Strauchrose verwendbar; für Hausfassaden und Rosenbögen; auch am Obelisken im Staudenbeet; schön in nostalgischen Pflanzungen → zu gelben und rosafarbenen Partnern wie Stockrosen (› S. 178) oder Levkojen (› S. 182)
			**Compassion® ADR** Harkness 1974 → öfterblühend Blüte: apricot bis rosa, am Grund gelblich, edelrosenartig gefüllt Wuchs: bis 1 m breit → sehr gesundes Laub	→ auch als Strauchrose verwendbar; für Hausfassaden und Rosenbögen; auch am Zaun im Staudenbeet → schön zu rosafarbenen Partnern wie Schwarzäugigem Storchschnabel (› S. 163) oder Spornblumen (› S. 158)

Kletterrosen

Wuchsform	Wuchshöhe		Name/Eigenschaften	Verwendung/Gute Partner
Kletter-rosen	1,5–3 m		**Kir Royal® ADR** Meilland 1995 → remontierend Blüte: roséfarben bis apricot, mit rosa Sprenkeln, gefüllt, 6–7 cm Wuchs: bis 1 m breit → sehr gesund und frosthart	→ für Hausfassaden und Rosenbögen; an Obelisken und Säulen im Staudenbeet → schön zu rosafarbenen Partnern wie Fingerhut (> S. 160) oder zu blauer Clematis (> S. 153)
			**Kordes' Rose Aloha®** Kordes 2003 → öfterblühend Blüte: apricotorange mit Rosatönen, dicht gefüllt, 10 cm, Knospen rosa Wuchs: 1 m breit → sehr gesundes Laub	→ für Fassaden und Rosenbögen; auch am Obelisken im Staudenbeet → harmoniert mit rosafarbenen Begleitern wie Spornblumen (> S. 158) oder Lichtnelken (> S. 172)
			**Looping®** Meilland 1977 → öfterblühend Blüte: apricotorange, gefüllt, 5–6 cm Wuchs: 1,5–2 m hoch → glänzendes Laub	→ ideal für niedrige Hausfassaden, Rosenbögen oder Säulen; auch am Obelisken im Staudenbeet → passt gut zu gelben Begleitern wie Mädchenauge (> S. 159) oder blauen wie Sommer-Salbei (> S. 171)
			**Papi Delbard®** Delbard → öfterblühend Blüte: apricot mit Gelb- und Rosatönen, dicht gefüllt, sehr groß, bis 14 cm Wuchs: 2,5 m hoch → sehr fruchtiger Duft	→ für Hausfassaden, Rosenbögen oder Säulen; auch am Obelisken im Staudenbeet; wegen des Dufts in Sitzplatznähe → harmoniert mit gelben, orange- und rosafarbenen Begleitern sowie prima mit violetter Clematis (> S. 153)

Apricot/Orange

Kletterrosen

Wuchsform	Wuchshöhe		Name/Eigenschaften	Verwendung/Gute Partner
Kletterrosen	1,5–3 m		**Polka '91®** Meilland 1991 → öfterblühend Blüte: orangegelb, dicht gefüllt, 6–7 cm Wuchs: 1,5–2,5 m hoch → braucht sonnige, nährstoffreiche Plätze	→ für Hausfassaden, Rosenbögen oder Säulen; im Staudenbeet; auch als Strauchrose verwendbar; für Kübelkultur geeignet → schön z. B. zu gelben und orangefarbenen Partnern wie Studentenblumen (> S. 185)
	3–5 m		**Alchymist®** Kordes 1956 → einmalblühend Blüte: zart pastellig apricotfarben, zum Teil mit rosa Hauch, dicht gefüllt, 10 cm Wuchs: Rambler, bis 3,5 m hoch, 1 m breit → verträgt Halbschatten, frosthart	→ für Fassaden und Rosenbögen → schön neben gelben und rosafarbenen Partnern sowie neben Blaublühern wie Sommer-Salbei (> S. 171) oder Katzenminze (> S. 169)
			**Desprez à Fleurs Jaunes** Desprez 1835 Alte Rose → remontierend Blüte: pfirsichgelb mit rosa Hauch, gut gefüllt, rosa Knospen Wuchs: Rambler, bis 4 m hoch und höher → frostempfindlich, für milde Regionen	→ für Rosenbögen, Lauben und Pergolen, in milden Lagen auch in Bäume kletternd → schön zu weißen Begleitern, z. B. weißer Clematis (> S. 153) oder weißen Nachtviolen (> S. 180)
			**Gloire de Dijon** Jacotot 1853 Alte Rose → öfterblühend Blüte: changierend zwischen apricot, cremeweiß, gelb, dicht gefüllt, 10 cm Wuchs: 3–5 m hoch → in rauen Lagen Winterschutz	→ auch für Halbschatten-Lagen; für Lauben, Pergolen und Pavillons, Rosenbögen und Säulen; wegen des Dufts in Sitzplatznähe → schön zu weißen und gelben Partnern, z. B. weißer Clematis (> S. 153) oder Stockrosen (> S. 178)

Apricot/Orange

Strauchrosen

Wuchsform	Wuchshöhe		Name/Eigenschaften	Verwendung/Gute Partner
Strauch-rosen	bis 1,2 m		**Caramella®** Kordes 2001 → öfterblühend Blüte: apricotfarben bis bernsteingelb, dicht gefüllt, 10 cm Wuchs: 1–1,2 m, 0,7 m breit → gesundes Laub	→ als Solitär oder in Gruppen; für gemischte Rabatten mit Stauden; für Kübelkultur geeignet → sehr wirkungsvoll mit blau blühenden Begleitern wie Rittersporn (› S. 160) oder mit gelben wie Taglilien (› S. 164)
			**Pat Austin®** Austin 1995 Englische Rose → öfterblühend Blüte: tiefe Schalen in kräftigem, dunklem Kupferorange, gut gefüllt Wuchs: 1–1,2 m hoch, 1 m breit → Teerosenduft	→ als Solitär oder in Gruppen; für gemischte Rabatten; auch für die Kübelkultur geeignet → gut zu Partnern in Sonnenuntergangsfarben: gelb, orange, rot, etwa Kapuzinerkresse (› S. 185) oder Sonnenbraut (› S. 164)
			**Pretty Sunrise®** ADR Meilland 2005 → öfterblühend Blüte: innen pfirsichgelb, außen rosa, einfach, gelbe Staubgefäße, 6–7 cm Wuchs: überhängend, 0,8–1,2 m hoch → guter Pollenlieferant	→ als Solitär oder in Gruppen; schön in naturnahen Gärten; für gemischte Rabatten → passt zu Partnern in Rosa, etwa Lichtnelken (› S. 172) oder in Gelb, z. B. Mädchenauge (› S. 159)
			**Schloss Eutin®** Kordes 2005 → öfterblühend Blüte: im Zentrum apricotfarben, am Rand aufhellend, dicht gefüllt, 8 cm Wuchs: straff aufrecht, 1,2 m hoch → dunkelgrünes Laub	→ als Solitär oder in Gruppen; für gemischte Rabatten → edel z. B. zu weißen Begleitern wie weiße Glockenblumen (› S. 157/158) und zu silberlaubigen, z. B. Woll-Ziest (› S. 173)

Apricot/Orange

Strauchrosen

Wuchsform	Wuchshöhe		Name/Eigenschaften	Verwendung/Gute Partner
Strauchrosen	bis 1,2 m		**Versigny®** Guillot 1998 → öfterblühend Blüte: innen apricotorange, außen lachsrosa, dicht gefüllt Wuchs: elegant, 1,2 m hoch → intensiv fruchtiger Duft	→ am wirkungsvollsten im Einzelstand; auch für gemischte Rabatten; wegen des Dufts in Sitzplatznähe → harmonisch zu rosa blühenden Partnern, etwa Buschmalve (> S. 166) oder violetten wie Vanilleblume (> S. 180)
			William Morris® Austin 1998 Englische Rose → öfterblühend Blüte: apricot-rosa, dicht gefüllt Wuchs: leicht überhängend, 1–1,2 m hoch, 0,8 m breit → robust, gut winterhart, gute Vasenrose	→ als Solitär oder in Gruppen; auch als Hecke; in gemischten Rabatten → sehr schön z. B. zu rosa Spornblumen (> S. 158) oder apricotfarbenen Taglilien (> S. 164)
	1,2–1,5 m		**Belvedere®** Tantau 2001 → öfterblühend Blüte: gleichmäßig apricotorange, dicht gefüllt, 10–12 cm Wuchs: kräftig, strauchig → farbstabil, hitzeverträglich, Vasenrose	→ als Solitär oder in Gruppen; in gemischten Rabatten → gut zu gelben Begleitern wie Mädchenauge (> S. 159) oder zu Blaublühern wie Sommer-Salbei (> S. 171)
			**Buff Beauty** Pemberton 1939 → öfterblühend Blüte: apricot bis pfirsichgelb, später cremeweiß, in Rispen, mittelgroß Wuchs: rundlich, weich überhängend → Laub im Austrieb rot	→ als Solitär oder in Gruppen; malerisch an Hängen, Böschungen und auf Mauerkronen; wegen des Dufts in Sitzplatznähe; in gemischten Rabatten → gut zu gelben, weißen oder blauen Partnern

Apricot/Orange

Strauchrosen

Wuchsform	Wuchshöhe		Name/Eigenschaften	Verwendung/Gute Partner
Strauch-rosen	1,2–1,5 m		**Calapuno®** Noack 2005 → öfterblühend Blüte: hellcremegelb bis zart apricot-farben, halb gefüllt, 6 cm Wuchs: buschig, leicht überhängend → glänzendes, dunkles Laub	→ einzeln oder in Gruppen; in gemischten Rabatten → harmonisch zu weißen oder gelben Begleitern sowie zu violetten wie Feinstrahl (› S. 161) oder im Herbst zu Astern (› S. 156/157)
			**Crown Princess Margareta®** Austin 1999 Englische Rose → öfterblühend Blüte: apricotorange, rosettig, dicht gefüllt Wuchs: kräftig, leicht überhängend → fruchtiger Duft	→ am besten einzeln oder im Hintergrund gemischter Rabatten; mit Stütze auch als Kletterrose verwendbar → hübsch zu kräftig gelben Begleitern wie Gold-Garbe (› S. 154) oder zu violetten wie Sommer-Salbei (› S. 171)
			**Freisinger Morgenröte®** Kordes 1988 → öfterblühend Blüte: kräftig orange, an der Blütenbasis gelb, außen rosa, edel gefüllt, 7 cm Wuchs: straff aufrecht, 0,7 m breit → glänzendes Laub	→ einzeln oder in Gruppen; auch für Hecken; in gemischten Rabatten → Ton in Ton zu pinkfarbenen Partnern wie Lichtnelken (› S. 172) oder Schwarzäugigem Storchschnabel (› S. 163)
			Herzogin Friederike® Noack 2002 → öfterblühend Blüte: innen gelb, außen lachsrosa, halb gefüllt, in Dolden, 5–6 cm Wuchs: breitbuschig, 1,2 m breit → Hagebuttenansatz, Sommerrückschnitt	→ einzeln oder in Gruppen; auch für Hecken → schön in naturnahen Gärten z. B. zu Fuchsroter Segge (› S. 174) oder rosa Spornblumen (› S. 158)

Apricot/Orange

Strauchrosen

Wuchsform	Wuchshöhe		Name/Eigenschaften	Verwendung/Gute Partner
Strauch-rosen	1,2–1,5 m		**Paul Bocuse®** Guillot 1997 → öfterblühend Blüte: innen apricot, außen zartrosa, flache Schalen, dicht gefüllt Wuchs: kompakt, rundbuschig → haltbare Schnittrose	→ einzeln oder in Gruppen; auch für Kübelkultur; für romantische Pflanzungen; für gemischte Rabatten → sehr schön zu zartrosa Fingerhut (› S. 160) oder Bechermalven (› S. 181)
			**Sahara®** Tantau 1996 → öfterblühend Blüte: leuchtend orangegelb mit bronzeroten Rändern, gefüllt, 8–9 cm Wuchs: aufrecht, leicht überhängend → glänzendes Laub	→ einzeln oder in Gruppen; auch für Hecken; für gemischte Rabatten → auch gut zu leuchtend roten Partnern wie Scharlach-Lobelie (› S. 182) oder roter Sonnenbraut (› S. 164)
	› 1,5 m		**Abraham Darby®** Austin 1985 Englische Rose → öfterblühend Blüte: apricot, innen mehr gelb, außen eher rosa, dicht gefüllt, 12 cm Wuchs: kräftig, langtriebig, bis 2 m → reichblühend, Vasenrose	→ am besten einzeln; mit Stütze auch als Kletterrose; für romantische Gärten; am Zaun oder im Hintergrund gemischter Rabatten → gut zusammen mit gelben, rosa oder blauen Begleitern
			**Bonanza®** ADR Kordes 1983 → öfterblühend Blüte: leuchtend gelb mit rotem Rand, locker gefüllt, 8 cm Wuchs: 1,8 m hoch, 0,8 m breit → sehr frosthart	→ einzeln oder in Gruppen; auch für Hecken; im Hintergrund gemischter Rabatten → temperamentvoll z. B. mit gelben, roten oder orangefarbenen Blühpartnern wie Feuer-Lilien (› S. 166)

Strauchrosen

Wuchsform	Wuchshöhe		Name/Eigenschaften	Verwendung/Gute Partner
Strauch-rosen	> 1,5 m		**Colette®** Meilland 1993 → öfterblühend Blüte: apricot, im Verblühen goldbraun, rosettig dicht gefüllt, 7–8 cm Wuchs: überhängend, 2 m hoch → gute Vasenrose	→ einzeln oder in Gruppen; auch als Kletterrose am Obelisken; am Zaun oder im Hintergrund gemischter Rabatten → klassisch schön zu blauen Blühpartnern wie Rittersporn (› S. 160) oder Blauraute (› S. 170)
			Leander® Austin 1982 Englische Rose → remontierend Blüte: apricot mit gelben Flecken, dicht gefüllt, 10–12 cm Wuchs: 2 m hoch, 1,5 m breit → dunkles, glänzendes Laub	→ am wirkungsvollsten einzeln; mit Rankhilfe auch als Kletterrose; am Zaun oder im Hintergrund gemischter Rabatten; für romantische Pflanzungen → apart zu weißen Partnern wie Rittersporn (› S. 160) oder Glockenblumen (› S. 157/158)
			**Münsterland®** Noack 1986 → öfterblühend Blüte: apricot bis lachsrosa, edel gefüllt, in Dolden, 10 cm Wuchs: straff aufrecht, 1,8 m hoch → gute Vasenrose, dunkles, lediges Laub	→ am besten einzeln; am Zaun oder im Hintergrund gemischter Rabatten → harmoniert gut mit gelb blühenden Begleitern wie Sonnenauge (› S. 164) oder Sonnenbraut (› S. 164)
			**Westerland®** ADR Kordes 1969 → öfterblühend Blüte: kräftig kupferorangefarben, locker gefüllt, 12 cm Wuchs: straff aufrecht, bis 2 m hoch → gesund, reichblühend, frosthart	→ einzeln oder in Gruppen; auch für Hecken; am Zaun oder im Hintergrund gemischter Rabatten → harmoniert auch mit roten Blühpartnern wie Scharlach-Lobelie (› S. 182) oder Indianernessel (› S. 169)

Apricot/Orange

Kleinstrauchrosen

Wuchsform	Wuchshöhe		Name/Eigenschaften	Verwendung/Gute Partner
Kleinstrauchrosen	bis 0,5 m		**Apricot Meidiland®** Meilland 2008 → öfterblühend Blüte: apricot, später innen gelb, außen rosa, halb gefüllt, in Dolden, 3–4 cm Wuchs: kompakt, 0,3–0,4 m hoch → wechselt zur zweiten Blüte die Farbe	→ als Bodendecker; für flächige Pflanzungen an Hängen und Böschungen; auch als Kübelrose verwendbar → schön in naturnahen Gärten zu allen gelb oder rosa blühenden Nachbarn
			**Cubana®** Kordes 2001 → öfterblühend Blüte: apricot, außen rosa angehaucht, locker rüschchenhaft gefüllt, 5 cm Wuchs: niedrig, 0,5 m hoch und breit → interessantes Farbspiel	→ auch als Bodendecker; für flächige Pflanzungen an Hängen und Böschungen; als Randbepflanzung gemischter Rabatten → harmoniert mit gelb oder rosa blühenden Partnern
	0,5–0,8 m		**Concerto®** Meilland 1994 → öfterblühend Blüte: apricotfarben, rosettig dicht gefüllt, in Dolden, 5–6 cm Wuchs: rundbuschig → hitzeverträglich	→ für flächige Pflanzungen; für Kübelkultur geeignet; in gemischten Rabatten → perfekt zu blau und violett blühenden Begleitern wie Sommer-Salbei (› S. 171) oder Blauraute (› S. 170)
			**Sedana® ADR** Noack 2005 → öfterblühend Blüte: cremeorange bis apricotfarben, halb gefüllt, in Dolden, 5 cm Wuchs: breitbuschig → glänzendes, ledriges Laub	→ für flächige Pflanzungen; auch für niedrige Hecken; in gemischten Rabatten → schön zu blaublütigen Begleitern wie Katzenminze (› S. 169) oder zu Rosablühern wie Spornblume (› S. 158)

Apricot/Orange

Beetrosen

Wuchsform	Wuchshöhe		Name/Eigenschaften	Verwendung/Gute Partner
Beetrosen	bis 0,6 m		**Amber Queen®** Harkness 1984 → öfterblühend Blüte: orange bis tief ambergelb, gefüllt, rundlich, 6–8 cm Wuchs: breitbuschig, 0,4–0,6 m hoch → Laub dunkelgrün bis bronzefarben	→ in Gruppen für Rosenbeete und gemischte Rabatten; auch für die Topfkultur geeignet → harmoniert gut mit anderen gelben und orangefarbenen Nachbarn wie Studentenblume (› S. 185) oder Ringelblume (› S. 178)
			**Bernstein-Rose®** Tantau 1987 → öfterblühend Blüte: gleichmäßig bernsteinfarben, dicht gefüllt, 10 cm Wuchs: aufrecht, 0,4–0,6 m hoch → früh- und reichblühend, winterhart	→ in Gruppen für Rosenbeete und gemischte Rabatten; für romantische Pflanzungen → passt z. B. gut zu gelben Partnern wie Gold-Garben (› S. 154) oder blaublütigen wie Lavendel (› S. 165)
			Garden of Roses® ADR Kordes 2007 → öfterblühend Blüte: hell pastellig apricotrosa, am Rand cremeweiß, 7 cm Wuchs: aufrecht, 0,4–0,6 m hoch → Vasenrose	→ in Gruppen für Rosenbeete und gemischte Rabatten; auch für die Topfkultur geeignet; für romantische Gärten → wirkungsvoll zu weißen Begleitern wie weißen Bechermalven (› S. 181) und silberlaubigen wie Woll-Ziest (› S. 173)
			**Goldelse®** Tantau 1999 → öfterblühend Blüte: kräftig orange bis kupfergelb, gut gefüllt, 8–10 cm Wuchs: dichtbuschig, 0,5–0,6 m hoch → glänzendes, dunkles Laub	→ in Gruppen für Rosenbeete und gemischte Rabatten; auch für die Topfkultur geeignet; für niedrige Hecken; schön als Stammrose → kontraststark zu hellvioletten Begleitern wie Blauraute (› S. 170)

Apricot/Orange

Beetrosen

Wuchsform	Wuchshöhe		Name/Eigenschaften	Verwendung/Gute Partner
Beet-rosen	bis 0,6 m		**Marie Curie®** Meilland 1997 → öfterblühend Blüte: kupfergelb bis goldbraun, dicht gefüllt, in Dolden, 5–6 cm Wuchs: rundbuschig, 0,4–0,6 m hoch → Vasenrose	→ in Gruppen für Rosenbeete und gemischte Rabatten; auch für die Topfkultur geeignet; für romantische Beete → passt z. B. zu gelben und lachsrosa Stockrosen (> S. 178)
			**Vinesse® ADR** Noack 2001 → öfterblühend Blüte: apricotrosa, halb gefüllt, in Dolden, 6 cm Wuchs: rundbuschig, 0,6 m hoch → gesundes Laub, Hagebuttenansatz	→ in Gruppen für Rosenbeete und gemischte Rabatten → harmonisch zu rosa blühenden Begleitern, z. B. Schmuckkörbchen (> S. 178) oder Phlox (> S. 170)
	0,6–0,8 m		**Aprikola® ADR** Kordes 2000 → öfterblühend Blüte: kräftig apricot bis rosafarben, gut gefüllt, in Dolden, 6 cm Wuchs: aufrecht, bis 0,6 m breit → sehr gesundes Laub	→ in Gruppen für Rosenbeete und gemischte Rabatten → verträgt sich mit Blühpartnern in Gelb, z. B. Mädchenauge (> S. 159) und Rosa, z. B. Buschmalven (> S. 166)
			**Gebrüder Grimm® ADR** Kordes 2002 → öfterblühend Blüte: kräftig leuchtend orange, innen gelb, dicht gefüllt, 7 cm Wuchs: aufrecht, bis 0,5 m breit → sehr gesundes Laub	→ in Gruppen für Rosenbeete und gemischte Rabatten; auch im Einzelstand; für romantische Beete → harmoniert mit gelben Partnern, aber auch mit blauvioletten wie Vanilleblume (> S. 180) oder Sommer-Salbei (> S. 171)

Apricot/Orange

Beetrosen

Wuchsform	Wuchshöhe		Name/Eigenschaften	Verwendung/Gute Partner
Beet-rosen	0,6–0,8 m		**Intarsia® ADR** Noack 2009 → öfterblühend Blüte: leuchtend orange, innen mehr gelb, außen eher rosa, halb gefüllt, 6 cm Wuchs: kräftig aufrecht → sehr gesundes Laub	→ in Gruppen für Rosenbeete und gemischte Rabatten → hamoniert mit gelben Partnern wie Frauenmantel (› S. 155) und rosa blühenden Begleitern, etwa Lichtnelken (› S. 172)
			**Isarperle® ADR** Noack 2004 → öfterblühend Blüte: hell pastelliges Apricot, fast cremeweiß, gut gefüllt, in Dolden, 6 cm Wuchs: schlank aufrecht, 0,4 m breit → sehr gesundes Laub, gute Vasenrose	→ in Gruppen für Rosenbeete und gemischte Rabatten → sehr edel in weißen Beeten oder zu weißen Partnern wie Rittersporn (› S. 160) oder Spornblume (› S. 158) sowie zu silberlaubigen Nachbarn
			**Pastella® ADR** Tantau 2004 → öfterblühend Blüte: zart pastellig apricotrosa, cremeweiß aufhellend, dicht gefüllt, 6–8 cm Wuchs: dicht- und breitbuschig → sehr gesundes Laub, reichblühend	→ in Gruppen für Rosenbeete und gemischte Rabatten; für romantische Gärten → harmoniert gut mit rosa und weißen Beetpartnern sowie mit silberlaubigen wie Salbei 'Berggarten' (› S. 172) oder Edelraute (› S. 156)
			**Queen of Hearts®** Kordes 2008 → öfterblühend Blüte: kräftig leuchtend lachsorange, dicht gefüllt, 8 cm Wuchs: schlank aufrecht, 0,3 m breit → gute Fernwirkung	→ in Gruppen für Rosenbeete und gemischte Rabatten → hübsch zu gelben Nachbarn wie Gold-Felberich (› S. 168) oder zu dunkelvioletten wie Vanilleblume (› S. 180)

Apricot/Orange

Beetrosen

Wuchsform	Wuchshöhe		Name/Eigenschaften	Verwendung/Gute Partner
Beet-rosen	0,6–0,8 m		**Sangerhauser Jubiläumsrose®** Kordes 2003 → öfterblühend Blüte: zart apricotfarben, im Verblühen zartrosa, dicht gefüllt, 6–7 cm Wuchs: dicht gedrungen, kompakt → reichblühend	→ in Gruppen für Rosenbeete und gemischte Rabatten; auch einzeln stehend; für romantische Pflanzungen → kontraststark zu blauen und violetten Blühpartnern, harmoniert aber auch mit gelben und rosa blühenden Begleitern
			**Tequila 2003®** Meilland 2003 → öfterblühend Blüte: leuchtend hellorangefarben, gut gefüllt, in Dolden, 7–8 cm Wuchs: buschig aufrecht → gute Fernwirkung, hitzeverträglich	→ in Gruppen für Rosenbeete und gemischte Rabatten; auch für Kübelkultur → harmonisch zu unterschiedlich gelb blühenden Begleitern, z. B. verschiedene Sonnenbraut-Sorten (> S. 164)
			**Véronique B.®** Guillot 2001 → öfterblühend Blüte: Schalen, zart pastellig apricot bis cremeweiß am Rand, dicht gefüllt Wuchs: strauchig aufrecht → fruchtiger Duft	→ in Gruppen für Rosenbeete und gemischte Rabatten; auch als Solitär; für Kübelkultur geeignet → edel zu weißen Blühpartnern wie weißem Feinstrahl (> S. 161) oder zu anderen apricotfarbenen wie Taglilien (> S. 164)
			**Westzeit® ADR** Noack 2004 → öfterblühend Blüte: von kräftig orange bis pastellig apricot, halb gefüllt, in Dolden, 6 cm Wuchs: buschig aufrecht → Laub gesund, glänzend, Vasenrose	→ in Gruppen für Rosenbeete und gemischte Rabatten → schön zu weißen, gelben und orange blühenden Beetpartnern sowie zu allen Blaublühern

Apricot/Orange

Beetrosen

Wuchsform	Wuchshöhe		Name/Eigenschaften	Verwendung/Gute Partner
Beet-rosen	› 0,8 m		**Camille Pissarro®** Delbard 1996 → öfterblühend Blüte: gelb, rosa und rot gestreift, jede anders, gut gefüllt Wuchs: strauchig aufrecht, 0,8–1 m → fruchtiger Duft	→ in Gruppen für Rosenbeete und gemischte Rabatten → gut zu Begleitern, die das Farbspiel aufgreifen, also gelb, rosa und rot blühen, alternativ kontraststark zu blauen wie Edeldistel (› S. 162) oder Blauraute (› S. 170)
			**Midsummer®** Tantau 2008 → öfterblühend Blüte: orangerot mit gelb, edelrosenartig gefüllt, in Dolden, 6–8 cm Wuchs: kräftig, dicke Stiele, 0,8–1 m → haltbare Vasenrose, glänzendes Laub	→ in Gruppen für Rosenbeete und gemischte Rabatten; auch für Kübelkultur → gut zu gelben Partnern sowie zu roten wie Scharlach-Lobelie (› S. 182) oder rotem Blutgras (› S. 175)
			**Papagena®** McGredy 1992 → öfterblühend Blüte: orange und gelb gestreift, gut gefüllt, in Dolden Wuchs: schlank aufrecht, bis 1 m → hitzeverträglich	→ in Gruppen für Rosenbeete und gemischte Rabatten → harmonisch zu gelben und orangefarbenen Partnern wie verschiedenen Sorten der Sonnenbraut (› S. 164) sowie zu violetten Begleitern wie Katzenminze (› S. 169)
			**Shanty®** Tantau 2004 → öfterblühend Blüte: gelborange bis orangerot, im Verblühen pink-rosé, gefüllt, 10 cm Wuchs: schlank aufrecht, bis 1 m → glänzendes Laub	→ in Gruppen für Rosenbeete und gemischte Rabatten → schön zu gelben, orangefarbenen und roten Partnern wie Kapuzinerkresse (› S. 185)

Apricot/Orange

Edelrosen

Wuchsform	Wuchshöhe		Name/Eigenschaften	Verwendung/Gute Partner
Edelrosen	bis 0,7 m		**Doris Tystermann** Wisbech Plant Co. Ltd. 1975 → öfterblühend Blüte: gleichmäßig kupferorange, gut gefüllt, edel Wuchs: straff aufrecht, 0,6–0,7 m hoch → haltbare Schnittrose	→ in Gruppen für Rosenbeete und gemischte Rabatten → harmonisch zu gelben und orange blühenden Begleitern wie Studentenblume (> S. 185) oder Ringelblume (> S. 178)
			**Samaritan®** Harkness 1991 → öfterblühend Blüte: innen apricotorange, außen rosa, rosettig gefüllt, 8–10 cm Wuchs: breitbuschig, 0,5–0,7 m hoch → Vasenrose	→ in Gruppen für Rosenbeete und gemischte Rabatten; für Kübelkultur geeignet → perfekt zu blauen und violetten Partnern wie Schleier-Eisenkraut (> S. 185) sowie zu gelben wie Frauenmantel (> S. 155)
	0,7–1 m		**Albrecht Dürer Rose®** Tantau 2002 → öfterblühend Blüte: pfirsichgelb bis orange, oft pinkfarbener Hauch, gut gefüllt, 12 cm Wuchs: breitbuschig, 0,7–0,9 m → Blütenfarbe wetterabhängig, Vasenrose	→ für gute Rosenstandorte; in Gruppen für Rosenbeete und gemischte Rabatten → hübsch zu Blühpartnern in Gelb, z. B. Mädchenauge (> S. 159), und Rosa, z. B. Lichtnelken (> S. 172)
			**Aquarell®** Tantau 2008 → öfterblühend Blüte: pfirsichfarben, in cremeweiß übergehend, rosa Rand, gefüllt, 10–12 cm Wuchs: kräftig, aufrecht → herrliches Farbenspiel, fruchtiger Duft	→ in Gruppen für Rosenbeete und gemischte Rabatten; für Kübelkultur geeignet; wegen des Dufts in Sitzplatznähe → schön z. B. zu blau blühenden Partnern wie Katzenminze (> S. 169) oder Sommer-Salbei (> S. 171)

Apricot/Orange

Edelrosen

Wuchsform	Wuchshöhe		Name/Eigenschaften	Verwendung/Gute Partner
Edelrosen	0,7–1 m		**Chippendale®** 🌸 🌹 Tantau 2005 → öfterblühend Blüte: je nach Wetter dunkelorange bis aprikot, stark gefüllt, 8–10 cm Wuchs: kräftig, aufrecht → frühblühend, Vasenrose	→ in Gruppen für Rosenbeete und gemischte Rabatten; wegen des Dufts in Sitzplatznähe → harmonisch mit gelben Partnern wie Gold-Felberich (› S. 168) und blauen wie Rittersporn (› S. 160)
			**Elle®** 🌸 Meilland 1999 → öfterblühend Blüte: apricot, innen mehr gelb, außen stärker lachsrosa, gut gefüllt, 8–9 cm Wuchs: buschig aufrecht → verträgt Halbschatten, Schnittrose	→ in Gruppen für Rosenbeete und gemischte Rabatten; auch für Kübelkultur → hübsch zu violetten Begleitern wie Feinstrahl (› S. 161) oder Kissen-Astern (› S. 157)
			**Fairest Cape®** Kordes 2005 → öfterblühend Blüte: kräftig leuchtend apricotorange, innen gelb, gut gefüllt, 8–10 cm Wuchs: buschig aufrecht, 0,4 m breit → verträgt Halbschatten, Schnittrose	→ einzeln oder in Gruppen für Rosenbeete und gemischte Rabatten → harmonisch mit gelben und orangefarbenen Partnern wie Schlafmützchen (› S. 179), apart zu violettem Schleier-Eisenkraut (› S. 185)
			**Fantasia Mondiale®** Kordes 2000 → öfterblühend Blüte: lachsorange, edel gefüllt, 10 cm Wuchs: kräftig, breit aufrecht → gesundes Laub, gute Vasenrose	→ in Gruppen für Rosenbeete und gemischte Rabatten → perfekt zu blauen Partnern, etwa Mehligem Salbei (› S. 184) oder Blauraute (› S. 170)

Apricot/Orange

Edelrosen

Wuchsform	Wuchshöhe		Name/Eigenschaften	Verwendung/Gute Partner
Edelrosen	0,7–1 m		**Fruité®** 🏺 Meilland 2002 → öfterblühend Blüte: lachsrot und gelb gestreift, edel gefüllt, 8–9 cm Wuchs: kräftig, aufrecht → frühblühend, glänzendes Laub	→ in Gruppen für Rosenbeete und gemischte Rabatten; auch für Kübelkultur → zu gelben und roten Nachbarn, etwa Gold- und Schaf-Garben (› S. 154)
			Inspiration® ADR Noack 2003 → öfterblühend Blüte: innen gelborange, außen lachsrosa, edel gefüllt, 10 cm Wuchs: buschig, 0,7–0,8 m hoch → gute Vasenrose	→ einzeln oder in Gruppen für Rosenbeete und gemischte Rabatten → passt gut zu Begleitern in Gelb, z. B. Gold-Garbe (› S. 154) und in Rosa, z. B. Spornblume (› S. 158)
			**Pullmann Orient Express®** Baily Nurseries/Meilland 2002 → öfterblühend Blüte: zweifarbig, innen strahlend gelb, außen kräftig pinkfarben, 8 cm Wuchs: buschig aufrecht → glänzendes, dunkles Laub	→ in Gruppen für Rosenbeete und gemischte Rabatten; für Kübelkultur geeignet → harmonisch mit gelben sowie rosafarbenen Partnern, etwa Lichtnelken (› S. 172) oder Schwarzäugigem Storchschnabel (› S. 163)
			**Sutter's Gold** 🏺 Swim 1950 → öfterblühend Blüte: goldorange, hoch gebaut, locker gefüllt, Knospen lang und spitz Wuchs: buschig aufrecht → kräftige Stiele	→ in Gruppen für Rosenbeete und gemischte Rabatten → schön zu Nachbarn in den Sonnenuntergangsfarben Gelb, Orange, Rot, etwa Gold- und Schaf-Garben (› S. 154)

Apricot/Orange

Edelrosen

Wuchsform	Wuchshöhe		Name/Eigenschaften	Verwendung/Gute Partner
Edelrosen	0,7–1 m		**Tea Time®** Tantau 1994 → öfterblühend Blüte: kräftig kupferorange, edel gefüllt, 8–11 cm Wuchs: kräftig, bis 0,5 m breit → gute Vasenrose, kräftige Stiele	→ in Gruppen für Rosenbeete und gemischte Rabatten → gut für feurige Kombinationen mit gelben und roten Begleitern oder dem Purpurglöckchen 'Caramel' (› S. 165)
	› 1 m		**Ashram®** Tantau 1998 → öfterblühend Blüte: kräftig orange bis kupferbraun, gut gefüllt, 8–11 cm Wuchs: kräftig, bis 1,2 m hoch → regenfeste Blüten, Vasenrose	→ einzeln oder in Gruppen; für gemischte Rabatten → temperamentvoll mit gelben und orangefarbenen Partnern, vornehm mit violetten, etwa Iran-Lauch (› S. 155) oder Sternkugel-Lauch (› S. 155)
			Augusta Luise® Tantau 1999 → öfterblühend Blüte: orange bis apricotrosé, außen rot, dicht gefüllt, 10–12 cm Wuchs: kräftig, bis 1,2 m hoch → gute Vasenrose	→ einzeln oder in Gruppen; für gemischte Rabatten; schön als Hochstamm; wegen des Dufts in Sitzplatznähe → schön z. B. zu rosafarbenen Begleitern wie rosa Astern (› S. 156/157) im Herbst oder Phlox (› S. 170)
			**Cherry Brandy '85®** Tantau 1985 → öfterblühend Blüte: kräftig kupferorange, edel gefüllt, 8–10 cm, spitze Knospen Wuchs: kräftig, bis 1,1 m hoch → hellgrünes Laub, gute Vasenrose	→ einzeln oder in Gruppen; für gemischte Rabatten; in Sitzplatznähe wegen des Dufts → harmoniert mit Gelbblühern wie Mädchenauge (› S. 159) und violetten Partnern, etwa Vanilleblume (› S. 180)

Apricot/Orange

Kletterrosen

Wuchsform	Wuchshöhe		Name/Eigenschaften	Verwendung/Gute Partner
Kletter-rosen	1,5–3 m		**Amadeus®** Kordes 2003 → öfterblühend Blüte: blutrot, von guter Leuchtkraft, edelrosenartig gefüllt, 8 cm Wuchs: 1,8–2,5 m hoch, 1 m breit → glänzendes Laub	→ für Hausfassaden und Rosenbögen; auch am Obelisken im Staudenbeet → schön zu schwarzroter oder weißer Clematis (› S. 153) sowie zu Duft-Wicken (› S. 181)
			Badener Sommergruß® Warner 2000 → öfterblühend Blüte: leuchtend blutrot, in Büscheln, gut gefüllt Wuchs: 0,8–1 m breit → robust	→ für Hausfassaden und Rosenbögen; auch am Obelisken im Staudenbeet → edel zu blauen Begleitern wie Lang-blättrigem Ehrenpreis (› S. 170) oder weißen Partnern wie Schleierkraut (› S. 163)
			Belkanto® Noack 2004 → öfterblühend Blüte: samtig warmrot, edel und gut gefüllt, in Büscheln, 8–10 cm Wuchs: 2,5 m hoch → farbbeständige Blüte	→ für Hausfassaden und Rosenbögen; am Obelisken im Staudenbeet → schön neben schwarzroten Stockro-sen (› S. 178) im Beet oder zu rotlaubi-gen Gräsern wie Ruten-Hirse (› S. 176)
			Colonia® Meilland 1984 → öfterblühend Blüte: dunkelblutrot, locker gefüllt, in Dolden, 7–8 cm Wuchs: 0,8–1 m breit → nicht für heiße Standorte	→ für Rosenbögen, frei stehende Spa-liere oder Obelisken im Staudenbeet → dekorativ z. B. mit violetter Clematis (› S. 153) oder violetter Unterpflanzung, etwa Katzenminze (› S. 169)

Kletterrosen

Wuchsform	Wuchshöhe		Name/Eigenschaften	Verwendung/Gute Partner
Kletter-rosen	1,5–3 m		**Gruß an Heidelberg®** Kordes 1959 → öfterblühend Blüte: feurig hellrot, edelrosenartig gefüllt, in Dolden Wuchs: rund 2 m hoch → lange Blütezeit	→ für Hausfassaden und Rosenbögen; am Obelisken im Staudenbeet → dekorativ mit purpurlaubiger Unterpflanzung, etwa Purpurglöckchen (› S. 165)
			**Momo®** Noack 1994 → öfterblühend Blüte: kühl karminrot, edel gefüllt, in Rispen, 4 cm Wuchs: buschig, vieltriebig → Laub im Austrieb und Herbst rötlich	→ für Hausfassaden und Rosenbögen; am Obelisken im Staudenbeet → prima zu rotlaubiger Unterpflanzung oder zu weißen Blühpartnern, etwa Steppenkerzen (› S. 161) oder Margeriten (› S. 166)
			**Salita®** Kordes 1987 → öfterblühend Blüte: leuchtend hellrotorange, edelrosenartig gefüllt, in Büscheln, 9 cm Wuchs: 2,5 m hoch, bis 1 m breit → hitzeverträglich	→ für Hausfassaden und Rosenbögen; am Obelisken im Staudenbeet → harmoniert mit rot blühender Unterpflanzung, etwa Scharlach-Lobelie (› S. 182) oder Scharlach-Salbei (› S. 184)
			Santana® Tantau 1985 → öfterblühend Blüte: dunkelblutrot, edelrosenartig gefüllt, 9–11 cm Wuchs: 3 m hoch, mitunter höher → reichblühend, ledriges Laub	→ für Hausfassaden, Rosenbögen, Pergolen und Sichtschutzelemente; auch für Kübelkultur geeignet → passt zu allen weißen, violetten oder blauen Begleitern

Kletterrosen

Wuchsform	Wuchshöhe		Name/Eigenschaften	Verwendung/Gute Partner
Kletter-rosen	3–5 m		**Dortmund® ADR** Kordes 1955 → öfterblühend Blüte: leuchtend blutrot mit weißem Auge, einfach, in Büscheln, 9 cm Wuchs: 4 m, 1,5 m breit → sehr gesundes Laub, sehr frosthart	→ gut für raue Lagen; für Hausfassaden, Lauben und Pergolen → stilecht in naturnahen Gartenecken mit Gräsern wie Ruten-Hirse (› S. 176) oder Riesen-Pfeifengras (› S. 176)
			Flammentanz® ADR Kordes 1955 → einmalblühend Blüte: leuchtend blutrot, gefüllt, 9 cm Wuchs: Rambler, 4–5 m, 2 m breit → sehr gesundes Laub, sehr frosthart	→ gut für raue Lagen; für Hausfassaden, Lauben und Pergolen und für große Rosenbögen → hübsch z. B. zu weißen, blauen und violetten Begleitpflanzen wie Rittersporn (› S. 160) und Glockenblumen (› S. 157/158)
			Sympathie Kordes 1964 → öfterblühend Blüte: samtig dunkelrot, edelrosenartig gefüllt, 9 cm Wuchs: bis 4 m hoch, 1,5 m breit → sehr frosthart	→ gut für winterraue Lagen; für Hausfassaden, Lauben, Pergolen und Rosenbögen → passt zu allen weißen, blauen und violetten Begleitern
	› 5 m		**Chevy Chase** Hansen 1939 → einmalblühend Blüte: tief dunkelrot, dunkeln im Verblühen nach, in Büscheln, dicht gefüllt Wuchs: Rambler bis 7 m hoch, 2 m breit → verträgt Halbschatten, hellgrünes Laub	→ auch für ungünstige Lagen; für große Lauben und Pergolen; erklimmt mittelgroße Bäume → hübsch z. B. in der Nähe rotlaubiger Gräser, etwa Japanischem Blutgras (› S. 175) oder Fuchsroter Segge (› S. 174)

Strauchrosen

Wuchsform	Wuchshöhe		Name/Eigenschaften	Verwendung/Gute Partner
Strauch-rosen	bis 1,2 m		**Benjamin Britten®** Austin 2001 Englische Rose → öfterblühend Blüte: rot-orange, flach schalenförmig, dicht gefüllt Wuchs: dichtbuschig, 0,8–1,2 m hoch → fruchtiger Duft	→ als Solitär oder in Gruppen; in mildem Klima auch als Kletterrose; für gemischte Rabatten mit Stauden → passt z. B. zu orangefarbener und ziegelroter Kapuzinerkresse (› S. 185) sowie zu blauen Partnern
			**L.D. Braithwaite ®** Austin 1988 Englische Rose → öfterblühend Blüte: leuchtend karmesinrot, dicht gefüllt, schalenförmig Wuchs: dichtbuschig, 0,9–1,1 m hoch → duftet erst bei voll geöffneter Blüte	→ als Solitär oder in Gruppen; auch für Kübelkultur; für gemischte Rabatten und romantische Pflanzungen → schön zu blauen oder weißen Blühpartnern, etwa Feinstrahl (› S. 161) im Sommer oder Astern (› S. 156/157) im Herbst
			**Rote Woge®** ADR Meilland 1991 → öfterblühend Blüte: dunkelrot, gut gefüllt, in Büscheln, 6 cm Wuchs: 0,7 m hoch, überhängend → gesund, robust, frosthart	→ am besten in Gruppen; auch für flächige Pflanzungen; für gemischte Rabatten → klassisch schön zu blau blühenden Partnern wie Glockenblume (› S. 157/158) oder Männertreu (› S. 181)
			**So Pretty®** ADR Meilland 2006 → öfterblühend Blüte: rotorangefarben, halb gefüllt, mit sichtbaren Staubgefäßen, 5–6 cm Wuchs: aufrecht buschig, 0,8–1,2 m → gesundes Laub, Bienenweide	→ als Solitär oder in Gruppen; ideal für naturnahe Pflanzungen; für gemischte Rabatten → schön zu Gräsern wie Bärenfell-Schwingel (› S. 175) oder zu gelben Blühpartnern, etwa Gold-Felberich (› S. 168)

Rot

Strauchrosen

Wuchsform	Wuchshöhe		Name/Eigenschaften	Verwendung/Gute Partner
Strauchrosen	bis 1,2 m		**Tascaria® ADR** Noack 2005 → öfterblühend Blüte: samtrot, halb gefüllt, mit sichtbaren Staubgefäßen, in Dolden, 5 cm Wuchs: buschig aufrecht, 1,1 m hoch → gesundes, glänzendes Laub	→ als Solitär oder in Gruppen; gut für naturnahe Pflanzungen; für gemischte Rabatten → schön zu rotlaubigen Gräsern wie Japanischem Blutgras (> S. 175) oder herbstfärbender Ruten-Hirse (> S. 176)
			**The Prince®** Austin 1990 Englische Rose → öfterblühend Blüte: dunkel samtig karmesinrot, im Verblühen purpurviolett, dicht gefüllt Wuchs: locker, 0,7–0,8 m hoch → gute Vasenrose, pflegeintensiv	→ als Solitär oder in Gruppen; auch für Kübelkultur geeignet; für gemischte Rabatten → gut als Vermittler zwischen warmroten und purpurvioletten Rosensorten
			**Tom Wood®** Dickson 1896 Alte Rose → remontierend Blüte: kirschrot, im Verblühen leicht violett, groß, kugelig, dicht gefüllt Wuchs: dichtbuschig, 1 m hoch → wenig bestachelt	→ als Solitär oder in Gruppen; auch für Kübelkultur geeignet; wegen des Dufts in Sitzplatznähe; für gemischte Rabatten → schön zu violetten Begleitern wie Iran-Lauch (> S. 155) oder Katzenminze (> S. 169)
			William Shakespeare 2000® Austin 2003 Englische Rose → öfterblühend Blüte: tief dunkelkarmesinrot, im Verblühen purpurviolett, dicht gefüllt Wuchs: aufrecht, 0,9–1,1 m hoch → verträgt Halbschatten, gute Vasenrose	→ als Solitär oder in Gruppen; auch für Kübelkultur geeignet; für gemischte Rabatten → gut als Vermittler zwischen warmroten und purpurfarbenen Rosen; schön zu blauen und violetten Partnern oder zu Salbei 'Purpurascens' (> S. 172)

Strauchrosen

Wuchsform	Wuchshöhe		Name/Eigenschaften	Verwendung/Gute Partner
Strauch-rosen	1,2–1,5 m		**Dirigent®** Tantau 1956 → öfterblühend Blüte: leuchtend hellrot, halb gefüllt mit sichtbaren gelben Staubgefäßen Wuchs: aufrecht, 0,6–0,8 m breit → sehr farbbeständig, dauerblühend	→ als Solitär oder in Gruppen; auch für Hecken geeignet; passt gut in naturnahe Gärten oder auch in den Hintergrund gemischter Rabatten → schön zu herbstfärbenden Gräsern wie Ruten-Hirse (› S. 176)
			Famosa® ADR Noack 2002 → öfterblühend Blüte: leuchtend rot, halb gefüllt, in Dolden, 6 cm Wuchs: buschig aufrecht → gesundes Laub, rötlich im Austrieb	→ als Solitär oder in Gruppen; für gemischte Rabatten → kontrastiert zu allen weißen und violetten Begleitern wie Schleierkraut (› S. 163) und Pracht-Storchschnabel (› S. 162)
			**Red Eden Rose®** Meilland 2002 → öfterblühend Blüte: dunkeljohannisbeerrot, dicht gefüllt, 8–10 cm Wuchs: straff aufrecht, 0,6–0,8 m breit → gute Vasenrose, fruchtiger Duft	→ als Solitär oder in Gruppen; auch für Kübelkultur; schön in romantischen Pflanzungen → gut zu Schleierkraut (› S. 163) oder Schleier-Eisenkraut (› S. 185)
			**Roter Korsar® ADR** Kordes 2004 → öfterblühend Blüte: dunkelrot, locker gefüllt, in Büscheln, 9 cm Wuchs: etwas überhängend, 0,8 m breit → sehr frosthart, gesundes Laub	→ als Solitär oder in Gruppen; in mildem Klima auch als Kletterrose verwendbar; für gemischte Rabatten → schön zu rotlaubigen Purpurglöckchen (› S. 165) oder weißen Partnern wie Glockenblumen (› S. 157/158)

Strauchrosen

Wuchsform	Wuchshöhe		Name/Eigenschaften	Verwendung/Gute Partner
Strauch-rosen	1,2–1,5 m		**Triade® ADR** Noack 2003 → öfterblühend Blüte: leuchtend rot, halb gefüllt, in Büscheln, 4 cm Wuchs: buschig, 1,2 m hoch und breit → glänzendes Laub	→ als Solitär oder in Gruppen; auch für Hecken geeignet → schön z. B. zu violettem Blut-Storchschnabel (› S. 163) oder lilablauer Katzenminze (› S. 169)
			Tuscany Superb vor 1837 Alte Rose → einmalblühend Blüte: samtig dunkelkarmesinrot, halb gefüllt, mit gelben Staubgefäßen Wuchs: buschig aufrecht → halbschattenverträglich, robust	→ als Solitär oder in Gruppen; auch für Hecken; schön in naturnahen Gartenpartien; im Hintergrund von Rabatten → harmoniert auch mit gelben Begleitern wie Gold-Felberich (› S. 168)
	› 1,5 m		**Burghausen® ADR** Kordes 1991 → öfterblühend Blüte: hellrot, locker gefüllt, 8 cm Wuchs: straff aufrecht, 2 m hoch und höher, 0,8 m breit → gesundes Laub, frosthart	→ als Solitär oder in Gruppen; in milden Regionen auch als Kletterrose verwendbar; als Sichtschutz am Zaun; im Hintergrund großer Rabatten → imposant z. B. zu weißen Steppenkerzen (› S. 161)
			Castella® Tantau 1984 → öfterblühend Blüte: leuchtend blutrot, gefüllt, 9–11 cm Wuchs: buschig, 1,4–1,7 m hoch → üppig belaubt, reichblühend	→ als Solitär oder in Gruppen; für Hecken einsetzbar; als Sichtschutz am Zaun; im Hintergrund großer Rabatten → schön z. B. zu weißem oder blauem Rittersporn (› S. 160)

Rot

Strauchrosen

Wuchsform	Wuchshöhe		Name/Eigenschaften	Verwendung/Gute Partner
Strauch-rosen	> 1,5 m		**Royal Show®** Meilland 1983 → öfterblühend Blüte: dunkeljohannisbeerrot, gut gefüllt, 7–8 cm Wuchs: breitbuschig, bis 2 m hoch → gut für raue Lagen, hitzeempfindlich	→ als Solitär oder in Gruppen; auch für Kübelkultur; als Sichtschutz am Zaun; im Hintergrund großer Rabatten → apart z. B. zu schwarzroten Dahlien (› S. 159)
			Shalom® Poulsen 1972 → öfterblühend Blüte: zinnoberrot, gut gefüllt, in Büscheln Wuchs: straff aufrecht, bis 2 m hoch → kräftige Stiele	→ als Solitär oder in Gruppen; auch in Hecken einsetzbar; als Sichtschutz am Zaun; im Hintergrund großer Rabatten → schön z. B. zu rötlicher Ruten-Hirse (› S. 176) oder zu roten Sonnenbraut-Sorten (› S. 164)
			**Ulrich Brunner Fils** Lefet 1881 Alte Rose → öfterblühend Blüte: kirschrot, im Verblühen bläulich, dicht gefüllt, groß Wuchs: aufrecht, 1,6–1,8 m hoch → kaum Stacheln, gute Vasenrose	→ als Solitär oder in Gruppen; auch für Hecken verwendbar; als Sichtschutz am Zaun; im Hintergrund gemischter Rabatten → imposant z. B. zu weißen oder schwarzroten Stockrosen (› S. 178)
			**Zigeunerknabe** Geschwind/Lambert 1909 Alte Rose → einmalblühend Blüte: dunkel scharlachkarmesinrot, locker gefüllt, in Büscheln Wuchs: überhängend, 1,8 m hoch → für Halbschatten, frosthart, Hagebutten	→ als Solitär oder in Gruppen; auch in Hecken verwendbar; als Sichtschutz am Zaun; im Hintergrund großer Rabatten → im Bauerngarten z. B. zusammen mit Lilien (› S. 166/167) und Levkojen (› S. 182)

Rot

Kleinstrauchrosen

Wuchsform	Wuchshöhe		Name/Eigenschaften	Verwendung/Gute Partner
Kleinstrauchrosen	bis 0,5 m		**Bassino®** Kordes 1988 → öfterblühend Blüte: leuchtend blutrot, einfach, 3 cm Wuchs: breit und flach niederliegend, 0,3 m hoch, 0,4 m breit → dunkles Laub	→ guter Bodendecker; für flächige Pflanzungen; an Hängen und Böschungen; für Kübel und Kästen geeignet; für Heide- und Steingärten; als Beeteinfassung → hübsch z. B. vor weißen Lilien (> S. 167)
			Fairy Dance® Harkness 1979 → öfterblühend Blüte: blutrot, gefüllt, in Büscheln, 3–4 cm Wuchs: breitbuschig, 0,3–0,5 m hoch → Dauerblüher von Mai bis zum Frost	→ einzeln oder in Gruppen; für flächige Pflanzungen; für Hänge und Böschungen; für die Kübelkultur; in gemischten Rabatten → schön z. B. zu weißem Filzigen Hornkraut (> S. 159)
			**Limesglut® ADR** Pearce 2004 → öfterblühend Blüte: leuchtend blutrot, locker gefüllt, sichtbare Staubgefäße, in Büscheln Wuchs: breitbuschig, 0,3–0,5 m hoch → sehr gesundes Laub	→ für flächige Pflanzungen; auch für die Kübelkultur; für Rosenbeete und Rabatten → passt z. B. zu violetten Partnern wie Vanilleblume (> S. 180) und gelben wie Nachtkerze (> S. 169)
			Mainaufeuer® Kordes 1990 → öfterblühend Blüte: blutrot, halb gefüllt, sichtbare gelbe Staubgefäße, in Büscheln, 5 cm Wuchs: breitbuschig, breiter als hoch → dunkles, glänzendes Laub	→ für flächige Pflanzungen; für Hänge und Böschungen; schön in naturnahen Gartenecken → harmoniert mit gelben Begleitern wie Gold-Garbe (> S. 154) oder herbstfärbenden Gräsern wie Riesen-Pfeifengras (> S. 176)

Kleinstrauchrosen

Wuchsform	Wuchshöhe		Name/Eigenschaften	Verwendung/Gute Partner
Klein-strauch-rosen	bis 0,5 m		**Sommerabend® ADR** Kordes 1995 → öfterblühend Blüte: dunkelrot, einfach, 4 cm Wuchs: breit und flach niederliegend, 0,3 m hoch, bis 0,8 m breit → gesundes ledriges, glänzendes Laub	→ guter Bodendecker; für flächige Pflanzungen; für Hänge, Böschungen und auf Mauerkronen; mit Rankhilfe auch als Kletterrose einsetzbar → schön z. B. vor schwarzroten Stockrosen (› S. 178)
	0,5–0,8 m		**Austriana®** Tantau 1996 → öfterblühend Blüte: blutrot, halb gefüllt, 6–7 cm Wuchs: breitbuschig, ca. 0,5 m hoch und breit → regenfest, gute Selbstreinigung	→ auch als Beetrose verwendbar; ideal für flächige Pflanzungen; für Hänge und Böschungen; für Kübel geeignet; hübsch als Hochstämmchen → harmoniert z. B. mit Gelbblühern wie Mädchenauge (› S. 159)
			**Gärtnerfreude® ADR** Kordes 1999 → öfterblühend Blüte: himbeerrot, gut gefüllt, 3 cm Wuchs: flach niederliegend, 0,4–0,5 m hoch, bis 0,6 m breit → sehr gesundes Laub, sehr regenfest	→ für flächige Pflanzungen; für Hänge und Böschungen; für Rosenbeete und Rabatten → passt zu allen blauen und violetten Partnern sowie zu weißen Begleitern, etwa Duftsteinrich (› S. 182)
			**Heidefeuer®** Noack 1995 → öfterblühend Blüte: leuchtend rot, halb gefüllt, in Büscheln, 4–5 cm Wuchs: buschig aufrecht → ledrig glänzendes Laub, Hagebutten	→ für flächige Pflanzungen; für Hänge und Böschungen; für Rosenbeete und Rabatten → schön z. B. zu Gräsern wie Fuchsroter Segge (› S. 174)

Rot

Kleinstrauchrosen

Wuchsform	Wuchshöhe		Name/Eigenschaften	Verwendung/Gute Partner
Kleinstrauchrosen	0,5–0,8 m		**Red Yesterday® ADR** Harkness 1978 → öfterblühend Blüte: einfach, karminrot mit weißem Auge, in großen Dolden Wuchs: überhängend, 0,6–0,8 m hoch → sehr gesund, gute Selbstreinigung	→ für flächige Pflanzungen; für Hänge und Böschungen; auch für Hecken; für Kübelkultur geeignet → apart mit weißen Begleitern oder temperamentvoll mit rotem Japanischen Blutgras (› S. 175)
			Scarlet Meidiland® Meilland 1986 → öfterblühend Blüte: dunkelrot, gut gefüllt, in großen Büscheln, 2–3 cm Wuchs: breit überhängend → hitzeverträglich	→ braucht vollsonnige Standorte; für flächige Pflanzungen; für Hänge und Böschungen → auch in Kombination mit Stauden, z. B. mit blauem Großen Ehrenpreis (› S. 173)
			Sorrento® ADR Noack 2005 → öfterblühend Blüte: leuchtend rot, locker gefüllt, in Dolden, 5 cm Wuchs: 0,7–0,8 m hoch, 0,9 m breit → gesund, farbbeständig, hitzeverträglich	→ für flächige Pflanzungen; für Hänge und Böschungen → schön in Kombination mit violetten und blauen Begleitern, z. B. Schleier-Eisenkraut (› S. 185)
	› 0,8 m		**Crimson Meidiland® ADR** Meilland 1986 → öfterblühend Blüte: dunkelrot, halb gefüllt, in Büscheln, 6–7 cm Wuchs: aufrecht, 0,8–1,2 m hoch → sehr robust und frosthart	→ für raue Klimalagen; für flächige Pflanzungen; auch für Hecken; schön in naturnahen Gärten → gut in Kombination mit herbstfärbenden Gräsern wie Ruten-Hirse (› S. 176)

Beetrosen

Wuchsform	Wuchshöhe	Name/Eigenschaften	Verwendung/Gute Partner
Beetrosen	bis 0,6 m	**Bad Füssing®** Kordes 1980 → öfterblühend Blüte: leuchtend blutrot, locker gefüllt, 6 cm Wuchs: breitbuschig, 0,5 m hoch → sehr frosthart	→ in Gruppen für Rosenbeete und gemischte Rabatten → hübsch z. B. zu leuchtend rotem Japanischem Blutgras (› S. 175) oder zu Sternkugel-Lauch (› S. 155)
		Cantario® ADR Noack 2004 → öfterblühend Blüte: leuchtend rot, locker gefüllt, in Dolden, 3 cm Wuchs: buschig, kompakt → dunkelgrünes, glänzendes Laub	→ in Gruppen für Rosenbeete und gemischte Rabatten → klassisch schön zu allen blauen und violetten Begleitern wie Lavendel (› S. 165) und Sommer-Salbei (› S. 171)
		Canzonetta® ADR Noack 2006 → öfterblühend Blüte: leuchtend rot, halb gefüllt, in Dolden, 4 cm Wuchs: buschig, kompakt, 0,5–0,6 m → farbbeständig, Hagebuttenansatz	→ in Gruppen für Rosenbeete und gemischte Rabatten; auch für flächige Pflanzungen → harmoniert z. B. mit gelben Begleitern wie Mädchenauge (› S. 159) oder Studentenblume (› S. 185)
		Chorus® Meilland 1975 → öfterblühend Blüte: leuchtend blutrot, gut gefüllt, in Büscheln, 6–8 cm Wuchs: breitbuschig, 0,5–0,6 m hoch → sehr robust, hitzeverträglich	→ in Gruppen für Rosenbeete und gemischte Rabatten; auch für flächige Pflanzungen → schön z. B. zu duftigen Gräsern wie Riesen-Pfeifengras (› S. 176) oder Reiher-Federgras (› S. 177)

Rot

Beetrosen

Wuchsform	Wuchshöhe		Name/Eigenschaften	Verwendung/Gute Partner
Beetrosen	bis 0,6 m		**Duftwolke®** Tantau 1963 → öfterblühend Blüte: korallenrot, edelrosenartig gefüllt, 10–12 cm Wuchs: straff aufrecht, 0,6 m hoch → glänzendes Laub, Vasenrose	→ in Gruppen für Rosenbeete und gemischte Rabatten; wegen des Dufts in Sitzplatznähe; für Kübelkultur geeignet; hübsch als Stammrose → temperamentvoll zu purpurlaubigen Purpurglöckchen (› S. 165)
			**Insel Mainau®** Kordes 1959 → öfterblühend Blüte: samtig blutrot, gut gefüllt, 7 cm Wuchs: zierlich, 0,4 m hoch, 0,3 m breit → glänzendes Laub	→ in Gruppen für Rosenbeete und gemischte Rabatten; für Kübelkultur → harmoniert z. B. mit braunrot belaubtem Stachelnüsschen (› S. 154) oder weiß blühendem Duftsteinrich (› S. 182)
			**Kronjuwel® ADR** Noack 1997 → öfterblühend Blüte: dunkelrot, halb gefüllt, in Dolden, 6 cm Wuchs: aufrecht, 0,6 m hoch → liebt volle Sonne, farbbeständig	→ in Gruppen für Rosenbeete und gemischte Rabatten; auch für flächige Pflanzungen → passt gut zu allen weißen und blauvioletten Partnern wie Lavendel (› S. 165) oder Nachtviole (› S. 180)
			**Lilli Marleen®** Kordes 1959 → öfterblühend Blüte: samtig feuerrot, locker gefüllt, 8 cm Wuchs: buschig aufrecht, 0,4–0,6 m hoch → für optimale Rosenstandorte	→ in Gruppen für Rosenbeete und gemischte Rabatten → passt gut zu allen weißen und blauvioletten Partnern sowie zu rotem Japanischen Blutgras (› S. 175)

Beetrosen

Wuchsform	Wuchshöhe		Name/Eigenschaften	Verwendung/Gute Partner
Beet-rosen	bis 0,6 m		**Mariandel®** Kordes 1985 → öfterblühend Blüte: dunkelblutrot, gefüllt, 7 cm Wuchs: buschig aufrecht, 0,6 m hoch → sehr frosthart, Laub im Austrieb rötlich	→ in Gruppen für Rosenbeete und gemischte Rabatten → naturnah mit Gräsern als Begleiter, elegant z. B. mit weißem Sommer-Schleierkraut (› S. 179)
			**Medley Red®** Noack 2002/2003 → öfterblühend Blüte: kräftig rot, halb gefüllt, mit sichtbaren gelben Staubgefäßen, 5 cm Wuchs: zierlich, 0,3–0,4 m hoch → glänzendes Laub	→ in Gruppen für Rosenbeete und gemischte Rabatten; gut für die Topfkultur → harmoniert auch mit gelben Blühpartnern wie Studentenblume (› S. 185)
			Nina Weibull® Poulsen 1961 → öfterblühend Blüte: kirschrot, edelrosenartig gefüllt Wuchs: dichtbuschig, 0,4–0,5 m hoch → reich- und dauerblühend, frosthart	→ in Gruppen für Rosenbeete und gemischte Rabatten; auch für niedrige Einfassungen → apart z. B. mit weißen und blauen Glockenblumen (› S. 157/158) oder Männertreu (› S. 181)
			**Red Leonardo da Vinci® ADR** Meillland 2003 → öfterblühend Blüte: johannisbeerot, rosettenartig dicht gefüllt, 7 cm Wuchs: buschig aufrecht, 0,4–0,6 m → gesund, robust, regenfest	→ in Gruppen für Rosenbeete und gemischte Rabatten; für Kübelkultur geeignet; für romantische Pflanzungen → verspielt z. B. mit Schleier-Eisenkraut (› S. 185), üppig z. B. mit Levkojen (› S. 182)

Beetrosen

Wuchsform	Wuchshöhe		Name/Eigenschaften	Verwendung/Gute Partner
Beet-rosen	bis 0,6 m		**Rouge Meilove® ADR** Meillland 2005 → öfterblühend Blüte: dunkelblutrot, gut gefüllt, 5–6 cm Wuchs: breitbuschig, 0,4–0,6 m hoch → sehr gesundes Laub	→ in Gruppen für Rosenbeete und gemischte Rabatten; für Kübelkultur geeignet → edel z. B. mit weißen Madonnen- oder Königs-Lilien (› S. 167)
			Tornado® Kordes 1973 → öfterblühend Blüte: leuchtend orangerot, locker gefüllt, in Dolden, 6 cm Wuchs: buschig aufrecht, 0,4–0,6 m → gute Selbstreinigung, frosthart	→ in Gruppen für Rosenbeete und gemischte Rabatten → naturnah mit Gräsern wie Japanischem Blutgras (› S. 175), farbenfroh z. B. mit Garten-Margeriten (› S. 166)
	0,6–0,8 m		**Domstadt Fulda®** Kordes 1994 → öfterblühend Blüte: leuchtend orangerot, locker gefüllt, in Dolden, 7 cm Wuchs: buschig aufrecht, 0,4 m breit → glänzendes Laub, hitzeverträglich	→ in Gruppen für Rosenbeete und gemischte Rabatten → apart z. B. zu violettblauer Blauraute (› S. 170) oder zu Schleier-Eisenkraut (› S. 185)
			Gruß an Bayern® Kordes 1971 → öfterblühend Blüte: blutrot, halb gefüllt, mit sichtbaren Staubgefäßen, in Dolden Wuchs: buschig aufrecht, 0,4 m breit → glänzendes Laub, sehr frosthart	→ in Gruppen für Rosenbeete und gemischte Rabatten → harmoniert auch mit gelb blühenden Partnern wie z. B. Mädchenauge (› S. 159) oder Studentenblume (› S. 185)

Beetrosen

Wuchsform	Wuchshöhe		Name/Eigenschaften	Verwendung/Gute Partner
Beet-rosen	0,6–0,8 m		**La Sevillana® ADR** Meilland 1978 → öfterblühend Blüte: leuchtend blutrot, halb gefüllt, mit sichtbaren Staubgefäßen, 7–8 cm Wuchs: buschig aufrecht → sehr robust und frosthart	→ in Gruppen für Rosenbeete und gemischte Rabatten; auch für niedrige Hecken → klassisch schön mit violettblauem Lavendel (› S. 165), naturnah mit Gräsern wie Fuchsroter Segge (› S. 174)
			**Montana®** Tantau 1974 → öfterblühend Blüte: leuchtend rot, locker gefüllt, 8–10 cm Wuchs: straff aufrecht, 0,3–0,4 m breit → reichblühend, wetterfeste Blüte	→ in Gruppen für Rosenbeete und gemischte Rabatten; auch für niedrige Hecken → feurig mit anderen Rotblühern wie Scharlach-Lobelie (› S. 182) oder Scharlach-Salbei (› S. 184)
			Olympisches Feuer® Tantau 1992 → öfterblühend Blüte: leuchtend rotorange, gut gefüllt, in Dolden, 8–10 cm Wuchs: im 1. Jahr kompakt, später höher → regenfest, blühfreudig	→ in Gruppen für Rosenbeete und gemischte Rabatten → nobel z. B. mit weißem und blauem Rittersporn (› S. 160), imposant mit schwarzroten Stockrosen (› S. 178)
			**Rotilia® ADR** Kordes 2000 → öfterblühend Blüte: glühend intensiv rot, locker gefüllt, in Dolden, 5 cm Wuchs: buschig aufrecht, 0,5 m breit → sehr gesund, robust, langblühend	→ in Gruppen für Rosenbeete und gemischte Rabatten; auch für flächige Pflanzungen; für Kübelkultur geeignet → schön z. B. in der Nachbarschaft rotlaubiger Purpurglöckchen (› S. 165) oder im Herbst zu Astern (› S. 156/157)

Beetrosen

Wuchsform	Wuchshöhe		Name/Eigenschaften	Verwendung/Gute Partner
Beet-rosen	0,6–0,8 m		**Rotkäppchen®** Kordes 2007 → öfterblühend Blüte: dunkelrot, dicht gefüllt, 7 cm Wuchs: buschig aufrecht, 0,5 m breit → schöne Vasenrose	→ in Gruppen für Rosenbeete und gemischte Rabatten; gut für Kübelkultur geeignet; für romantische Pflanzungen → imposant in der Nachbarschaft schwarzroter Stockrosen (› S. 178)
	› 0,8 m		**Resonanz® ADR** Noack 2005 → öfterblühend Blüte: hellorangerot, locker gefüllt, in Dolden, 6 cm Wuchs: buschig aufrecht, bis 1 m → gesund, farbbeständig, Hagebutten	→ in Gruppen für Rosenbeete und gemischte Rabatten → temperamentvoll z. B. mit rotlaubigem Japanischen Blutgras (› S. 175) oder zu rotlaubigem Purpurglöckchen (› S. 165)
			**Roman Herzog®** Noack 2007 → öfterblühend Blüte: leuchtend rot, gut und edel gefüllt, in Dolden, 8 cm Wuchs: breitbuschig, bis 0,9 m hoch → farbbeständig, glänzendes Laub	→ in Gruppen für Rosenbeete und gemischte Rabatten → extravagant mit Gräsern wie Ruten-Hirse (› S. 176) und dunkelroten Dahlien (› S. 159)
			**Sinea® ADR** Noack 2007 → öfterblühend Blüte: hellbordeauxrot, halb gefüllt, in Dolden, 6 cm Wuchs: breitbuschig, bis 0,9 m hoch → Austrieb rötlich, Hagebuttenansatz	→ in Gruppen für Rosenbeete und gemischte Rabatten → harmoniert auch mit gelben Begleitern, z. B. Gold-Garbe (› S. 154) oder herbstfärbenden Gräsern wie Riesen-Pfeifengras (› S. 176)

Edelrosen

Wuchsform	Wuchshöhe		Name/Eigenschaften	Verwendung/Gute Partner
Edelrosen	bis 0,7 m		**Duftfestival®** Meilland 2000 → öfterblühend Blüte: samtig dunkelrot, dicht gefüllt, 8–10 cm Wuchs: buschig aufrecht, 0,4–0,7 m → gute Vasenrose	→ in Gruppen für Rosenbeete und Rabatten; für Kübelkultur geeignet; wegen des Dufts in Sitzplatznähe → klassisch schön z. B. zu weißem Sommer-Schleierkraut (› S. 179) oder blauviolettem Lavendel (› S. 165)
			**Duftzauber '84®** Kordes 1984 → öfterblühend Blüte: samtig dunkelrot, edel gefüllt, 11 cm Wuchs: buschig, 0,6–0,7 m hoch → gute Vasenrose, glänzendes Laub	→ in Gruppen für Rosenbeete und gemischte Rabatten; wegen des Dufts in Sitzplatznähe → hübsch z. B. mit violetter Katzenminze (› S. 169) als Unterpflanzung
			**Graf Lennart®** Meilland 1991 → öfterblühend Blüte: samtig hellrot, edel gefüllt, 9–10 cm, Knospen nahezu schwarzrot Wuchs: straff aufrecht, 0,4–0,6 m hoch → Schnittrose, hitzeverträglich	→ in Gruppen für Rosenbeete und gemischte Rabatten; wegen des Dufts in Sitzplatznähe → apart z. B. zu rotlaubigem Purpurglöckchen (› S. 165) oder Braunblättrigem Stachelnüsschen (› S. 154)
			Papa Meilland® Meilland 1963 → öfterblühend Blüte: samtig dunkelrot, edel gefüllt, 10–12 cm Wuchs: straff aufrecht, 0,6–0,7 m → Duft nach Alten Rosen und Pfirsich	→ in Gruppen für Rosenbeete und gemischte Rabatten; wegen des Dufts in Sitzplatznähe → schön z. B. zu rotlaubigem Japanischen Blutgras (› S. 175) oder zu schwarzroten Stockrosen (› S. 178)

Rot

Edelrosen

Wuchsform	Wuchshöhe		Name/Eigenschaften	Verwendung/Gute Partner
Edelrosen	bis 0,7 m		**Traviata®** Meilland 1998 → öfterblühend Blüte: johannisbeerrot, rosettenartig dicht gefüllt, 7–8 cm Wuchs: straff aufrecht, 0,4–0,7 m hoch → regenfest, robust, frosthart	→ in Gruppen für Rosenbeete und gemischte Rabatten; für romantische Pflanzungen → apart z. B. zu weißem Sommer-Schleierkraut (› S. 179) oder weißem Männertreu (› S. 181)
	0,7–1 m		**Acapella®** Tantau 1994 → öfterblühend Blüte: kirschrot, außen silberfarben, edel gefüllt, 10 cm Wuchs: straff aufrecht, 0,5 m breit → gute Vasenrose, sehr winterhart	→ in kleinen Gruppen für Rosenbeete und gemischte Rabatten; wegen des Dufts in Sitzplatznähe → perfekt zu weißen Blühpartnern oder silberlaubigen Begleitern wie Edelrauten (› S. 156)
			Black Baccara® Meilland 2002 → öfterblühend Blüte: samtig schwarzrot, edel gefüllt, 5–6 cm Wuchs: straff aufrecht → Vasenrose, braucht gute Standorte	→ in kleinen Gruppen für Rosenbeete und gemischte Rabatten → Ton in Ton mit schwarzroten Stockrosen (› S. 178), feurig mit rotlaubigem Japanischen Blutgras (› S. 175)
			Black Magic® Tantau 1995 → öfterblühend Blüte: samtig dunkelrot, edel gefüllt, 10–12 cm Wuchs: straff aufrecht → gute Vasenrose, glänzendes Laub	→ in kleinen Gruppen für Rosenbeete und gemischte Rabatten → klassisch edel zu blauen und weißen Begleitern, extravagant zu roten Dahlien (› S. 159) im Herbst

Edelrosen

Wuchsform	Wuchshöhe		Name/Eigenschaften	Verwendung/Gute Partner
Edelrosen	0,7–1 m		**Burgund '81®** Kordes 1981 → öfterblühend Blüte: samtig leuchtend blutrot, gut gefüllt, 12 cm; Knospen schwarzrot Wuchs: buschig aufrecht, 0,5 m breit → gute Vasenrose, lange Blüte, frosthart	→ in kleinen Gruppen für Rosenbeete und gemischte Rabatten → wegen des üppigen Herbstflors schön zu herbstfärbenden Gräsern wie Ruten-Hirse (› S. 176) oder zu schwarzroten Dahlien (› S. 159)
			Grande Amore® ADR Kordes 2004 → öfterblühend Blüte: leuchtend rot, edel gefüllt, 10 cm Wuchs: buschig aufrecht, 0,4 m breit → gute Vasenrose, glänzendes Laub	→ in Gruppen für Rosenbeete und gemischte Rabatten → apart z. B. zu weißem Feinstrahl (› S. 161) und weißen Madonnen-Lilien (› S. 167)
			Liebeszauber® Kordes 1991 → öfterblühend Blüte: leuchtend samtig dunkelrot, edel gefüllt, 11 cm Wuchs: buschig aufrecht, 0,4 m breit → gute Vasenrose, glänzendes Laub	→ in Gruppen für Rosenbeete und gemischte Rabatten; wegen des Dufts in Sitzplatznähe → schön zu allen blauen, violetten und weißen Partnern
			Mildred Scheel® Tantau 1976 → öfterblühend Blüte: samtig dunkelrot, edel gefüllt, 8–10 cm, schwarzrote Knospen Wuchs: buschig aufrecht → haltbare Vasenrose	→ in kleinen Gruppen für Rosenbeete und gemischte Rabatten → eindrucksvoll in der Nachbarschaft schwarzer Stockrosen (› S. 178) oder dunkelroter Dahlien (› S. 159)

Rot

Edelrosen

Wuchsform	Wuchshöhe		Name/Eigenschaften	Verwendung/Gute Partner
Edelrosen	0,7–1 m		**Oklahoma** 🌸 Swim & Weeks 1964 → öfterblühend Blüte: tief dunkelrot, ins Schwärzliche changierend, stark gefüllt Wuchs: buschig aufrecht, 0,4 m breit → gute Vasenrose	→ in kleinen Gruppen; wegen des Dufts in Sitzplatznähe; für Rosenbeete und gemischte Rabatten → kontraststark zu weißen Blühpartnern oder silberlaubigen Begleitern wie Edelrauten (› S. 156) oder Heiligenkraut (› S. 172)
			**Rebell®** Kordes 1996 → öfterblühend Blüte: leuchtend rot, edel gefüllt, 11 cm Wuchs: straff aufrecht, 0,4 m breit → gute Schnittrose, hitzeverträglich	→ in kleinen Gruppen für Rosenbeete und gemischte Rabatten → kontraststark z. B. zu weißem Schmuckkörbchen (› S. 178) oder weißem Feinstrahl (› S. 161)
			**Roter Stern** 🌸 Meilland 1958 → öfterblühend Blüte: samtig rostrot, edel gefüllt, schlanke Knospen Wuchs: buschig aufrecht, 0,4 m breit → Vasenrose	→ in kleinen Gruppen für Rosenbeete und gemischte Rabatten; wegen des Dufts in Sitzplatznähe → harmoniert auch mit orange- oder kupferfarbenen Partnern wie Sonnenbraut (› S. 164)
			**Schwarze Madonna®** Kordes 1992 → öfterblühend Blüte: samtig schwarzrot, edel gefüllt, 11 cm Wuchs: straff aufrecht, 0,4 m breit → gute Schnittrose, rötlicher Austrieb	→ in kleinen Gruppen für Rosenbeete und gemischte Rabatten → schön zu schwarzroten Stockrosen (› S. 178) oder schwarzroten Dahlien (› S. 159), dazwischen weiße Begleiter

Edelrosen

Wuchsform	Wuchshöhe		Name/Eigenschaften	Verwendung/Gute Partner
Edelrosen	0,7–1 m		**Terracotta®** Simpson 2001 → öfterblühend Blüte: terracottarot, gut gefüllt, 7–8 cm Wuchs: straff aufrecht, 0,4 m breit → ausgefallene Farbe, für gute Rosenstandorte	→ in kleinen Gruppen für Rosenbeete und gemischte Rabatten → Ton in Ton zu terracotta- und lachsfarbenen Sorten der Schaf-Garbe (› S. 154)
	› 1 m		**Barkarole®** Tantau 1988 → öfterblühend Blüte: samtig dunkelrot, 8–11 cm, Knospen schwarzrot Wuchs: buschig aufrecht, bis 1,5 m → gute Vasenrose, glänzendes Laub	→ einzeln oder in kleinen Gruppen; für Beete und gemischte Rabatten → schön zu hellroten Rosen, edel zu weißen Blühpartnern wie Königs-Lilien (› S. 167) oder zu schwarzroten Stockrosen (› S. 178)
			**Erotika®** Tantau 1968 → öfterblühend Blüte: samtig dunkelrot, edel gefüllt, 8–11 cm, schlanke Knospen Wuchs: straff aufrecht, 1–1,2 m → gute Vasenrose	→ in kleinen Gruppen für Rosenbeete und gemischte Rabatten, wegen des Dufts in Sitzplatznähe → schön zu anderen Rotblühern wie Scharlach-Lobelie (› S. 182) oder zu rotlaubigen Begleitern wie Japanischem Blutgras (› S. 175)
			**Piano®** Tantau 2007 → öfterblühend Blüte: leuchtend rot, kugelig, dicht gefüllt, einzeln oder in Dolden, 10–12 cm Wuchs: buschig aufrecht, 1–1,2 m → gute Vasenrose	→ in kleinen Gruppen für Rosenbeete und gemischte Rabatten; für romantische Pflanzungen → leuchtstark zu blauvioletten Begleitern wie Sommer-Salbei (› S. 171) oder Lavendel (› S. 165)

Rosen-Begleiter

Was wäre Majestät ohne ihren Hofstaat? Wie es sich für eine Königin gehört, umgibt sich die Rose immer gern mit einigen Begleitpflanzen. Diese haben vor allem ein Ziel: die Schönheit der edlen Blumen zu betonen! Ausgewählte Stauden, Gräser, Sommerblumen und Gehölze unterstreichen die Eleganz der Rosen, kräftigen das Leuchten ihrer Blüten oder gehen einfach farbenfrohe Mischungen mit ihnen ein.

Partnersuche leicht gemacht

Die Kollektion der Begleitpflanzen ist wahrlich sehr reichhaltig. Viele Pflanzen buhlen um die besten Plätze nahe den Rosen. Diese Fülle ermöglicht es, die passenden Partner für jeden individuellen Gartenentwurf zu finden. Um bei der Suche zu helfen, zeigen wir die wichtigsten Rosenbegleiter im Porträt und stellen sie in Aussehen, Ansprüchen und Verwendungsmöglichkeiten vor. Sie treffen nur noch Ihre persönliche Wahl!

Rosen-Begleiter auswählen Schritt für Schritt

Welche Pflanzen passen zu meinen Rosen? Als Antwort finden Sie auf den folgenden Seiten über hundert Begleitpflanzen. Das wichtigste für einen guten Rosenbegleiter sind gleiche, ähnliche oder anpassungsfähige Ansprüche an Boden, Licht und Wasser. Wichtig: Der Hofstaat hält selbstverständlich stets gebührenden Abstand, denn Rosen lieben offene Böden und möchten luftig stehen.
Damit Sie die passenden Begleiter für Ihre Rosen finden, wurden sie gemäß Lebensweise und Verwendung in vier Gruppen eingeteilt:

1. Gehölze (> Seite 152)
2. Stauden (> Seite 154)
3. Gräser (> Seite 174)
4. Ein- und Zweijährige (> Seite 178)

Je nachdem, welche Begleiter Sie suchen, schlagen Sie die Seiten der jeweiligen Gruppe auf. Dort sind die Pflanzen alphabetisch nach botanischen Namen sortiert.

→ **Gehölze** sind die optimalen Raumbildner. Im Rosengarten müssen sie sich jedoch im Hintergrund halten. Denn unter Baumkronen und im Wurzelfilz gedeiht die Majestät nicht. Die sechs genannten Gehölze sind dennoch Klassiker in Rosennähe. Buchs und Eibe beispielsweise nicht nur, weil ihr Grün alles Blühende zum Leuchten bringt und sie im Winter die Stellung halten, sondern auch wegen ihrer famosen Verträglichkeit gegenüber Schnittmaßnahmen.

→ **Stauden** sind mehrjährig. Zwar sterben die oberirdischen Pflanzenteile im Winter ab – ausgenommen Immergrüne –, unterirdisch überdauern sie aber und treiben im Frühjahr erneut aus. Sie sind somit die idealen Rosenpartner für langfristige Gestaltungen.
Allerdings haben einige Klassiker des Hofstaats – etwa Lavendel, Edeldistel oder Heiligenkraut – deutlich von den Rosen abwei-

Partnersuche leicht gemacht

chende Standortansprüche. Halten Sie solche Nachbarn mit etwas Abstand und magern Sie die Pflanzerde mit Sand und Kies ab. Übrigens finden Sie in dieser Rubrik auch einige Porträts von Zwiebelgewächsen, die für den Rosengarten empfehlenswert sind.

→ **Gräser** bringen Ruhe – weil sie meist grün sind – und Ordnung – wegen ihrer linearen Blattschöpfe – ins Rosenbeet. Viele tragen dekorative Herbstfarben und bleiben sogar über Winter erhalten. Bei den Höhenangaben der Porträts nennt die erste Zahl die Höhe des Blattschopfs, die zweite die der Blüten- bzw. Fruchtstände.

→ **Sommerblumen** sind meist einjährig. Deshalb blühen sie lange und üppig: Sie haben nur eine Saison, um zu wachsen, zu blühen und sich schließlich mittels Samen zu verbreiten. Sie geben Ihrem Rosengarten jedes Jahr ein neues Gesicht, füllen Lücken, überbrücken Blühpausen der Stauden und bringen viel Farbe ins Spiel. Sommerblumen sind ideale Rosenpartner, weil sie mit ihrem Hunger nach Sonne und Nahrung die gleichen Ansprüche stellen. Eine gute Nährstoffversorgung sollte daher unbedingt gewährleistet sein. Vorgezogene Pflanzen blühen früher als direkt ins Freiland gesäte.

Rosen, Formschnittgehölze und Stauden: Im Miteinander liegt die Kraft der edlen Blumen und ihrer Begleitpflanzen.

Die Porträts

In den Porträts erfahren Sie in der Kopfzeile zunächst den deutschen, darunter den botanischen Namen, die Höhe und die Blütezeit der Pflanze. Dann machen Symbole auf wichtige Merkmale aufmerksam:

☼ oder ☼ Die Pflanze gedeiht an sonnigen und/oder halbschattigen Standorten.

🫗 Die Pflanze duftet. Sie kann spontan duftende Blüten tragen oder ist ein Kontaktdufter, das heißt, man muss die Blätter berühren, bevor sie ihr Aroma freisetzen.

🌿 Die Pflanze ziert sehr schönes Laub. Dieses Zeichen schließt farbiges Laub, grau oder silbrig belaubte Gewächse sowie Begleiter mit attraktiver Herbstfärbung ein.

🐝 Es handelt sich um eine Nektarpflanze für Bienen oder sonstige Insekten.

Der anschließende Porträttext beschreibt Blüte, Wuchs, Ansprüche an den Boden sowie Pflege und Verwendung. Da es oft in Blatt, Blüte, Farbe oder Höhe unterschiedliche Arten oder Sorten einer Pflanze gibt, sind in der Rubrik »Sorten« oder »Sorten/Arten« wichtige Verwandte genannt.

Buchsbaum
Buxus sempervirens var. *arborescens*

Höhe: 2–3 m
Blütezeit: März – Mai

BLÜTE: erst nach einigen Jahren erscheinen kleine, gelblich grüne, unscheinbare Blütenbüschel in den Blattachseln
WUCHS: hoher, dichtbuschiger, aufrechter, aber breiter Strauch; langsam wachsend; 2–3 cm kleine, immergrüne Blättchen, eiförmig, ledrig, oberseits dunkelgrün glänzend, unterseits heller, matt
BODEN: frisch bis feucht, nicht zu trocken, verträgt vorübergehende Hitze und Trockenheit im Sommer dennoch sehr gut, durchlässig, nahrhaft, gut kalkverträglich
PFLEGE: sehr schnittverträglich, auch kräftiger Verjüngungsschnitt kein Problem; Formschnitt im Sommer bei bedecktem Wetter(!)
VERWENDUNG: man schneidet den Buchs als Hecke (bis ca. 1,2 m Höhe), Kegel oder Kugel, zum Hochstamm oder zu einer Figur; er ist das klassische Gehölz im Rosen- und Bauerngarten; Kübelpflanzung; verträgt viel Schatten; in allen Teilen giftig

Einfassungs-Buchsbaum
Buxus sempervirens 'Suffruticosa'

Höhe: bis 1 m
Blütezeit: –

BLÜTE: wegen der Verwendung als Schnittgehölz blüht Einfassungs-Buchs kaum
WUCHS: dichtbuschig, aufrecht; besonders gedrungen und sehr langsam wachsende Sorte; immergrüne, nur 1–2 cm kleine, dunkelgrün glänzende Blättchen
BODEN: frisch bis feucht, nicht zu trocken, verträgt vorübergehende Hitze und Trockenheit im Sommer aber sehr gut, durchlässig, nahrhaft, gut kalkverträglich
PFLEGE: enorm schnittverträglich; die schwachwüchsige Sorte muss meist nur einmal im Sommer – bei bedecktem Wetter – geschnitten werden
VERWENDUNG: während der hohe Buchs oft im Hintergrund als Kulisse dient, ist der »Kleine« für niedrige Einfassungen ideal; er übernimmt im Bauerngarten die Rahmung der Beete, betont die Wegeführung im Rosengarten und lässt sich im Knotengarten zu ornamentalen Mustern schneiden

Säckelblume
Ceanothus x *delilianus* 'Gloire de Versailles'

Höhe: 1–1,5 m
Blütezeit: Juli – Oktober

BLÜTE: in bis zu 10 cm großen, lockeren Rispen erscheinen die unzähligen blauvioletten Einzelblütchen; die Säckelblume blüht am einjährigen Holz
WUCHS: breit aufrechter, lockerer, buschiger Kleinstrauch; die Blätter sind elliptisch, dunkelgrün, deutlich geadert
BODEN: warm, sandig, humos, gut durchlässig, kalkhaltig; trockenheitsverträglich; da die Pflanze frostempfindlich ist, einen möglichst geschützten Standort wählen
PFLEGE: im Frühjahr zur Steigerung der Blütenfülle kräftig zurückschneiden; Winterschutz im Wurzelbereich
VERWENDUNG: ihre späte Blüte in für Gehölze seltenem Blau macht sie zum wertvollen Rosen- und Staudengartengehölz; auch als Spalier an einer Südwand ziehbar
WEITERE SORTEN: 'Marie Simon': rosa, straffer im Wuchs, 1–1,5 m; 'Topaze': dunkelblau, 1–1,5 m

 Sonne  Halbschatten   duftend  farbiges Laub  Bienenweide

Clematis
Clematis viticella

Höhe: 2–4 m
Blütezeit: Juni – September

BLÜTE: blauviolette, meist nickende Glocken; die Blüten vieler Sorten sind den großblumigen, aber empfindlicheren *Clematis*-Hybriden in Form und Farbe sehr ähnlich
WUCHS: sommerblühende Kletterpflanze; feintriebig, robust; Laub gefiedert, grün
BODEN: frisch bis feucht, humos, durchlässig, nährstoffreich, sehr kalkverträglich
PFLEGE: ideal für Anfänger; kaum anfällig für Clematiswelke; in Kombination mit Kletterrosen frühestens zwei Jahre nach der Rose mit ca. 1 m Abstand pflanzen; Rankhilfe erforderlich; Rückschnitt bodennah (auf 30 cm), in Kombination mit Kletterrosen im Spätherbst, einzeln stehend im März/April
VERWENDUNG: Kletterrosen und Clematis wachsen gerne ineinander verwoben; an Mauern, Zäunen, Obelisken, Pergolen
SORTEN: 'Etoile Violette': violett; 'Huldine': perlmuttweiß; 'Prinz Charles': hellblau; 'Purpurea Plena Elegans': altrosa, gefüllt

Kriechspindel
Euonymus fortunei 'Emerald'n Gold'

Höhe: 40–60 cm (kletternd 3 m)
Blütezeit: –

BLÜTE: die unscheinbaren gelbgrünen Blüten fehlen bei den Sorten meist ganz
WUCHS: kriechend, dichte Matten bildend, langsam wachsend; in Bäumen, großen Gehölzen oder an rauen Mauern kletternd; Blätter immergrün, elliptisch, grün mit sehr dekorativem, gelbem Rand, teilweise ganze Blätter gelb, im Herbst und Winter purpurrosa überlaufen
BODEN: mäßig trocken bis feucht, humos
PFLEGE: in den ersten Jahren noch offene Pflanzfläche mulchen; gut schnittverträglich, kräftiger Rückschnitt im Alter allerdings schwierig; evtl. Kletterhilfe nötig
VERWENDUNG: als Bodendecker, im Beet oder zur Wandbegrünung; bevorzugter Gehölzpartner weißer und gelber Rosen, je nach Situation zu fast jedem Wuchstyp
WEITERE SORTEN: 'Emerald Gaiety': Blattränder weiß, im Winter rosa überlaufen, 20–40 cm (zu weißen, rosa und roten Rosen)

Gewöhnliche Eibe
Taxus baccata

Höhe: 5–15 m und mehr, Sorten ab 60 cm
Blütezeit: März – April

BLÜTE: zweihäusig (männliche und weibliche Pflanzen), männliche Blüten in gelben Köpfchen, weibliche unscheinbar; die weiblichen Sträucher tragen rote, giftige Beeren
WUCHS: buschiger, meist mehrstämmiger Großstrauch mit waagerechten bis aufsteigenden Ästen; sehr vielgestaltiges Sortiment; immergrüne, tiefdunkelgrüne Nadeln
BODEN: mäßig trocken bis feucht, nährstoffreich, gern kalkhaltig; liebt Luftfeuchtigkeit
PFLEGE: enorm schnittverträglich, sogar im Alter bis ins alte Holz; Schnittzeitraum ist die zweite Sommerhälfte
VERWENDUNG: Strukturbildner für den Winter; frei wachsend mit Wildrosen; als Hecke, Bogen oder Formgehölz; die dunklen Nadeln als Hintergrund bringen jede Rosenblüte zum Leuchten; Eiben mit goldgelbgrüner Benadelung passen gut zu gelben Rosen; in allen Teilen sehr giftig!

Braunblättriges Stachelnüsschen
Acaena microphylla 'Kupferteppich'
Höhe: 10 cm
Blütezeit: Juni – Juli

BLÜTE: die weißen Blüten selbst sind unscheinbar; ihren Namen trägt die Pflanze wegen ihrer bizarren, purpurroten, bestachelten Fruchtköpfchen, die im Sommer dicht über dem Laub stehen
WUCHS: die kriechenden Triebe bilden flache, dichte Polster, die sehr gerne auch wandern; Blätter braunkupfer, wintergrün
BODEN: trocken bis frisch, gut durchlässig; auf Nässe reagiert das Stachelnüsschen empfindlich
PFLEGE: anspruchslos; wuchernde Triebe entfernen; bei besonders starkem Frost die Pflanzen besser abdecken
VERWENDUNG: die auffallend braunroten Blättchen des »Kupferteppichs« bilden einen attraktiven, dichten Teppich unter rötlich angehauchtem Rosenlaub oder roten Rosen
WEITERE ART: Blaugrünes Stachelnüsschen (*Acaena buchananii*): silbrig graugrüne Blätter; wächst stärker als die beschriebene Art

Gold-Garbe
Achillea filipendulina
Höhe: 60–120 cm
Blütezeit: Juni – September

BLÜTE: kräftige Stiele tragen große, gelbe Blütenteller aus vielen kleinen Einzelblüten; unermüdlicher Dauerblüher
WUCHS: aufrechte Horste mit gefiederten, leicht behaarten, graugrünen Blättern; Laub leicht aromatisch duftend
BODEN: mäßig trocken bis frisch, durchlässig, nährstoffreich
PFLEGE: verwelkte Blüten etwa 15 cm unterhalb des Blütentellers entfernen (regt Blütenbildung an); im Spätwinter Rückschnitt bis zum Boden; gelegentliche Düngung
VERWENDUNG: kontraststarker Solitär neben blauen Nachbarn oder harmonisch zu weißen und gelben Blüten sowie Gräsern; die Blüten sind für die Vase und als Trockenblumen bestens geeignet
SORTEN: 'Parker's Variety': goldgelb, flache Blütenteller, 120 cm; 'Coronation Gold': leuchtend gelb, 80 cm; 'Schwefelblüte': schwefelgelb, 60 cm

Schaf-Garbe
Achillea millefolium
Höhe: 50–80 cm
Blütezeit: Juni – August

BLÜTE: im Gegensatz zur großen Schwester blühen die Sorten der niedrigeren Schafgarbe in den verschiedensten Rottönen; die heimische Art blüht weiß
WUCHS: horstartige Staude mit fein gefiedertem, graugrünem Laub; breitet sich über kurze, unterirdische Ausläufer aus
BODEN: mäßig trocken bis frisch, nährstoffreich; anspruchslos
PFLEGE: regelmäßig düngen; im Herbst zurückschneiden; Sämlinge entfernen, da ihre Blüten weniger farbintensiv ausfallen
VERWENDUNG: steht gern in der Gruppe mit blauen, weißen oder rosafarbenen Begleitern; alle Töne von lachsfarbenen bis purpurfarbigen Sorten gut auf ihre Nachbarschaft abstimmen; gute Schnittstaude
SORTEN: 'Cerise Queen': kirschrot, 50 cm; 'Fanal': scharlachrot, 60 cm; 'Lachsschönheit': lachsrosa, 70 cm; 'Terracotta': orangerotbraun, 60 cm

Frauenmantel
Alchemilla mollis

Höhe: 30–40 cm
Blütezeit: Juni – Juli

BLÜTE: gelblich grüne, zarte Einzelblütchen, die in Trugdolden wie Schleier über den Blättern schweben
WUCHS: die Pflanzen bilden runde Horste mit frischgrünen, runden, weich behaarten, an den Rändern welligen, lang gestielten Blättern; in der Gruppe wachsen die Pflanzen wie zu einer Wolke zusammen
BODEN: frisch, nährstoffreich; gerne kühle Lehmböden; anspruchslose Wildstaude
PFLEGE: gelegentlich düngen; kräftiger Rückschnitt nach der Blüte; altes Laub im Frühjahr vor dem Austrieb entfernen
VERWENDUNG: das Multitalent macht als Einfassung für das Rosenbeet, als Flächendecker, Begleitpflanze im Beet oder am Wasser eine gute Figur; die grüngelben Blüten passen zu jeder anderen Blütenfarbe; Schnittblume für Sträuße
SORTEN: 'Robusta': 50 cm, Blätter und Blütenstände größer als bei der Art

Iran-Lauch
Allium aflatunense

Höhe: 70–100 cm
Blütezeit: Mai – Juni

BLÜTE: purpurviolette, dichte, ballförmige Dolden aus sternförmigen Einzelblüten, die auf kräftigen, hohen, kahlen Stängeln sitzen
WUCHS: Zwiebelpflanze; aus den grundständigen, riemenförmigen Blättern erheben sich die eintriebigen Blütenschäfte
BODEN: mäßig trocken bis frisch, gut durchlässig
PFLEGE: die Zwiebeln im Herbst 10–20 cm tief in den Boden legen; im ersten Winter abdecken; mäßige Düngung zum Austrieb; welke Blätter erst entfernen, wenn sie ganz vergilbt sind; sofern keine Selbstaussaat erwünscht ist, Blütenstiele vor der Fruchtreife abschneiden; nur in rauen Lagen Winterschutz erforderlich
VERWENDUNG: einzeln oder in Gruppen, ragt als Blickfang aus dem erwachenden Rosenbeet; hervorragende Schnittblume
SORTEN: 'Purple Sensation': dunkelrotviolett, großblütig, 80–100 cm

Sternkugel-Lauch
Allium christophii

Höhe: 30–60 cm
Blütezeit: Juni – Juli

BLÜTE: bis zu 80 lang gestielte Einzelblütchen setzen sich zu einem besonders großen, kugeligen Blütenstand von über 20 cm Durchmesser zusammen; die Blütenblätter der einzelnen Sterne sind spitz, schmal und ihr Violett hat einen metallischen Glanz
WUCHS: Zwiebelpflanze; über riemenförmigen, blaugrünen, unterseits fein behaarten Blättern erhebt sich der kurze, kräftige Schaft mit großer Blütendolde
BODEN: trocken bis frisch, durchlässig
PFLEGE: im Herbst 8–15 cm tief pflanzen; mäßig düngen; sonst wie Iran-Lauch (› links)
VERWENDUNG: in kleinen Gruppen ein aparter Begleiter zur Rosenblüte; harmoniert mit beinahe allen Blütenfarben von Weiß und Gelb über Rosa bis zu Dunkelrot, sogar lachsfarbene Blütengesellschaft ist ihm sehr angenehm; hervorragende Schnitt- und Trockenblume

Edelraute
Artemisia arborescens 'Powis Castle'

Höhe: 60–100 cm
Blütezeit: Juli – September

BLÜTE: sehr unscheinbare Blüten; gelbliche Blütentrauben an den Triebspitzen
WUCHS: bildet zunächst rundliche, dann breitbuschige, mit der Höhe lockerer werdende Horste, deren Triebe an der Basis verholzen; das sehr fein gefiederte, silbrige Laub gibt bei Berührung ätherische Öle frei, die aromatisch duften
BODEN: warm, trocken, bei gutem Wasserabzug mäßig feucht, sehr gut durchlässig
PFLEGE: zur Erhaltung einer kompakten Form erfolgt ein Rückschnitt der verholzten Triebe im Frühjahr; nicht ganz winterhart, in rauen Lagen Winterschutz
VERWENDUNG: einzeln oder als Gruppe; der silbrige Blattschmuck veredelt jedes Beet durch seine Erscheinung und die Fähigkeit, Blüten im Umfeld zum Leuchten zu bringen
WEITERE ART: Echter Wermut, Absinth (*A. absinthium*) 'Lambrook Mist': Laub graugrün, 100 cm

Zwerg-Edelraute
Artemisia schmidtiana 'Nana'

Höhe: 15–25 cm
Blütezeit: Juni – Juli

BLÜTE: die unscheinbaren, silbrig weißen Blütenrispen erscheinen nur sehr selten und sind deshalb kaum nennenswert
WUCHS: die fein geteilten, beidseitig silbrig behaarten Blätter bilden dichte hellgraue Polster; Berührung der Blätter setzt einen herb aromatischen Duft frei
BODEN: trocken, sehr gut durchlässig; verträgt keine Nässe
PFLEGE: feuchte Böden vor der Pflanzung durch Sandzugabe dränieren; vor Winternässe schützen; anders als hohe Edelrauten braucht diese Edelraute keinen Winterschutz
VERWENDUNG: das silbrig glänzende Laub ist ein dekorativer Kontrast zu dunkelgrün glänzenden Rosenblättern; sehr elegant wirken die grauen Polster auch zu rosa und weißen Rosen; zur Unterpflanzung (einige Polster auch im Vordergrund pflanzen, das weiche Laub möchte gestreichelt werden!); als Beeteinfassung; für Topfkultur geeignet

Berg-Aster
Aster amellus

Höhe: 40–60 cm
Blütezeit: Juli – September

BLÜTE: margeritenähnliche, feinstrahlige Blüten mit gelber Mitte in Lavendelblau, Rosa, Hell- oder Dunkelviolett; wegen ihrer Blütezeit auch Sommer-Aster genannt
WUCHS: die Stängel stehen straff in aufrechten Horsten; die rauhaarigen, lanzettlichen Blätter sind stumpfgrün
BODEN: mäßig trocken bis frisch, durchlässig, kalkliebend
PFLEGE: nur im Frühjahr pflanzen; Rückschnitt nach der Blüte; mäßig düngen
VERWENDUNG: die Berg-Aster sorgt nach der Hauptrosenblüte für einen neuen Blühaspekt im Beet; dank unterschiedlicher Blütenfarben ist für fast jeden Nachbarn eine passende Aster zu finden; Schnittblume
SORTEN: 'Dr. Otto Petscheck': lavendelblau, starkwüchsig, 50–60 cm; 'Lady Hindlip': dunkelrosa, großblumig, 60 cm; 'Veilchenkönigin': dunkelviolett, reichblütig, spät blühend, 40 cm

 Sonne 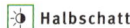 Halbschatten duftend 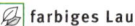 farbiges Laub  Bienenweide

Kissen-Aster
Aster dumosus

Höhe: 20–50 cm
Blütezeit: September – Oktober

BLÜTE: feinstrahlig, je nach Sorte in Blau-, Violett-, Rosa- und Rottönen sowie Weiß; meist gelbe Mitte; Blütenstände verzweigt
WUCHS: dichte, kissenförmige Horste, die sich über Ausläufer flächig ausbreiten; dunkelgrüne, lanzettliche Blätter
BODEN: frisch bis feucht, nährstoffreich
PFLEGE: bei Trockenheit gut wässern, um Mehltau vorzubeugen; Rückschnitt nach der Blüte, anschließend mit Kompost versorgen oder im Frühjahr düngen
VERWENDUNG: guter, verträglicher Flächendecker; wenn sich im Spätjahr schon viele Pflanzen verabschieden, leuchten die *Aster-Dumosus*-Hybriden im Blumenbeet; schön zu Gräsern
SORTEN: 'Blauer Zwerg': hellblau, 20 cm; 'Herbstgruß vom Bresserhof': rosa, 40 cm; 'Jenny': purpurrot, 40 cm; 'Kristina': reinweiß, großblumig, halb gefüllt, 40 cm; 'Pacific Amaranth': blauviolett, 50 cm

Glattblatt-Aster
Aster novi-belgii

Höhe: 80–120 cm
Blütezeit: September – Oktober

BLÜTE: lockere, reichblühende Rispen mit rosa, roten, blauen, violetten und weißen Blüten, zum Teil halb gefüllt oder gefüllt
WUCHS: große Horste aus aufrechten Trieben, kurze Ausläufer bildend; Blätter lanzettlich, dunkelgrün, glatt wie die übrigen Pflanzenteile (Name!)
BODEN: frisch bis feucht, nährstoffreich
PFLEGE: bei Trockenheit gut wässern, um Mehltau vorzubeugen; düngen; hohe oder standschwache Sorten rechtzeitig stäben; Rückschnitt nach der Blüte; in der Mitte verkahlende Horste ausgraben und teilen
VERWENDUNG: in der Herbstrabatte unverzichtbar; unschöne Triebansätze durch Vorpflanzen niedrigerer Stauden oder Gräser verbergen; Schnittblume
SORTEN: 'Marie Ballard': hellblau, gefüllt, 80 cm; 'Patricia Ballard': karminrosa, gefüllt, 100 cm; 'Schneekuppe': weiß, 120 cm; 'Schöne von Dietlikon': blauviolett, 100 cm

Knäuel-Glockenblume
Campanula glomerata

Höhe: 40–60 cm
Blütezeit: Juni – Juli

BLÜTE: zehn bis zwanzig einzelne, dunkelviolette, glockenartige Blüten stehen am oberen Stielende in einem Knäuel zusammen
WUCHS: buschige Horste mit straff aufrechten, dicht beblätterten Stängeln; Blätter fein behaart, lanzettlich; wandert mithilfe von Ausläufern
BODEN: mäßig trocken bis frisch, nährstoffreich; mag keine Staunässe
PFLEGE: anspruchslos; gießen nur bei anhaltender Trockenheit; nach der Blüte völlig zurückschneiden
VERWENDUNG: die gleiche Blütezeit macht die Pflanze zu einem wertvollen Partner in jedem Rosenbeet, insbesondere bevorzugt sie die Nachbarschaft von Beet- und Strauchrosen; am Gehölzrand; Bauerngartenpflanze; Schnittblume
SORTEN: 'Alba': weiß, 40–50 cm; 'Caroline': rosa, 50 cm; 'Dahurica': violettblau, 50 cm; 'Superba': dunkelviolettblau, 50–60 cm

Pfirsichblättrige Glockenblume
Campanula persicifolia
Höhe: 70–80 cm
Blütezeit: Juni – Juli

BLÜTE: blaue, zarte, große Blütenglocken in lockeren Trauben an aufrechten, unverzweigten Stielen
WUCHS: aus einer Blattrosette wachsen die Blütentriebe mit länglich schmalen Blättern; bildet kurze Ausläufer
BODEN: mäßig trocken bis frisch, nährstoffreich; gern lehmig humose Böden, kalkhaltig
PFLEGE: an sonnigen Standorten bei anhaltender Trockenheit gießen; bei Standschwäche stäben; nach der Blüte zurückschneiden
VERWENDUNG: die gemeinsame Blütezeit macht diese Glockenblume zu einem wertvollen Rosenbegleiter; schön in naturnahen Pflanzungen mit Kleinstrauchrosen; an lichten Gehölzrändern (Falllaub entfernen, Pflanze erstickt sonst); Schnittblume
SORTEN: 'Blue Bloomers': dunkler blau, halb gefüllt, 80 cm; 'Coronata': porzellanblau, halb gefüllt, 70 cm; 'Grandiflora': lichtblau, 80 cm; 'Grandiflora Alba': weiß, 80 cm

Dalmatiner Glockenblume
Campanula portenschlagiana
Höhe: 10–20 cm
Blütezeit: Juni – August

BLÜTE: auch Teppich-Glockenblume genannt; blüht wochenlang und bringt immer wieder neue, blauviolette, sternförmige Glocken hervor; lange nachblühend
WUCHS: die kriechenden Triebe bilden mithilfe von Ausläufern dichte Polster mit herzförmigen, gekräuselten, frischgrünen Blättern; stark wachsend; immergrüner Flächendecker
BODEN: trocken bis frisch, durchlässig, mäßig nährstoffreich
PFLEGE: völlig unkomplizierte Pflanze ohne besondere Ansprüche
VERWENDUNG: sehr vielseitig einsetzbar; zur Unterpflanzung im Rosenbeet; Einfassungspflanze; wächst in Mauerlücken und Plattenfugen
SORTEN/ARTEN: 'Birch Hybrid': dunkelviolett, großblumig, 10–15 cm; Hängepolster-Glockenblume (*Campanula poscharskyana*): lange, krautige Triebe

Spornblume
Centranthus ruber
Höhe: 60–70 cm
Blütezeit: Juni – September

BLÜTE: die kleinen, karminrosa Einzelblüten sitzen in Trugdolden an aufrechten, verzweigten Stielen; ein wertvoller Dauerblüher
WUCHS: Horste mit aufwärts strebenden, verzweigten Trieben, beinahe strauchartig; Stängel an der Basis schwach verholzend; Blätter blaugrün, länglich eiförmig; Pflanze sät sich gern selbst aus
BODEN: trocken bis frisch, durchlässig, kalkhaltig
PFLEGE: Verblühtes zur Förderung der Nachblüte herausschneiden oder Rückschnitt nach der Hauptblüte zur Förderung einer zweiten Blüte; unerwünschte Sämlinge einfach entfernen
VERWENDUNG: unaufdringlicher Rosenbegleiter; verträgt Trockenheit gut und ist daher auch für trockene Böschungen, Mauern und Steppengärten geeignet
SORTEN: 'Albus': weiß, 60 cm; 'Coccineus': karminrot, 70 cm

Filziges Hornkraut
Cerastium tomentosum var. *columnae*
Höhe: 10–15 cm
Blütezeit: Mai – Juni

BLÜTE: an kurzen Stielen sitzen die kleinen, sternförmigen, weißen Blüten
WUCHS: bildet gedrungene, dichte, immergrüne Polster, die mithilfe von Ausläufern Teppiche weben; die kleinen, länglichen Blättchen sind weißfilzig behaart und geben der Staude ihr edel silbergraues Aussehen
BODEN: trocken bis frisch, durchlässig; verträgt auch heiße Standorte
PFLEGE: den Bestand im zeitigen Frühjahr säubern; wo sich die Pflanze unerwünscht ausbreitet, sticht man sie mit dem Spaten kräftig ab; sonst anspruchsloser Flächendecker, der auch Trockenheit verträgt
VERWENDUNG: das Filzige Hornkraut scheint wie geschaffen, der Königin der Blumen, vor allem weißen, rosa und roten Rosen den Hof zu machen; Mauer-, Fugen- und Steingartenpflanze
SORTEN: 'Silberteppich': weißsilberne Polster, wertvolle Sorte

Quirlblättriges Mädchenauge
Coreopsis verticillata
Höhe: 30–60 cm
Blütezeit: Juni – September

BLÜTE: goldgelbe, große Blütensterne, die bis 4 cm Größe erreichen
WUCHS: aufrechte Horste, die über kurze Ausläufer zu dichten Büschen wachsen; zierliche nadelförmige, frischgrüne Blätter
BODEN: frisch, durchlässig, mäßig nährstoffreich
PFLEGE: im Frühjahr düngen; bei anhaltender Trockenheit wässern; anspruchslos
VERWENDUNG: das Mädchenauge sollte Gast jeder sonnigen Staudenrabatte sein, es ist den ganzen Sommer ein dauerblühender, gelber Lichtblick; in kleinen Gruppen passt es zusammen mit blauen und violetten Begleitpflanzen hervorragend zu gelb oder apricotfarben blühenden Rosen; Schnittstaude
SORTEN: 'Grandiflora': goldgelb, 60 cm, wüchsige Sorte; 'Moonbeam': kühles Schwefelgelb, 40 cm; 'Zagreb': goldgelb, Zwergform, 25–30 cm

Dahlie
Dahlia-Hybriden
Höhe: 30–150 cm
Blütezeit: Juli – Oktober

BLÜTE: einfache, halb gefüllte oder gefüllte Blüten, sehr unterschiedlich (z. B. Kaktus- oder Balldahlien), alle Farben außer Blau
WUCHS: Knollenpflanze; aufrecht, buschig mit spitz eiförmigen, dunkelgrünen oder auch purpurfarbenen Blättern
BODEN: frisch, durchlässig, nährstoffreich
PFLEGE: Knollen im April/Mai in den Boden legen; standschwache Sorten stäben; Verblühtes abschneiden; nach dem ersten Frost ausgraben, Knollen kühl, aber frostfrei überwintern
VERWENDUNG: gelbe, weiße und rosafarbene Schmuck-, Pompon- und einfache Dahlien im bunten Mix mit Sommerblumen; als edle Partner von Rosen mit langem Herbstflor (Pflanzabstände nicht zu dicht wählen); rotlaubige Dahlien zu roten Rosen; im Herbstbeet mit Astern und Gräsern
SORTEN: 'Bishop of Llandaff': dunkelrot, purpurnes Laub, 90 cm

Rittersporn
Delphinium-Hybriden

Höhe: 80–200 cm
Blütezeit: Juni – Juli/September

BLÜTE: große, kerzenartige Blütenrispen in allen Blautönen, Weiß und Rosa
WUCHS: straff aufrechte Horste; Blätter handförmig, tief geschlitzt, grün; *Delphinium*-Belladonna-Hybriden: die »Kleinwüchsigen« (80–140 cm) mit lockeren, verzweigten, standfesten Blüten; *Delphinium*-Elatum-Hybriden: straff wachsend, 100–200 cm, dicht besetzte, lange Blütenrispen auf starken Stielen; *Delphinium*-Pacific-Hybriden: bis 180 cm, große, gefüllte Blüten, nicht so standfest
BODEN: frisch, tiefgründig, nährstoffreich
PFLEGE: zum Austrieb düngen, vor Schneckenfraß schützen; schwache Sorten stützen; nach der Blüte auf Handbreite zurückschneiden und düngen; bei Trockenheit wässern
VERWENDUNG: der Rittersporn steht Rosen gern zur Seite, Bodendecker- und Beetrosen liegen ihm aber auch zu Füßen; ein Klassiker, nicht nur im Bauerngarten

Pfingst-Nelke
Dianthus gratianopolitanus

Höhe: 8–25 cm
Blütezeit: Mai – Juni

BLÜTE: die tellerförmigen, an den Rändern oft gefransten Blüten sind rosa, bei den Sorten auch weiß oder rot
WUCHS: niedrige, rasenartige Polster; die Blätter sind schmal, grasartig, graugrün bis graublau und wintergrün
BODEN: mäßig trocken, gut durchlässig, mäßig nährstoffreich; verträgt keine Staunässe wegen Fäulnisgefahr
PFLEGE: Blütenstiele nach dem Verblühen entfernen; nur schwach düngen
VERWENDUNG: wächst als Mauerpflanze und in Fugen; wegen ihres grauen Laubs und der duftenden Blüten macht sie sich aber auch als Beeteinfassung für das Stauden- oder Rosenbeet sehr gut
SORTEN: 'Badenia': leuchtend dunkelrot, einfach, 10 cm; 'Mirakel': hellrosa mit rotem Auge, 15 cm; 'Pink Jewel': rosa, gefüllt, 8 cm; 'Ohrid': reinweiß, halb gefüllt, 10 cm; 'Rotkäppchen': samtrot, 15 cm

Fingerhut
Digitalis purpurea

Höhe: 100–130 cm
Blütezeit: Juni – Juli

BLÜTE: aufrechte Kerze aus einseitig überhängenden, rosa- bis purpurrosafarbigen, innen gefleckten Glockenblüten
WUCHS: oft kurzlebig; aus einer grundständigen Blattrosette mit großen spitz eiförmigen Blättern erheben sich aufrechte Blütenstiele mit länglichen Blättern; Laub stumpfgrün, filzig behaart
BODEN: mäßig trocken bis frisch, humusreich, kalkarm
PFLEGE: Rückschnitt nach der Blüte verhindert unerwünschte Selbstaussaat und kann die Lebensdauer der Pflanze verlängern; Herbstlaub entfernen; sonst anspruchslos
VERWENDUNG: am Gehölzrand; im naturnahen Beet; alte Bauerngartenpflanze; oft nur zweijährig, verbreitet sich aber durch Selbstaussaat; Achtung, Pflanze stark giftig!
SORTEN: 'Alba': weiß, 100 cm; 'Gloxiniaeflora': purpurfarbene und weiße Kerzen, 120 cm; 'Gelbe Lanze': hellgelb, 120 cm

Kugeldistel
Echinops ritro

Höhe: 80–120 cm
Blütezeit: Juli – September

BLÜTE: graublaue, stahlblauviolett aufblühende Einzelblütchen, in großen Blütenkugeln auf kräftigen Stielen; locken Bienen und Schmetterlinge an
WUCHS: stattliche, lockere Horste; die distelartigen Blätter sind tief gelappt und an den Rändern bestachelt
BODEN: trocken bis frisch, durchlässig, kalkreich; windgeschützt
PFLEGE: bei Bedarf stützen, sonst recht anspruchslos; auf schweren, feuchten Böden sind die Pflanzen standschwach, es besteht Fäulnisgefahr
VERWENDUNG: ein aparter Begleiter, gerade für dunkelrote und gelbe Rosen oder Stauden; edel in Verbindung mit weißen Nachbarn; auch in Einzelstellung wirkungsvoll; Schnittblume, Trockenblume
SORTEN: 'Blue Ball': große, blaue Blütenkugeln, 120 cm; 'Veitch's Blue': intensiv stahlblau, 80 cm

Steppenkerze
Eremurus robustus

Höhe: 200–250 cm
Blütezeit: Juni

BLÜTE: sich von unten nach oben öffnende Blüten an einer fast 1 m langen Blütenkerze; im Aufblühen zartrosa, später rosaweiß
WUCHS: Knollenpflanze; aus einem fleischigen, seesternartigen Wurzelstock wächst eine Rosette aus riemenförmigen, blaugrünen Blättern; sie beginnen jedoch schon mit Erscheinen des Blütentriebs abzusterben
BODEN: trocken bis frisch, sehr durchlässig, nährstoffreich; empfindlich gegen Nässe
PFLEGE: im Herbst den brüchigen Wurzelstock vorsichtig 15–20 cm tief auf eine 5 cm starke Dränage aus grobem Sand pflanzen; bei schweren Böden zusätzlich eine 20 cm dicke Schotterschicht einbringen; vor Spätfrösten schützen; Düngung im Frühjahr
VERWENDUNG: als Solitär wie in der Kleingruppe eine imposante Erscheinung über jedem sonnigen Beet
WEITERE ART: *Eremurus stenophyllus* ssp. *stenophyllus*: gelb, 100–120 cm

Feinstrahl
Erigeron-Hybriden

Höhe: 60–70 cm
Blütezeit: Juni – August

BLÜTE: in Büscheln sitzende Körbchenblüten; Einzelblüte aus einem Kranz sehr feiner rosa, roter, violetter oder weißer Zungenblüten mit einer Mitte aus gelben Röhrenblüten
WUCHS: die mit den Astern verwandte Staude wächst buschig aufrecht und ist reich verzweigt; die Blätter sind lanzettlich
BODEN: frisch bis feucht (nicht zu nass), durchlässig, nährstoffreich
PFLEGE: zur Förderung einer Nachblüte nach dem ersten Flor bodennah zurückschneiden, nochmals düngen; bei Trockenheit wässern; standschwache Sorten stützen
VERWENDUNG: reich blühende Beetstaude; Pflanzung in Gruppen; die feinen Blüten sind ein hübscher Kontrast zu Rosenblüten; Schnittblume (geöffnete Blüten schneiden)
SORTEN: 'Dunkelste Aller': blauviolett, 60 cm; 'Rosa Triumph': rosa, halb gefüllt, 60 cm; 'Rotes Meer': dunkelrot, 60 cm; 'Sommerneuschnee': weiß, 60 cm

Edeldistel
Eryngium alpinum

Höhe: 60–80 cm
Blütezeit: Juni – Juli

BLÜTE: stahlblaue Blüten in einem großen, walzenförmigen Blütenkopf, von violetten, zerschlitzten Hochblättern umgeben
WUCHS: bildet locker verzweigte Horste, an deren Triebenden die Blüten stehen; die graugrünen, gelappten Blätter sind bedornt
BODEN: trocken bis mäßig trocken, durchlässig, nährstoffreich, kalkhaltig
PFLEGE: an feuchten Standorten Kies oder Splitt als Dränage ins Pflanzloch geben, Pflanzerde mit Sand oder Kies mischen; im Frühjahr zurückschneiden
VERWENDUNG: das bizarre Aussehen und die stählerne Farbe bilden einen auffallenden Kontrast zum farbenfrohen Blütenspiel der Nachbarn; vornehm wirkt die Edeldistel zu rosa und weiß blühenden Rosen; die Fruchtstände sind ein attraktiver Winterschmuck; Schnittblume (voll erblüht schneiden)
SORTEN: 'Blue Star': tiefblau, 80 cm; 'Opal': silbrig lila, 70 cm

Steppen-Wolfsmilch
Euphorbia seguieriana ssp. *niciciana*

Höhe: 50–60 cm
Blütezeit: Juli – Oktober

BLÜTE: eigentliche Blüten unscheinbar, aber die gelbgrünen Hochblätter bringen die doldenartigen Blütenstände zum Leuchten; die Steppen-Wolfsmilch blüht als letzte Garten-Wolfsmilch; Dauerblüher
WUCHS: vieltriebige, buschige, halbrunde Horste aus schlanken, beblätterten Stielen, an deren Enden sich die Blütenstände entwickeln; die Blätter sind blaugrau, länglich schmal; die ganze Pflanze sieht beinahe wie ein sich öffnender Blumenstrauß aus
BODEN: mäßig trocken bis frisch, durchlässig, gern kiesig
PFLEGE: die Pflanze braucht Zeit und Platz für ihre Entwicklung; der in allen Wolfsmilchgewächsen enthaltene weiße Milchsaft ist stark giftig! Deshalb bei der Arbeit unbedingt Handschuhe tragen!
VERWENDUNG: lässt sich gern mit mediterranen Dauerblühern wie blauem Steppen-Salbei kombinieren; Steingartenpflanze

Pracht-Storchschnabel
Geranium x *magnificum*

Höhe: 50–60 cm
Blütezeit: Juni – Juli

BLÜTE: große, leuchtend violettblaue Blütenschalen stehen an verzweigten Stielen über dem Laub, auffallend geadert; sehr reich blühend
WUCHS: kräftige Horste mit großen handförmigen, tief geteilten Blättern; später breitet sich die Pflanze flächig aus; das mattgrüne, behaarte Laub färbt sich im Herbst gelb und rot; große Pflanzen neigen dazu, auseinanderzufallen
BODEN: mäßig trocken bis mäßig feucht, durchlässig, nährstoffreich
PFLEGE: Rückschnitt nach der Blüte (gegen das Auseinanderfallen) möglich; breitet sich die Pflanze zu sehr aus, sticht man sie einfach mit dem Spaten ab; mit den Pflanzenteilen kann man neue Flächen begrünen
VERWENDUNG: vor Gehölzen, im Staudenbeet, am Fuß von Kletterrosen; ein intensiv leuchtender Begleiter höherer Strauchrosen in Weiß, Gelb oder passenden Rosatönen

Schwarzäugiger Storchschnabel
Geranium psilostemon
Höhe: 80–120 cm
Blütezeit: Juni – Juli

BLÜTE: große, kräftig magentarosa Schalenblüten, dunkel geadert, mit fast schwarzem Auge, daher Schwarzäugiger Storchschnabel
WUCHS: die breiten Horste tragen an der Basis sehr große, tief geteilte, handförmige Blätter; das Laub an den hohen Blütenstielen ist sichtbar kleiner; gelbe Herbstfärbung
BODEN: gleichmäßig feucht (verträgt keine Trockenheit), nährstoffreich
PFLEGE: Boden ausreichend feucht halten; Pflanzen gegebenenfalls stützen; Rückschnitt nach der Blüte möglich; Winterschutz
VERWENDUNG: Volumen und Farbe sind bestens geeignet, den kahlen Fuß dunkelrosa oder purpurfarbener Kletterrosen zu verdecken; zur Intensivierung der Farbwirkung mit purpur und violett blühenden Nachbarn kombinieren; Silberlaub oder das Gelbgrün der Frauenmantelblüte dämpft das Leuchten
SORTEN: 'Patricia': magentarot (sanfter als die Art), 50–70 cm

Blut-Storchschnabel
Geranium sanguineum
Höhe: 25–30 cm
Blütezeit: Mai – September

BLÜTE: lange und reichlich erscheinen die karminroten Schalenblüten einzeln auf verzweigten Stielen
WUCHS: sehr breitbuschig niederliegend, dünne Triebe breiten sich kriechend aus; konkurrenzstark; die zierenden kleinen, stark zerteilten Blätter färben sich im Herbst rot
BODEN: trocken bis frisch, sehr trockenheitsverträglich; bevorzugt kalkhaltige Böden
PFLEGE: gelegentlicher Rückschnitt, sonst anspruchslos; unempfindlich – wie die meisten Storchschnäbel – gegen Schnecken
VERWENDUNG: der wertvolle und dauerhafte Flächendecker ist im Steingarten ebenso zuhause wie an Böschungen in Begleitung von Bodendeckerrosen
SORTEN: 'Album': weiß, gelbe Herbstfärbung, 25–30 cm; 'Apfelblüte': zartrosa, 20 cm; 'Elsbeth': karminrot, intensiv rote Herbstfärbung, 30–40 cm

Rispiges Schleierkraut
Gypsophila paniculata
Höhe: 80–100 cm
Blütezeit: Juli – August

BLÜTE: lockere, fein verästelte Rispe mit unzähligen, weißen Blütensternchen
WUCHS: kugelig, locker aufgebauscht; die graugrünen Blättchen sind lineal bis lanzettlich
BODEN: trocken bis frisch, unbedingt durchlässige und sandige Böden
PFLEGE: die Pflanzen benötigen genügend Platz, um sich ausbreiten zu können
VERWENDUNG: die Wolken weißer Blütchen sind ein toller Kontrast im Rosengarten und zu Rosen in der Vase; die niedrige Art und ihre Sorten sind als Unterpflanzung im Rosenbeet nicht wegzudenken
SORTEN/ARTEN: 'Bristol Fairy': weiß, gefüllt, 80–100 cm; 'Flamingo': rosa, gefüllt, 100–120 cm; 'Schneeflocke': weiß, gefüllt, 80 cm; Kriechendes Schleierkraut (*Gypsophila repens*): Blüte Mai – Juli, weiß, 10–20 cm; *G. r.* 'Pink Star': rosa, gefüllt, 40 cm; *G. r.* 'Rosa Schönheit': tiefrosa, 15 cm

Sonnenbraut
Helenium-Hybriden

Höhe: 80–150 cm
Blütezeit: Juli – September

BLÜTE: ein Kranz außen breiterer Strahlenblüten in Gelb-, Orange-, Rot- und Brauntönen umgibt eine kugelförmige, braune oder gelbe Mitte
WUCHS: vieltriebige, aufrechte, je nach Sorte mehr oder weniger dichte Horste; die Blätter sind lanzettlich, grün
BODEN: frisch bis feucht, nährstoffreich; verträgt weder Trockenheit noch Staunässe
PFLEGE: ausreichend wässern; hohe Sorten stützen; Verblühtes ausputzen; Rückschnitt nach Ende der Blüte
VERWENDUNG: die völlig problemlose, langlebige Staude darf in keiner Rabatte fehlen; gut in Kombination mit sonnengelben Rosen; gute Schnittblume
SORTEN: 'Baudirektor Linné': rotbraun, 120 cm; 'Goldrausch': goldgelb, braune Mitte, 150 cm; 'Rauchtopas': bernsteinfarben mit brauner Unterseite, 130 cm; 'Waltraud': kupferrot, gelb gerandet, 80–100 cm

Sonnenauge
Heliopsis helianthoides var. *scabra*

Höhe: 100–150 cm
Blütezeit: Juli – September

BLÜTE: gelbe, sonnenblumenähnliche Körbchenblüten, je nach Sorte einfach oder gefüllt; unermüdlicher Dauerblüher
WUCHS: große, aufrechte, buschige Horste; die spitz eiförmigen, tiefgrünen Blätter sind rauborstig behaart
BODEN: trocken bis frisch, durchlässig, nährstoffreich
PFLEGE: das Ausschneiden der abgeblühten Stiele verlängert die Blütezeit; bei anhaltender Trockenheit wässern; standschwache Sorten stützen
VERWENDUNG: die Dauerblüher bereichern das Sommerbeet; im Bauerngarten kennt man sie im Wettstreit mit hohem Phlox; hervorragende Schnittstaude
SORTEN: 'Goldgefieder': goldgelb, gefüllt, 130–150 cm; 'Goldgrünherz': gelb mit grüner Mitte, dicht gefüllt, 100–120 cm; 'Hohlspiegel': goldgelb, halb gefüllt, 130–150 cm; 'Venus': goldorange, ungefüllt, 150 cm

Taglilie
Hemerocallis-Hybriden

Höhe: 50–110 cm
Blütezeit: Mai – September

BLÜTE: lilienähnliche Blüten auf verzweigten Stielen; die Arten blühen gelb und gelbrot, die Sorten gelb, orange, lachs, rosa, rot, weiß und violett sowie mehrfarbig und gezeichnet; jede Blüte öffnet sich nur für einen Tag, aber sie erscheinen reichlich; einige Sorten duften; frühe und späte Sorten
WUCHS: große Horste aus langen, schmalen gräserartigen Blättern
BODEN: mäßig trocken bis feucht, nährstoffreich; im Halbschatten weniger blühfreudig
PFLEGE: abgeblühte Stiele ausschneiden; bei anhaltender Trockenheit wässern; düngen; Rückschnitt im Herbst oder Frühjahr
VERWENDUNG: eigentlich überall, gern am trockenen Teichufer; Schnittblume
SORTEN/ARTEN: 'Burning Daylight': orangegelb, 60 cm; 'Luxury Lace': lavendelrosa, 70 cm; 'Pfennigparade': ziegelrot, Schlund orange, 100 cm; Zitronen-T. (*Hemerocallis citrina*): zitronengelb, stark duftend, 80–100 cm

Purpurglöckchen
Heuchera micranta und Micrantha-Hybriden

Höhe: 30–60 cm
Blütezeit: Juni – August

BLÜTE: die winzigen roten, weißen oder rosa Blütenglöckchen stehen in lockeren Rispen auf straffen Stielen weit über dem Laub
WUCHS: Polster aus herzförmigen bis runden Blättern; das wintergrüne Laub der Sorten besticht durch ungewöhnliche Färbung, Zeichnung und verschiedenfarbige Blattseiten
BODEN: frisch bis feucht, durchlässig
PFLEGE: bei anhaltender Trockenheit wässern; in rauen Lagen Winterschutz
VERWENDUNG: Bodendecker für den Vordergrund; das kontrastreiche Laub mit passend einfarbigen Rosen kombinieren
SORTEN: 'Caramel': Laub orangekaramell, unterseits rot, 30–50 cm; 'Chocolate Ruffles': Laub braunviolett, stark gewellter Rand, 60 cm; 'Obsidian': Laub schwarzrot, 25–40 cm; 'Strawberry Swirls': Laub minzgrün, silbrig gezeichnet, 40–70 cm; 'Venus': blaugrünsilbriges Laub, dunkle Adern, 30 cm

Funkie
Hosta-Hybriden

Höhe: 20–70 cm
Blütezeit: Juni – August

BLÜTE: weiße oder zart bis intensiv violette Glockenblüten an lang gestielten Trauben
WUCHS: große, runde Horste mit gestielten, ganzrandigen, schmalen oder breit herzförmigen, geaderten Blättern in Grün, Blaugrün, Gelbgrün, weiß oder gelb panaschiert
BODEN: frisch bis feucht, humos
PFLEGE: v. a. im Austrieb unbedingt vor Schneckenfraß schützen; gelegentlich düngen
VERWENDUNG: Blattschmuckpflanze; einzeln oder in Gruppen setzen; vor allem die gelb- und weißbunten Funkien sind im Hintergrund, am schattigen Gehölzrand hübsche Lichtblicke; gute Partner halbschattig wachsender Rosen; Schnittpflanze
SORTEN: 'Fortunei Albopicta': hellviolett, Blattmitte gelb, unregelmäßig grün gerandet, 60 cm; 'Patriot': lila, Laub mit dunkelgrüner Mitte und breitem, weißem Rand, 70 cm; 'Undulata Univittata': violett, weiße Blattmitte, 40 cm

Lavendel
Lavandula angustifolia

Höhe: 30–60 cm
Blütezeit: Juli – August

BLÜTE: dichte Ähren mit kleinen blauen oder violetten, duftenden Lippenblütchen an langen Trieben über den Blattpolstern
WUCHS: rundlicher Halbstrauch, verholzt ungeschnitten und fällt auseinander; immergrüne, silbergraue Blätter, aromatischer Duft
BODEN: trocken bis frisch, durchlässig bis kiesig, kalkhaltig, nicht zu nährstoffhaltig
PFLEGE: Pflanzerde mit Sand abmagern und gut dränieren; Pflanzen im Frühjahr (!) um ein Drittel kürzen, damit sie nicht verholzen und kompakt bleiben; beim Düngen der Rosen den Lavendel unbedingt aussparen
VERWENDUNG: obwohl Lavendel trocken und karg lebt, ist er der Klassiker im Rosenbeet, aber auch in Kräuter- und Bauerngärten; gut für geschnittene Einfassungen
SORTEN: 'Alba': weiß, 50 cm; 'Hidcote Blue': dunkelviolett, niedrig, 30–40 cm; 'Hidcote Pink': rosa, 40 cm; 'Munstead': heller violettblau, 40 cm

Busch-Malve
Lavatera thuringiaca

Höhe: 130–150 cm
Blütezeit: Juli – September

BLÜTE: auch unter dem Namen Thüringer Strauchpappel bekannt; große, einfache, malvenartige Schalenblüten in hellem Rosa
WUCHS: hohe, lockere, strauchartige Büsche mit aufrechten Stängeln; Blätter grün, fünflappig, relativ weich, dicht belaubt
BODEN: frisch bis mäßig feucht, durchlässig, nährstoffreich; auch kalkhaltige Böden
PFLEGE: vor allem im Winter Staunässe vermeiden; in rauen Lagen empfindliche Sorten schützen
VERWENDUNG: vor Zäunen und Mauern, am Gehölzrand, im Bauern- und Naturgarten; der Dauerblüher mit seinem rosafarbenen Flor ist ein ruhiger Begleiter für rosa und weiße Rosenblüten
SORTEN/ARTEN: 'Eye Catcher': rosa mit rotem Auge, 100 cm; 'Ice Cool': weiß, Laub graugrün, 120 cm; Strauch-Malve (*Lavatera olbia*) 'Barnsley': weiß, rosa Auge, 140–200 cm; *L. o.* 'Bredon Springs': kräftig rosa, 120–180 cm

Garten-Margerite
Leucanthemum x *superbum*

Höhe: 60–90 cm
Blütezeit: Juni – September

BLÜTE: typisch sind die großen, weißen Zungenblüten mit gelber Mitte; auch gefüllt blühende Sorten erhältlich
WUCHS: hohe, buschige Horste mit teilweise verzweigten Stängeln; die dunkelgrünen Blätter sind lanzettlich, leicht gezähnt
BODEN: frisch, durchlässig, nährstoffreich; nicht zu nasse Standorte
PFLEGE: bei Trockenheit wässern; ausreichend düngen; standschwache Sorten stützen; nach der ersten Blüte zurückschneiden
VERWENDUNG: klassische Bauerngartenstaude; in luftigen Sommerbeeten mit einfachen Beet- oder Strauchrosen aller Blütenfarben kombinierbar; Schnittblume
SORTEN: 'Beethoven': weiß mit gelber Mitte, einfach, 80 cm; 'Christine Hagemann': weiß, grünliche Mitte, locker gefüllt, 70–80 cm; 'Gruppenstolz': weiß mit gelber Mitte, einfach, kompakt, 60 cm; 'Wirral Supreme': reinweiß, dicht gefüllt, 80 cm

Feuer-Lilie
Lilium bulbiferum

Höhe: 40–120 cm
Blütezeit: Juni – Juli

BLÜTE: leuchtend orangerote, innen dunkel gesprenkelte, aufrechte Schalenblüten, die in einer Dolde am Ende eines hohen Blütenstiels stehen
WUCHS: Zwiebelpflanze; aufrechte, eintriebige Pflanze; die linealischen, grünen Blätter sind rund um den Blütenstiel angeordnet; Brutzwiebeln in den Blattachseln
BODEN: frisch, humos, durchlässig, nährstoffreich, auch kalkhaltig; windgeschützt; verträgt keine Staunässe
PFLEGE: Beschattung im Wurzelbereich; in der Wachstumszeit bei Trockenheit wässern
VERWENDUNG: gute Art für Einsteiger ohne Erfahrung mit Lilien; alte Bauerngartenpflanze; eine feurige Ergänzung zu gelben und orangefarbenen Rosen
WEITERE ART: Safran-Lilie (*Lilium bulbiferum* var. *croceum*): gelborange, innen stärker braun gesprenkelt, bildet keine Brutzwiebeln, 40–120 cm

Madonnen-Lilie
Lilium candidum

Höhe: 80–150 cm
Blütezeit: Juni – Juli

BLÜTE: reinweiße, trichterförmige, leicht nickende Blüten, die vor allem in den Abendstunden intensiv duften (Sinnbild der Reinheit); bis zu 20 Stück können sich an nur einem Blütenstiel öffnen
WUCHS: Zwiebelpflanze; hohe, aufrechte eintriebige Pflanze; linealische, grüne Blätter entlang des Stängels; im Herbst bildet sich ein überwinternder Blattschopf, in dem die Lilie ihre Kräfte sammelt
BODEN: frisch, locker, humos, nährstoffreich, kalkhaltig; geschützt; keine Nässe
PFLEGE: im August pflanzen, bei der Pflanzung die Zwiebel nur 3 cm mit Erde bedecken; bei starkem Frost Winterschutz; Blüte erscheint oft erst im zweiten Jahr
VERWENDUNG: gute Einsteigerlilie; eine der ältesten (Bauern-)Gartenpflanzen; die Madonnen-Lilie möchte nicht bedrängt werden, liebt aber die Gesellschaft von Stauden und rosa und weiß blühenden Rosen

Königs-Lilie
Lilium regale

Höhe: 80–150 cm
Blütezeit: Juli – August

BLÜTE: wenn sich die Pracht der Madonnen-Lilie verabschiedet, öffnet die Königs-Lilie ihre süßlich duftenden Blüten; Trichter innen weiß mit gelbem Schlund, außen an den Mittelrippen der zurückgebogenen Blütenblätter purpurrosa überlaufen
WUCHS: Zwiebelpflanze; eintriebig, aufrecht oder leicht geneigt, mit einer Blütendolde am Stielende; Stängel mit grünen, linealischen Blättern
BODEN: frisch bis feucht, humos, durchlässig, auch kalkhaltig
PFLEGE: eine der anspruchslosesten Lilien; spätfrostgefährdet, junge Triebe abdecken; blühende Triebe gegebenenfalls stäben
VERWENDUNG: liebt niedrige Partner, die ihren Wurzelbereich beschatten; Duft auch im Hintergrund gut wahrnehmbar, nicht mit anderen Duftpflanzen mischen
SORTEN: 'Album': weiß, gelber Schlund, Duft an Vanille erinnernd, 80–120 cm

Stauden-Lein
Linum perenne

Höhe: 30–40 cm
Blütezeit: Juni – August

BLÜTE: hellblaue, einfache Schalenblüten an dünnen Trieben; die Einzelblüten sind kurzlebig, es bilden sich aber ständig neue
WUCHS: locker aufrechte bis leicht überhängende, luftig wirkende Horste; nadelartige, blaugrüne Blättchen
BODEN: mäßig trocken, durchlässig, sandig, auch steinig, nährstoffarm, kalkhaltig
PFLEGE: anspruchslos; der Stauden-Lein ist meist kurzlebig und muss nach einigen Jahren nachgepflanzt werden; Selbstaussaat
VERWENDUNG: in der Gruppe, im Natur-, Stein- und Steppengarten, mit Gräsern; zur Dachbegrünung; bei Verwendung in der Rosenrabatte Kiesdränage ins Pflanzloch einbringen und den Boden mit Sand oder Kies abmagern; Schnittblume
SORTEN: 'Album': weiß, 40 cm; 'Nanum Album': weiß, reich verzweigt, 25 cm; 'Nanum Saphir': himmelblau, reich verzweigt, 25 cm

Gold-Felberich
Lysimachia punctata

Höhe: 80–90 cm
Blütezeit: Juni – August

BLÜTE: leuchtend gelbe, trichterförmige Sternblüten in etagenartig angeordneten Quirlen, die in den Blattachseln stehen
WUCHS: aufrechte Horste, bilden mithilfe von Ausläufern dichte Flächen; Blätter grün, spitz eiförmig, behaart
BODEN: frisch bis feucht, bevorzugt lehmig, nährstoffreich; verträgt auch nasse Standorte
PFLEGE: sehr robuster Dauerblüher, der sich aber leicht mit dem Spaten im Zaum halten lässt, wenn er sich nicht ausbreiten soll; Rückschnitt nach der Blüte möglich
VERWENDUNG: die heimische Wildstaude macht sich am Gehölzrand ebenso gut wie am Teichufer; die Sorten sind einen Versuch in der Nachbarschaft gelber Rosen wert
SORTEN: 'Alexander': gelb, cremefarben gerandete Blätter, im Austrieb rosa angehaucht, geringerer Ausbreitungsdrang, 60–70 cm; 'Hometown Hero': goldgelb, nicht wuchernd, 80–100 cm

Moschus-Malve
Malva moschata

Höhe: 60 cm
Blütezeit: Juni – September

BLÜTE: einfache, zarte, rosafarbene Blütenschalen; Dauerblüher
WUCHS: buschig verzweigt wachsende Staude; die grünen Blätter sind tief handförmig geteilt
BODEN: mäßig trocken bis frisch, durchlässig, kalkarm
PFLEGE: nach der Blüte, vor der Samenreife zurückschneiden, um die Lebensdauer der kurzlebigen Pflanze zu verlängern und eine unerwünschte Selbstaussaat zu verhindern
VERWENDUNG: die heimische Wildstaude ist ein gern gesehener Gast im Bauern- und Naturgarten, am offenen, nicht zu schattigen Gehölzrand und auf Böschungen; mit etwas Abstand zu Rosen pflanzen; Schnittblume; in der Heilkunde werden die Malven wegen der enthaltenen Schleimstoffe zur Behandlung von Atemwegserkrankungen eingesetzt
SORTEN: 'Alba': weiß, 50–60 cm

Ananas-Minze
Mentha suaveolens 'Variegata'

Höhe: 30–60 cm
Blütezeit: Juli – August

BLÜTE: kleine, blasslila Einzelblüten, die in Scheinquirlen an 4–9 cm hohen Ähren stehen
WUCHS: breite Horste mit aufrechten Trieben; Verbreitung durch Ausläuferbildung; die eiförmigen, runzligen, stark geaderten und leicht gezähnten Blätter sind weiß gerandet oder gefleckt, duften bei Berührung sehr aromatisch
BODEN: frisch bis feucht, nährstoffreich
PFLEGE: jährlich zwei Kompostgaben; unerwünschte Ausläufer abstechen
VERWENDUNG: am Wegrand (streifen Sie im Vorübergehen die Blätter!), als Topfpflanze oder geschnitten als Blattwerk für Sträuße; das panaschierte Laub ist auch eine hübsche Ergänzung zu weiß blühenden Rosen; die Ernte für Teeblätter erfolgt vor dem Aufblühen (enthalten dann die meisten Aromastoffe), am besten morgens; Blätter zum Trocknen geeignet

Indianernessel
Monarda-Hybriden

Höhe: 80–140 cm
Blütezeit: Juni – August

BLÜTE: röhrig verwachsene, duftende Lippenblüten in dichten Scheinquirlen, je nach Sorte in Weiß, Rosa, Rot- und Violetttönen
WUCHS: große, aufrechte, vieltriebige Büsche bildend; standfest; die schmal eiförmigen, gezähnten Blätter duften aromatisch
BODEN: frisch, im Sommer nicht zu trocken, humos, nährstoffreich
PFLEGE: bei Trockenheit wässern; Rückschnitt nach der Blüte
VERWENDUNG: im Staudenbeet wie im Bauerngarten; in Kombination mit Gräsern; Schnittblume; bei Sortenwahl auf Farbabstimmung mit Nachbarblühern achten
SORTEN: 'Beauty of Cobham': rosa mit violetten Hochblättern, 80–100 cm; 'Blaustrumpf': dunkellila, 120 cm; 'Cambridge Scarlet': scharlachrot, 100–120 cm; 'Fishes': hellrosa, 100 cm; 'Gardenview Scarlet': leuchtend rot, 140 cm; 'Präerienacht': purpurlila, 120–140 cm; 'Schneewittchen': weiß, 100 cm

Katzenminze
Nepeta x *faassenii*

Höhe: 30 cm (Sorten 20–60 cm)
Blütezeit: Mai – September

BLÜTE: zahlreiche lavendelblaue Lippenblüten, die in Quirlen an dünnen Stielen übereinander stehen; unermüdlicher Dauerblüher
WUCHS: breitbuschige Horste, die ohne Schnitt mit dem Alter auseinanderfallen; die Blätter sind graugrün, eiförmig rund, gekerbt und duften aromatisch
BODEN: trocken bis mäßig trocken, gut durchlässig, sandig, nährstoffarm bis mäßig mit Nährstoffen versorgt
PFLEGE: nach der ersten Blüte zur Förderung einer Zweitblüte und eines kompakteren Wuchses stark zurückschneiden
VERWENDUNG: im Stein- und Naturgarten, auf Böschungen, als Einfassungspflanze und Beetstaude; die Katzenminze ist ein nie lästig werdender, unkomplizierter Rosenbegleiter, eine Alternative zum Lavendel
SORTEN: 'Blauknirps': lilablau, 20 cm; 'Six Hills Giant': lavendelblau, 40–50 cm; 'Snowflake': weiß, 20–25 cm; 'Walkers Low': 60 cm

Nachtkerze
Oenothera fruticosa ssp. *glauca*

Höhe: 40–60 cm
Blütezeit: Juni – September

BLÜTE: goldgelbe, große Schalenblüten, Knospen rot gefärbt; tagblühende Nachtkerze mit sehr langer Blütezeit; im Duft sind ihr die zweijährigen, abendblühenden Arten (*O. biennis, O. odorata*) aber überlegen
WUCHS: buschige Horste mit aufrechten Trieben; das breit lanzettliche Laub ist blaugrün, im Herbst rötlich gefärbt
BODEN: frisch, zeitweilig auch mäßig trocken, durchlässig, nährstoffreich
PFLEGE: Verblühtes entfernen
VERWENDUNG: auf Böschungen; im bunten Beet kann man die goldenen Blüten mit blauen und violetten Nachbarn (z. B. Salbei, Katzenminze) sowie scharlachroten Rosen mischen; Ton-in-Ton-Pflanzung mit gelben und apricotfarbenen Rosen; Schnittblume
SORTEN: 'Fyrverkeri': goldgelb, Knospen und Blütenstiele rot gefärbt, 40–50 cm; 'Hohes Licht': leuchtend gelb, 60 cm; 'Sonnenwende': goldgelb, dunkles Laub, 60 cm

Blauraute
Perovskia abrotanoides

Höhe: 100–150 cm
Blütezeit: August – Oktober

BLÜTE: sehr zahlreiche, kleine, violettblaue, duftende Blütchen in langen, verzweigten Ähren
WUCHS: vieltriebiger, aufrechter, locker breitbuschiger Halbstrauch; die schlanken, graufilzigen Triebe verholzen am Grunde; das fein gefiederte, silbergraufilzige Laub duftet sehr aromatisch
BODEN: trocken bis frisch, gut durchlässig, bevorzugt kalkhaltig, mager; keine Nässe
PFLEGE: im Frühjahr handbreit über dem Boden zurückschneiden; in rauen Lagen Winterschutz (treibt trotz Zurückfrierens aber willig wieder durch)
VERWENDUNG: wertvoller Spätsommer- und Herbstblüher; im Steingarten, an Böschungen und im Beet gleichermaßen attraktiv; wirkt edel in der Gemeinschaft mit silberlaubigen Stauden sowie Rosen aller Farben und Wuchsformen

Stauden-Phlox
Phlox paniculata

Höhe: 80–120 cm
Blütezeit: Juli – September

BLÜTE: stark duftende, flache Einzelblüten in rundlichen, endständigen Doldentrauben; die Blüten leuchten weiß, in Violett-, Rosa- und Rottönen, oft zweifarbig mit einem Auge in der Mitte; sehr sortenreich
WUCHS: straff aufrecht wachsende Prachtstauden mit grünem, spitz eiförmigem Laub
BODEN: frisch bis feucht, nährstoffreich; Standort nicht zu heiß, luftfeucht
PFLEGE: Rückschnitt nach der Blüte fördert die Nachblüte, im Herbst bodennah zurückschneiden; bei Trockenheit tiefgründig wässern, bei trockenheißem Wetter Blätter morgens überbrausen; zweimal jährlich düngen
VERWENDUNG: in Gruppen, mit anderen Stauden, Gräsern und Rosen; Schnittblume
SORTEN: 'Düsterlohe': dunkelviolett, 90 cm; 'Hochgesang': reinweiß, 120 cm; 'Kirmesländer': weiß, rotes Auge, 120 cm; 'Rosa Pastell': rosa, rotes Auge, 100 cm; 'Starfire': leuchtend rot, 90–100 cm

Ehrenpreis
Pseudolysimachion longifolium ssp. *longifolium*

Höhe: 80 cm
Blütezeit: Juli – August

BLÜTE: lange Blütenkerzen am Ende verzweigter Triebe; die kleinen, blauen Einzelblüten öffnen sich von unten nach oben
WUCHS: hohe, aufrechte Horste mit länglich lanzettlichen Blättern
BODEN: frisch bis feucht, nährstoffreich
PFLEGE: bei Trockenheit wässern; düngen; Verblühtes entfernen
VERWENDUNG: das Mittelblau der Blüten passt eigentlich zu jeder anderen Blütenfarbe, besonders harmonisch wirkt es mit rosa oder gelben Partnern; im Rosenbeet sind die langen Kerzen ein wunderbarer Kontrast zu den rundlichen Rosenblüten, eine Kombination, die man auch in der Vase einmal probieren sollte; schön auch in der Randbepflanzung von Teichen
SORTEN: 'Blauriesin': leuchtend mittelblau, 80–100 cm; 'Dark Maetje': leuchtend blau, 60–80 cm; 'Rosa Töne': rosa, 80 cm; 'Schneeriesin': reinweiß, 80 cm

 Sonne  Halbschatten duftend  farbiges Laub  Bienenweide

Sonnenhut
Rudbeckia fulgida var. *sullivantii* 'Goldsturm'

Höhe: 60–80 cm
Blütezeit: Juli – September

BLÜTE: am Ende verzweigter Triebe goldgelbe Strahlenblüten mit schwarzbraunem Knopf in der Mitte; lange und reich blühend
WUCHS: aufrecht, buschig breite Horste, kurze Ausläufer bildend; dunkelgrüne, eiförmig zugespitzte Blätter, leicht behaart
BODEN: frisch bis feucht, durchlässig, nährstoffreich
PFLEGE: in Trockenperioden wässern; Herausschneiden von Verblühtem verlängert die Blütezeit; die Blüten sind aber auch trocken noch zierend, deshalb erst nach dem Winter zurückschneiden
VERWENDUNG: ein Klassiker und Allrounder des Staudengartens; in Gruppen pflanzen; kräftige Farben in der Nachbarschaft sorgen für angemessene Konkurrenz, Gräser für etwas Luft; Schnittblume
WEITERE ART: *Rudbeckia fulgida* var. *deamii*: Blüte von August bis Oktober, goldgelb, 80–90 cm

Wein-Raute
Ruta graveolens

Höhe: 50–70 cm
Blütezeit: Juni – August

BLÜTE: hell- bis mattgelbe Einzelblüten in lockeren Trugdolden
WUCHS: Halbstrauch, Triebe am Grund verholzend; niederliegende bis aufsteigende kompakte Büsche; das immergrüne, fein geteilte, blaugrüne Laub enthält ätherische Öle und duftet sehr aromatisch
BODEN: mäßig trocken, durchlässig, nährstoffarm, kalkhaltig
PFLEGE: verwelkte Blütentriebe entfernen; Rückschnitt im Frühjahr (Achtung, Inhaltsstoffe können bei Hautkontakt Reizungen verursachen); in rauen Lagen Winterschutz
VERWENDUNG: als Beeteinfassung nimmt man gern die Sorte 'Jackman's Blue'; in Partnerschaft mit weiteren graulaubigen Pflanzen; als Begleiter Alter oder Englischer Rosen; alte Gewürz- und Heilpflanze
SORTEN: 'Harlequin': weißbuntes Laub, 60–80 cm; 'Jackman's Blue': intensiv blaugraues Laub, kompakt, 40–50 cm

Sommer-Salbei/ Steppen-Salbei
Salvia nemorosa

Höhe: 40–70 cm
Blütezeit: Mai – Juli/ September

BLÜTE: Lippenblüten in dichten, kerzenartigen Quirlen an verzweigten Triebenden; zahlreiche Sorten in Blau und Violett, auch Weiß und Rosa; reichblütiger Dauerblüher
WUCHS: aufrechte Horste; das eiförmige Laub ist derb, leicht runzlig und mattgrün
BODEN: mäßig trocken bis frisch, durchlässig, nährstoffreich
PFLEGE: für eine Zweitblüte kurz vor dem Abblühen kräftig zurückschneiden, düngen
VERWENDUNG: in größeren Gruppen; ein Rosenklassiker, der in seinen Ansprüchen besser zu den Königinnen passt als der Lavendel; besonders schön zu rosa oder gelben Rosennachbarn; in Natur- und Steingärten
SORTEN: 'Adrian': weiß, 40 cm; 'Amethyst': hellviolett, 60–70 cm; 'Blauhügel': mittelblau, 40 cm; 'Caradonna': dunkelviolett, sehr dunkle Blütenstiele, 40–60 cm; 'Mainacht': nachtblau, 40–50 cm; 'Ostfriesland': violettblau, 50 cm; 'Rosenkönigin': rosarot, 40 cm

Echter Salbei
Salvia officinalis

Höhe: 40–60 cm
Blütezeit: Juni – Juli

BLÜTE: an den Triebenden stehen blauviolette Lippenblüten in lockeren Quirlen
WUCHS: buschiger Halbstrauch mit graugrünen, behaarten, runzligen, sehr aromatisch duftenden, immergrünen Blättern
BODEN: trocken bis mäßig trocken, durchlässig, mäßig nährstoffreich, kalkhaltig
PFLEGE: im Frühjahr und nach der Blüte (leicht) zurückschneiden; Winterschutz für die empfindlichen buntlaubigen Sorten
VERWENDUNG: die Buntlaubigen mit der Rosenblüte ihrer Farbe: 'Icterina' und 'Variegata' zu gelben, 'Purpurascens' und 'Tricolor' zu purpurnen, rosa und weißen Rosen
SORTEN: 'Berggarten': größere, rundliche, filzig graugrüne Blätter; 'Icterina': gelb-grün panaschiertes Laub; 'Purpurascens': Laub purpurviolett überlaufen; 'Tricolor': Laub mehrfarbig, in der Mitte graugrün, an den Rändern weiß, teils rosa bis purpurfarben überlaufen; 'Variegata': gelb gefleckt

Heiligenkraut
Santolina chamaecyparissus

Höhe: 30–40 cm
Blütezeit: Juli – August

BLÜTE: unzählige kleine, gelbe, kugelige Blütenköpfchen
WUCHS: Halbstrauch, dessen Triebe am Grunde verholzen; buschig aufrecht wachsend; immergrünes, filigran gefiedertes, grausilbriges, aromatisch duftendes Laub
BODEN: trocken bis mäßig trocken, gut durchlässig, nährstoffarm, kalkliebend
PFLEGE: für einen kompakten Wuchs Pflanzen im Frühjahr (ab Mitte April) kräftig zurückschneiden; in rauen Lagen Winterschutz
VERWENDUNG: das silbrige Laub ist eine edle Ergänzung zu weiß, rosa oder auch gelben Rosen, gern in Kombination mit weiteren graulaubigen, trockenheitsverträglichen Stauden wie Lavendel, Salbei und Woll-Ziest; Heiligenkraut passt in den mediterranen Garten, aufs begrünte Dach, in Steingärten, Kiesbeete und Fugen, Trockenmauern, eignet sich als Beeteinfassung, für niedrige Hecken und zum Ornamentschnitt im Knotengarten

Lichtnelke
Silene coronaria

Höhe: 50–70 cm
Blütezeit: Juni – Juli

BLÜTE: einfache, schalenförmig runde, kräftig karminrosa leuchtende Einzelblüten am Ende langer, wenig beblätterter, verzweigter Blütenstiele; reich blühend
WUCHS: grundständige, dichtbuschige Rosette aus großen, spitz eiförmigen Blättern, deren dichte, weißfilzige Behaarung sie silbergrau erscheinen lässt
BODEN: trocken bis mäßig trocken, gut durchlässig, wenig nährstoffreich; verträgt keine Staunässe
PFLEGE: die Pflanzen sind kurzlebig, versamen sich aber gerne, um sich im Garten auszubreiten; unerwünschte Sämlinge entfernen oder Verblühtes abschneiden, wenn keine Samenbildung erfolgen soll
VERWENDUNG: als leuchtender Farbtupfer im Staudenbeet; mit weiß oder in passenden Rosa- und Rottönen blühenden Beetrosen; Bauerngartenpflanze
SORTEN: 'Alba': weiß blühend

 Sonne  Halbschatten duftend  farbiges Laub  Bienenweide

Goldrute
Solidago-Hybriden

Höhe: 50–80 cm
Blütezeit: Juli – September

BLÜTE: unzählige kleine Körbchenblüten bilden dichte, goldgelbe, nickende Rispen an der Spitze beblätterter Stängel
WUCHS: aufrechte, dichte Horste mit grünen, lanzettlichen Blättern; im Gegensatz zur Ursprungsart nicht wuchernd
BODEN: frisch bis feucht, nährstoffreich
PFLEGE: bei Trockenheit wässern; nach der Blüte zur Vermeidung von Samenbildung zurückschneiden
VERWENDUNG: sehr anspruchsloser Gast im Spätsommerbeet; in der Nachbarschaft von »Sonnenstauden« (Sonnenbraut, Sonnenauge), spätblühenden Rosen und Gräsern; Naturgartenpflanze; Schnittblume
SORTEN: 'Ledsham': hellgelb, lockere Rispen, 70–80 cm; 'Golden Gate': zitronengelb, 50 cm; 'Goldenmosa': goldgelb, Blüte mimosenähnlich, 60–70 cm; 'Spätgold': goldgelb, spätblühend, 60 cm; 'Strahlenkrone': goldgelb, Rispen flach strahlig, 60–70 cm

Woll-Ziest
Stachys byzantina

Höhe: 20–30 cm
Blütezeit: Juni – Juli

BLÜTE: an aufragenden, weißfilzigen Blütenstielen bilden sich wollig behaarte Kerzen mit rosa Lippenblüten
WUCHS: Bodendecker, der mit seinen Ausläufern breite Blattteppiche bildet; die immergrünen Blätter sind breitoval und dicht silberwollig behaart (»Eselsohren«)
BODEN: sehr trocken bis frisch, durchlässig, nährstoffarm; verträgt keine Nässe
PFLEGE: anspruchslos; nach der Winternässe unschön gewordene Blätter im Frühjahr entfernen
VERWENDUNG: Blattschmuckstaude zum Anfassen, deshalb »griffbereit« am Wegesrand pflanzen; edel in Kombination mit zarten Farben (weißen und rosa Rosen) und weiteren grauen Eminenzen; verstärkt das Leuchten kräftiger Blütenfarben
SORTEN: 'Cotton Ball': weißfilzige Blütenbälle, 10 cm; 'Silver Carpet': blüht kaum, 20 cm

Großer Ehrenpreis
Veronica teucrium 'Knallblau'

Höhe: 30–40 cm
Blütezeit: Mai – Juni

BLÜTE: einfache, leuchtend blaue Blüten in langen, lockeren, achselständigen Trauben
WUCHS: buschige, aufrechte Horste; Blätter grün, lanzettlich, am Rande gekerbt
BODEN: mäßig trocken bis frisch, durchlässig, mäßig nährstoffreich, kalkhaltig; mag keine Nässe
PFLEGE: ein Rückschnitt nach der ersten Blüte fördert das Nachblühen
VERWENDUNG: auf kleiner Fläche oder auch als Bodendecker; ein hübscher Begleiter zu rosa oder weiß blühenden Nachbarn; neben gelben Blüten beginnt der blaue Ehrenpreis zu strahlen; Stein-, Heide- und Naturgartenpflanze
WEITERE SORTEN: 'Crater Lake Blue': wasserblau, 30 cm; 'Kapitän': dunkelenzianblau, 30 cm; 'Königsblau': dunkelenzianblau, 40 cm; 'Shirley Blue': hellblau, 30 cm

Reitgras
Calamagrostis x acutiflora

Höhe: 60/150 cm
Blütezeit: Juli – August

BLÜTE: gelbe Rispen an straff aufrechten, bräunlichen Halmen; sie sind zunächst fedrig weit, werden später aber schmal ährenartig; bräunlich orange Herbstfärbung
WUCHS: dichte Horste aus schmalen, aber festen, aufrechten Halmen; Grashalme grün; früher Austrieb; die Art selbst wuchert, deshalb werden nur die unten genannten Sorten angeboten
BODEN: mäßig trocken bis feucht, nahrhaft
PFLEGE: Rückschnitt der Halme im zeitigen Frühjahr vor dem Austrieb
VERWENDUNG: das Gras mit dem aufrechten Wesen wirkt einzeln ebenso gut wie in der Gruppe, ganz gleich ob im Naturgarten, Stauden- oder Rosenbeet; die weißbunte Sorte 'Overdam' empfiehlt sich neben gelb und weiß blühenden Rosen
SORTEN: 'Karl Foerster': hellgrüne Halme, 60/150 cm; 'Overdam': weiß gestreifte Halme, 60/130 cm

Fuchsrote Segge
Carex buchananii

Höhe: 40–50 cm
Blütezeit: Juli

BLÜTE: kleine, rötliche Blütenstände, die zwischen den Halmen nicht besonders auffallen und daher unbedeutend sind
WUCHS: kleine Horste aus feinen, fast zylindrischen Halmen, die zunächst aufstreben, an der Spitze überhängen; die feinen Spitzen sind oft gedreht; das Gras ist ganzjährig, vor allem an der Basis kräftig braunrot gefärbt und besonders im Winter sehr dekorativ
BODEN: frisch bis mäßig feucht, durchlässig und mäßig nährstoffreich
PFLEGE: im Frühjahr handbreit über dem Boden zurückschneiden; in strengen Wintern leichter Winterschutz
VERWENDUNG: einzeln oder in der Gruppe; das fuchsrote Laub lässt sich sehr schön mit purpurlaubigen Stauden wie Stachelnüsschen 'Kupferteppich' (> S. 154), Purpurglöckchen 'Palace Purple' oder 'Caramel' (> S. 165) und roten Rosen kombinieren; Natur- und Steingartenpflanze

Blauschwingel
Festuca cinerea

Höhe: 15/30 cm
Blütezeit: Juni – Juli

BLÜTE: aufrecht über den Graspolstern stehende, blaugrün bereifte Blütenrispen, die sich später braungrau färben
WUCHS: kleine, halbkugelartige Polster mit blaugrauen, etwas steif abstehenden Halmen
BODEN: trocken bis frisch, durchlässig, mager; je ärmer der Boden, desto langlebiger das Gras, Pflanzerde deshalb gegebenenfalls mit Sand oder Kies abmagern
PFLEGE: abgeblühte Halme bei Bedarf entfernen; nach etwa zwei bis drei Jahren verkahlen die Horste von innen, dann im Frühjahr teilen und neu pflanzen
VERWENDUNG: in kleinen Gruppen; elegant als kleinflächige Unterpflanzung von dunkelgrün belaubten Beet- oder Strauchrosen; passende Nachbarn sind der Ehrenpreis (> S. 170), das Filzige Hornkraut (> S. 159) und andere blau- oder graulaubige Partner
SORTEN: 'Azurit': tiefblaue Halme; 'Meerblau': kräftig blaue Polster

 Sonne  Halbschatten   duftend  farbiges Laub  Bienenweide

Bärenfell-Schwingel
Festuca gautieri

Höhe: 15/25 cm
Blütezeit: Juni – Juli

BLÜTE: dünne, erst grüne, dann gelbgrüne Blütenrispen auf feinen Halmen
WUCHS: dichte Polster aus fadenförmig feinen, frischgrünen Gräserhalmen, deren Spitzen ganz leicht stechend sind
BODEN: trocken bis frisch, durchlässig, nährstoffarm; auch für diesen Schwingel gilt: je ärmer der Boden, desto farbintensiver und langlebiger das Gras, Pflanzerde deshalb gegebenenfalls abmagern
PFLEGE: wenn die Gräser verkahlen, teilen und neu pflanzen
VERWENDUNG: einzeln oder in Gruppen; zur Unterpflanzung hellgrün belaubter Rosen; wenn es auch so aussehen mag – das Bärenfellgras kann nicht als Rasenersatz verwendet werden
SORTEN: 'Col de Buchara': dunkelgrüne Polster, kompakt, 10/20 cm; 'Pic Carlit': kompakter, gedrungener Wuchs, zierlich, langsamwachsend, 10/15 cm

Blaustrahlhafer
Helictotrichon sempervirens

Höhe: 50/120 cm
Blütezeit: Juni – Juli

BLÜTE: lockere, zunächst graugrüne, später gelblich braune Blütenrispen an langen, leicht überhängenden Halmen hoch über dem Blattschopf
WUCHS: halbhohes Horstgras mit etwas starren, schmalen, blaugrauen Blättern
BODEN: warm, auch heiße Standorte vertragend; trocken bis mäßig trocken, durchlässig, nährstoffarm, kalkhaltig; bei Nässe empfindlich
PFLEGE: vollständiger Rückschnitt im zeitigen Frühjahr möglich
VERWENDUNG: der Blaustrahlhafer ist als Solitär oder auch als kleine Gruppe im klassischen Rosengarten, im Stein-, Heide- und Naturgarten sowie im silbernen Beet unersetzlich
SORTEN: 'Pendula': bogig überhängende Blütenhalme, 40/110 cm; 'Saphirsprudel': blaugrüne Blätter, überhängende Ähren, 50/120 cm, robuster als die Art

Japanisches Blutgras
Imperata cylindrica 'Red Baron'

Höhe: 30–40 cm
Blütezeit: –

BLÜTE: das Gras kommt in unserem Klima nicht zur Blüte
WUCHS: kleine, aufrechte Horste aus breiten, zunächst hellgrünen Blättern; bereits im Sommer färbt sich das Laub vor allem zu den Spitzen hin leuchtend rot; das Gras verbreitet sich mithilfe kurzer Ausläufer
BODEN: warm, frisch, humos, durchlässig; empfindlich gegen stauende Nässe
PFLEGE: im Frühjahr Rückschnitt bis zum Boden möglich; vor allem in der Jugend, aber auch später meist Winterschutz (z. B. eine Laubdecke) erforderlich
VERWENDUNG: einzeln oder als Gruppenpflanzung; als Farbtupfer vor Gehölzen, zu roten Rosen oder zu anderen Gräsern; in Verbindung mit dezenten Blütenfarben verwenden; am besten an einen Platz pflanzen, an dem es im Gegenlicht wirken kann; Kübelpflanzung; interessante Schnittpflanze für die floristische Straußgestaltung

Chinaschilf
Miscanthus sinensis

Höhe: 100–200/130–250 cm
Blütezeit: August – Oktober

BLÜTE: fedrige Blütenrispen am Ende straffer Blütenhalme, je nach Sorte silbrig, silbrigrosa oder silbrig braunrot; sie bleiben bis weit in den Winter als Zierde erhalten
WUCHS: große, dichte Büsche aus schilfartigen, oft bogig überhängenden Halmen; spät austreibend; oft schöne Herbstfärbung
BODEN: frisch bis feucht, durchlässig, nährstoffreich, humos; keine Staunässe im Winter
PFLEGE: Rückschnitt erst im Frühjahr
VERWENDUNG: viele Sorten; braucht Platz, Abstand zu Rosen halten; als Solitär ebenso dekorativ wie als Beethintergrund
SORTEN: 'Ferner Osten': rot mit weißen Spitzen, Herbstfärbung, 120/160 cm; 'Gracillimus': feine Halme, graziös bogig, blüht selten, 130/150 cm; 'Kleine Fontäne': rosa, dann silbrig, 110/160 cm; 'Silberfeder': silberweiß, gelbe Herbstfarbe, 170/200 cm; 'Zebrinus': Halme quer gelb gestreift, 150/180 cm

Riesen-Pfeifengras
Molinia arundinacea 'Windspiel'

Höhe: 50/200 cm
Blütezeit: August – Oktober

BLÜTE: die zarten, vielfach verzweigten Rispen stehen an langen, drahtigen Halmen hoch über dem Blattschopf
WUCHS: die niedrigen, dichten Laubbüschel aus schmalen, leicht überhängenden Halmen leuchten im Herbst gelb
BODEN: frisch bis feucht, nährstoffreich
PFLEGE: Rückschnitt im Frühjahr
VERWENDUNG: das lockere Wesen der Blütenstände ist ein guter Kontrast zu späten, roten Strauchrosen; gerade im Herbst ist das Gras eine Bereicherung im Staudenbeet und vor Gehölzen; Naturgartenpflanze; Schnittgrün für den (Rosen-)Strauß
WEITERE SORTEN: 'Karl Foerster': goldene Herbstfärbung, 50/200 cm; 'Transparent': fein verzweigte Blütenstände, goldgelbe Herbstfärbung, 50/180 cm; 'Windspiel': aufrechte, standfeste Blütenstände, goldgelbe Herbstfärbung, 60/220 cm

Ruten-Hirse
Panicum virgatum

Höhe: 60–100/80–160 cm
Blütezeit: Juli – September

BLÜTE: graziöse, schleierartige Blütenstände weit über dem Blatthorst
WUCHS: straff aufrechte Horste aus langen, schmal linealischen, manchmal überhängenden Blättern; einige Sorten beginnen bereits im Sommer, sich deutlich zu verfärben; in der Höhe variieren die diversen Sorten sehr
BODEN: mäßig trocken bis frisch, nährstoffreich
PFLEGE: Rückschnitt im Frühjahr
VERWENDUNG: wertvoller Staudenbegleiter, sowohl in der Gruppe als auch als Solist aus flächigen Pflanzungen herausragend
SORTEN: 'Hänse Herms': im Spätsommer einsetzende, leuchtend rote Herbstfärbung, 60/90 cm; 'Heavy Metal': steif aufrecht, blaugrünes Laub, gelbe Herbstfärbung, 90/120 cm; 'Rehbraun': zeitig rotbraune Verfärbung, 80/120 cm; 'Strictum': straff aufrecht, Herbstfarbe Ockergelb, 100/160 cm

 Sonne    Halbschatten   duftend    farbiges Laub    Bienenweide

Lampenputzergras
Pennisetum alopecuroides

Höhe: 40/80 cm
Blütezeit: August – Oktober

BLÜTE: flaumige, beige oder bräunliche bis rotbraune Blütenähren stehen walzenförmig (daher Lampenputzergras) am Ende aufrechter bis gebogener Halme
WUCHS: breite, kugelartige Horste aus langen, schmalen, elegant überhängenden Halmen; frischgrün, im Herbst gelb
BODEN: mäßig trocken bis feucht, durchlässig, nährstoffreich
PFLEGE: bei anhaltender Trockenheit wässern; Rückschnitt im Frühjahr; kann blühfaul werden, dann teilen und neu pflanzen
VERWENDUNG: das kompakte, unkomplizierte Gras macht sich sowohl einzeln als auch in der Gruppe im Rosengarten oder in der Rabatte sehr gut
SORTEN: 'Hameln': reich blühende, kompakte Horste, 30/60 cm; 'Herbstzauber': Blüten deutlich über Laub, 60/80 cm; 'Little Bunny': Zwerg für milde Lagen, 15/30 cm

Reiher-Federgras
Stipa barbata

Höhe: 30/80 cm
Blütezeit: Juli – August

BLÜTE: an hohen Halmen bilden sich lockere Blütenrispen mit bis zu 40 cm langen, bogig überhängenden Grannen; diese sind silbrig glänzend behaart und bewegen sich bereits beim leisesten Windhauch
WUCHS: lockere Horste aus sehr schmalen, eingerollten, graugrünen Halmen
BODEN: warm, trocken, gern sandig-steinig, auf alle Fälle gut durchlässig, kalkhaltig; braucht viel Luft und Wind, deshalb Abstand von großen Pflanzen halten; empfindlich gegen (Winter-)Nässe
PFLEGE: das Laub im Herbst zum Schutz vor Nässe gegebenenfalls leicht zusammenbinden; Rückschnitt im Frühjahr vor Austrieb
VERWENDUNG: braucht Freiraum für das Spiel mit dem Wind; wirkt sehr hübsch, wenn einige Exemplare aus einer niedrigeren Pflanzendecke ragen; kommt besonders vor kräftigen Blütenfarben wie bei Katzenminze, Sommer-Salbei oder Ehrenpreis zur Geltung

Silber-Ährengras
Stipa calamagrostis

Höhe: 60/90 cm
Blütezeit: Juli – Oktober

BLÜTE: auffallend feine Rispen aus zunächst silbrig weißen, später gelblichen Ährchen; diese Silberähren-Schweife legen sich elegant über ihren Blatthorst; sehr lange blühend
WUCHS: Horste aus langen, schmalen, blaugrünen, überhängenden Halmen; Laub im Herbst ockerfarben
BODEN: warm, trocken bis frisch, durchlässig, auch steinig, mäßig nährstoffreich, gern kalkhaltig
PFLEGE: Rückschnitt im Spätwinter; unerwünschte Sämlinge entfernen
VERWENDUNG: Solitärgras; die silbernen Blütenschweife sind ein attraktiver Begleiter gelber, aber auch weißer und roter Rosen; Böschungs-, Naturgarten- und Schnittpflanze
SORTEN: 'Allgäu': gelbbraune Blütenrispen, standfest, 50/70 cm; 'Lemperg': gedrungene Sorte, standfest, 40/70 cm

Stockrose
Alcea rosea

Höhe: 180–200 cm
Blütezeit: Juni – September

BLÜTE: große, malvenartige Schalen an endständiger Traube, ähnlich einer langen Kerze; rosa, rot, weiß oder gelb, einfach oder gefüllt
WUCHS: zweijährig (oder kurzlebige Staude); im ersten Jahr Bildung einer bodennahen Blattrosette; im zweiten Jahr erscheinen kräftige, straff aufrechte, kaum verzweigte, behaarte Stängel; Blätter rundlich, gelappt, behaart, mattgrün; Pflanze versamt sich gern
BODEN: warm, mäßig trocken bis frisch, durchlässig, nährstoffreich
PFLEGE: im Sommer gut wässern; gelegentlich düngen; Rückschnitt nach der Blüte steigert die Lebensdauer; unerwünschte Selbstaussaat entfernen
VERWENDUNG: ein Klassiker vor Zäunen, Mauern und im Bauerngarten; auch als netter »Hauswächter« neben dem Eingang
SORTEN: 'Nigra': schwarzrot samtig, ungefüllt; 'Pleniflora': in den Farben Rosa, Lachsrosa, Rot, Weiß oder Gelb, gefüllt

Ringelblume
Calendula officinalis

Höhe: 30–60 cm
Blütezeit: Juni – Oktober

BLÜTE: gestielte gelbe, orange oder orangebraune Körbchenblüten, häufig mit dunkler Mitte; je nach Sorte einfach, halb gefüllt oder gefüllt; unermüdlicher Dauerblüher
WUCHS: einjährig; Horste mit länglich ovalen, grünen Blättern; Selbstaussaat
BODEN: mäßig trocken bis frisch, nährstoffreich; anspruchslos
PFLEGE: Freilandaussaat ab März/April; regelmäßig düngen; welke Blüten zur Florverlängerung entfernen, Samen zum Saisonende für die Selbstaussaat ausreifen lassen
VERWENDUNG: geselliger Nachbar in der Sommerblumen- und Staudenrabatte; Ton in Ton mit gelben und orangegelben Rosen; als Kontrast zu blauen Nachbarn (Rittersporn, Mehliger und Sommer-Salbei)
SORTEN: 'Candyman Yellow': gelb, gefüllt, 30 cm; 'Fiesta Gitana': Blütenmischung creme bis orange, gefüllt, 30 cm; 'Oranja': leuchtend orange, dicht gefüllt, 60 cm

Schmuckkörbchen
Cosmos bipinnatus

Höhe: 60–130 cm
Blütezeit: Juli – Oktober

BLÜTE: große Schalenblüten mit gelber Mitte; die leicht gezähnten, manchmal eingerollten Randblüten sind weiß, rosa, karminrot
WUCHS: einjährig; aufrecht buschig, Stängel steif, stark verzweigt; die frischgrünen Blätter sind mehrfach gefiedert, fadenartig
BODEN: warm, frisch, sandig humos, durchlässig; keine Staunässe
PFLEGE: Freilandaussaat April/Mai; mäßig düngen; Verblühtes ausschneiden, um Blühwilligkeit zu erhöhen; hohe Sorten stützen
VERWENDUNG: im Sommerblumen- und Staudenbeet; sehr schön zu rosa, roten und weißen Rosen; gute Schnittblume
SORTEN: 'Daydream': weiß, innen rot, 120 cm; 'Sonata Carmine': karminrot, große Blüten, 60 cm; 'Sonata Mischung': rosa, rot, weiß, 60 cm; 'Sea Shells': rosa, rot, weiß, eingerollte Blütenblätter, 70–100 cm; 'Sensation Mischung': rosa, rot, weiß, 70–120 cm; 'Sonata White': weiß, frühe Blüte, 70 cm

Schlafmützchen
Eschscholzia californica

Höhe: 20–50 cm
Blütezeit: Juni – Oktober

BLÜTE: einzeln gestielte, becherförmige Blüten in Gelb, Orange, auch Weiß und Rotorange, erinnern an Mohnblüten und werden deshalb auch Goldmohn oder Kalifornischer Mohn genannt; Dauerblüher
WUCHS: einjährig; buschig verzweigt; die graugrünen Blätter sind fein gefiedert
BODEN: warm, mäßig trocken bis frisch, durchlässig, nährstoffreich; ein geschützter Standort wird bevorzugt
PFLEGE: Freilandaussaat ab März ins Beet (beim Verpflanzen verletzt man leicht die brüchigen Wurzeln); versamt sich gern
VERWENDUNG: als Beetrandpflanze oder Lückenfüller im Staudenbeet; zu Füßen ebenfalls sonnenfarbener Rosen; Steingartenpflanze
SORTEN: 'Apricot Flambeau': gelb mit roten Spitzen, Blütenblätter gerüscht, 20–25 cm; 'Thai Silk Inferno': rotorange, gelb geflammt, 25 cm

Schnee auf dem Berge
Euphorbia marginata

Höhe: 40–80 cm
Blütezeit: Juli – Oktober

BLÜTE: die Blüte selbst ist unscheinbar; interessant sind die gänzlich weißen Hochblätter, die sie umgeben
WUCHS: einjährig; aufrecht, buschig, nach oben gabelig verzweigt; Blätter oval bis länglich, unten grün, nach oben hin immer stärker weiß gerandet; an der Pflanzenbasis mitunter völlig kahl
BODEN: warm, mäßig trocken bis frisch, humos, gut durchlässig; keine Nässe
PFLEGE: Freilandaussaat ab Ende April (besser Februar/März unter Glas vorziehen); Pflanze enthält Milchsaft, beim Arbeiten Handschuhe tragen!
VERWENDUNG: eine viel zu selten verwendete Blattschmuckpflanze; eleganter Begleiter weißer und gelber Rosen; passt auch herrlich zu blauen und violetten Blüten (Sonnenwende, Mehliger Salbei); Schnittblume (Stiele nach dem Schnitt in lauwarmes Wasser tauchen, bis kein Milchsaft mehr austritt)

Sommer-Schleierkraut
Gypsophila elegans

Höhe: 50–70 cm
Blütezeit: Juni – September

BLÜTE: üppige, lockere Rispen mit unzähligen, kleinen, weißen Blütensternen; Sorten auch mit rosa und karminrosa Blüten
WUCHS: einjährig; breit ausladend mit reicher Verzweigung; an den drahtigen, biegsamen Trieben sitzen kleine, lanzettliche, graugrüne Blättchen
BODEN: warm, mäßig trocken bis frisch, locker, durchlässig, nährstoffarm, kalkhaltig; verträgt keine Nässe
PFLEGE: Freilandaussaat März/April; monatliche Folgesaat zur Verlängerung der Blütezeit möglich
VERWENDUNG: das Schleierkraut schwebt wie eine duftige Wolke durchs Beet; die stets verträglichen, zurückhaltenden Schleier gehören in jeden Rosengarten; gute Schnitt- und Trockenblume
SORTEN: 'Maxima Alba': weiß, großblumig, 45 cm; 'Rosea': rosa, 50–60 cm

Vanilleblume, Sonnenwende
Heliotropium arborescens
Höhe: 30–60 cm
Blütezeit: Juni – September

BLÜTE: winzige, kräftig violettblaue Einzelblütchen in großen, schirmartigen Doldentrauben; duften herrlich nach Vanille
WUCHS: mehrjährig, bei uns nicht winterhart, wird deshalb meist als Einjährige angeboten; immergrüne, eiförmige, stark geaderte und sehr raue, dunkelgrüne Blätter
BODEN: warm, frisch, durchlässig, nährstoffreich; regengeschützte Standorte werden bevorzugt; verträgt keine Nässe
PFLEGE: gleichmäßig mit Wasser versorgen; das Ausputzen nach dem Verblühen verlängert den Flor; die Sonnenwende kann hell und frostfrei überwintert werden
VERWENDUNG: als Gruppenpflanze im Beet, als Kübelpflanze; kann als Stämmchen gezogen werden; wegen des Dufts sollten einige Vanilleblumen immer auch an Aufenthaltsbereichen gepflanzt werden
SORTEN: 'Marine': tiefblau, 50–60 cm; 'Vanillezauber': dunkelblau, 30 cm

Nachtviole
Hesperis matronalis
Höhe: 60–80 cm
Blütezeit: Mai – Juli

BLÜTE: vierblättrige, violette Blüten in lockeren Trauben; verströmen besonders abends und nachts intensiven Veilchenduft
WUCHS: zweijährig, an zusagenden Standorten auch ausdauernd; aus einer grundständigen Blattrosette wachsen aufrechte, verzweigte Stiele mit frischgrünen, lanzettlichen Blättern; Verbreitung durch Selbstaussaat
BODEN: frisch bis feucht, durchlässig, humos, nährstoffreich
PFLEGE: Verblühtes ausputzen; dem rechtzeitigen Rückschnitt nach der ersten Blüte kann eine zweite Nachblüte folgen
VERWENDUNG: in Gruppen, in der Rabatte, im Bauern- oder Naturgarten; vor Gehölzen (hier kann man sie verwildern lassen); Schnittblume; der Duft lohnt einen abendlichen Gartenspaziergang
SORTEN/ARTEN: 'Alba': weiß, 60–80 cm; 'Alba Plena': weiß, gefüllt, 60–80 cm; Sibir. Nachtviole *(Hesperis sibirica)*: violett, 30 cm

Bittere Schleifenblume
Iberis amara
Höhe: 20–40 cm
Blütezeit: (Mai) Juni – August

BLÜTE: lockere, doldenartige Trauben aus kleinen, weißen Einzelblüten mit zartem, honigartig süßem Duft
WUCHS: einjährig; aufrecht, Stängel leicht behaart; die verzweigte Pflanze trägt längliche, an der Spitze gerundete Blätter; die Bittere Schleifenblume versamt sich gerne
BODEN: mäßig trocken bis frisch, durchlässig, nährstoffreich, kalkhaltig
PFLEGE: Freilandaussaat ab April; Herbstsaat verfrüht die Blüte, dann brauchen die Jungpflanzen allerdings einen Winterschutz z. B. aus Fichtenreisig
VERWENDUNG: in Gesellschaft niedriger Polsterstauden, als flächige Unterpflanzung nicht nur rosafarbener Beet- und Strauchrosen, als Beeteinfassung; Schnittblume; findet in der Heilkunde Verwendung
WEITERE ART: Doldige Schleifenblume *(Iberis umbellata)* 'Feenmischung': Blüten weiß, rosa und pink, 25 cm

Duft-Wicke
Lathyrus odoratus

Höhe: 30–200 cm
Blütezeit: Juni – September

BLÜTE: das Farbspiel der großen, angenehm süß duftenden Schmetterlingsblüten reicht je nach Sorte von Rosa, über Rot, Violett bis zu Weiß und vielen Zwischentönen
WUCHS: einjährige, rasch wachsende Kletterpflanze; zieht sich mit Blattranken an Kletterhilfe empor; Stängel kantig geflügelt, die Blätter gefiedert und stumpfgrün
BODEN: warm, frisch, durchlässig, kalkhaltig, nährstoffreich; nicht immer an gleicher Stelle pflanzen, brauchen Ortswechsel
PFLEGE: Freilandaussaat ab April; Rankhilfe geben; düngen, bei Trockenheit wässern; Verblühtes regelmäßig abschneiden
VERWENDUNG: zum Beranken von Zäunen, Rankgittern und Bäumen; Bauerngartenpflanze; Schnittblume; niedrige, nicht rankende Sorten finden als Einfassung, im Beet und im Topfgarten Verwendung
SORTEN: das Sortiment ist riesig, bei der Auswahl auf Höhe und Farbe achten

Bechermalve
Lavatera trimestris

Höhe: 50–100 cm
Blütezeit: Juli – Oktober

BLÜTE: große, rosafarbene Becherblüten, Sorten auch weiß und karminrot blühend, oft dunkel geädert
WUCHS: einjährig; breite Horste mit aufrechten Trieben; die Blätter sind herzförmig oder gelappt, dunkelgrün, rau behaart
BODEN: frisch, locker, gut durchlässig, mäßig nährstoffreich; verträgt keine Nässe
PFLEGE: Freilandaussaat ab April
VERWENDUNG: im Sommerblumenbeet; als Lückenfüller im Staudenbeet, als einjährige Hecke oder als Begleiter weißer oder rosa Rosen; gute Schnittblume
SORTEN: 'Mont Blanc': reinweiß, großblumig, 50–60 cm; 'Novella': rosa, 35 cm; 'Pink Beauty': hellrosa, fein geädert, großblütig, 70 cm; 'Ruby Regis': tiefrosa, auffällig dunkel geädert, 60–70 cm; 'Silver Cup': leuchtend rosa, dunkelrot geädert, wetterbeständig, 60 cm; 'Tanagra': rosa, gute Schnittblume (fast knospig schneiden), 50–70 cm

Männertreu
Lobelia erinus

Höhe: 10–20 cm
Blütezeit: Juni – September

BLÜTE: unermüdlich erscheinen kleine Blüten an traubigen Blütenständen; je nach Sorte in Blautönen, Violett, Weiß oder Rosa, manchmal mit gelber oder weißer Mitte
WUCHS: einjährig; buschige oder kriechende Polster, dünntriebig; die kleinen, lanzettlichen Blättchen sind dunkelgrün
BODEN: frisch bis gleichmäßig feucht, durchlässig, nährstoffreich; verträgt keine Trockenheit
PFLEGE: Freilandaussaat ab Mitte April (Samen nur andrücken, nicht überdecken); regelmäßig wässern und düngen; zum Ende der ersten Blüte um ein Drittel zurückschneiden, um eine Nachblüte zu fördern
VERWENDUNG: als Einfassung; Teppich unter Rosen und Rosenhochstämmchen
SORTEN: 'Cambridge Blue': hellblau; 'Kaiser Wilhelm': kornblumenblau; 'Kristallpalast': dunkelblau; 'Rosamunde': rosa, Auge weiß; 'Schneeball': weiß; alle 10–15 cm

Scharlach-Lobelie
Lobelia fulgens

Höhe: 60–100 cm
Blütezeit: Juli – September

BLÜTE: leuchtend scharlachrote Blüten in aufrechten, endständigen Trauben
WUCHS: einjährig, nur in mildem Klima bei gutem Winterschutz ausdauernd; aufrechte, wenig verzweigte Horste; dunkelgrüne, lanzettliche Blätter; Stängel und Blätter sind rot überlaufen
BODEN: warm, frisch bis feucht, nährstoffreich
PFLEGE: bei Trockenheit wässern, düngen; bei Bedarf guter Winterschutz oder hell und frostfrei im Haus überwintern
VERWENDUNG: in Sommerblumen- und Staudenpflanzungen; als wichtiger Farbträger in der »roten« Rabatte; am Teichufer, auch im Feuchtbereich; gute Schnittblume
SORTEN: 'Elmfeuer': scharlachrot, dunkelrotes Laub, 60–80 cm; 'Queen Victoria': scharlachrot, intensiv braunrote Blätter, 80–100 cm

Duftsteinrich
Lobularia maritima

Höhe: 10–15 cm
Blütezeit: Juni – Oktober

BLÜTE: dicht an dicht stehende, kleine weiße, rosa oder selten dunkelviolette, intensiv nach Honig duftende Blüten
WUCHS: einjährig, erhält sich aber über Selbstaussaat; bodendeckende, flachkugelige Polster aus dünnen, verzweigten Trieben; kleine, lanzettliche, graugrüne Blättchen
BODEN: trocken bis frisch, durchlässig, mäßig nährstoffreich, leicht kalkhaltig
PFLEGE: Freilandaussaat ab April; mäßig wässern und düngen; Rückschnitt nach der ersten Blüte fördert den zweiten Flor
VERWENDUNG: in Gruppen; als duftige Weg-, Beet- oder Terrasseneinfassung, zur Unterpflanzung im Rosenbeet, als »Bodendecker« unter (Rosen-)Hochstämmchen, im Duft- und Steingarten, in Trockenmauern
SORTEN: 'Snow Crystals': weiß, größere Blüten, kompakte Kissen, 10–20 cm; 'Königsteppich': tief violett, 15 cm; 'Rosie O'Day': kräftig rosa, 10 cm

Levkoje
Matthiola incana

Höhe: 30–90 cm
Blütezeit: Mai – August

BLÜTE: große, runde, stark duftende Blüten in festen Rispen am Ende der Triebe; sie sind je nach Sorte weiß, rosa, rot, violett, selten blassgelb und meistens gefüllt
WUCHS: einjährig; aufrechte und wenig verzweigte Stängel mit länglichen, graugrünen, unterseits behaarten Blättern
BODEN: frisch, durchlässig, nahrhaft, kalkhaltig; weder nasse, noch trockene Böden
PFLEGE: ab Februar im Haus vorziehen, im Mai auspflanzen oder vorgezogene Pflanzen kaufen; Boden gleichmäßig feucht halten, gut düngen; Verblühtes regelmäßig entfernen
VERWENDUNG: eine duftende Bereicherung von Sommerblumen- und Staudenrabatten; klassische Bauerngartenpflanze; hervorragende Schnittblume
SORTEN: bei den Sorten unterscheidet man hohe, kräftige, gut schnittgeeignete Levkojen und niedriger wachsende, buschige Levkojen für die Rabatte

Ziertabak
Nicotiana x *sanderae*

Höhe: 30–80 cm
Blütezeit: Juli – September

BLÜTE: tagblühende, sternförmige Röhrenblüten in lockeren Trauben über den Blättern; je nach Sorte weiß, creme, grüngelb, rosa, rot
WUCHS: einjährig; dichtbuschig, Blätter groß, eirund, leicht gewellt, dunkelgrün
BODEN: warm, frisch, locker, nährstoffreich; windgeschützter Standort
PFLEGE: ab Februar/März im Haus vorziehen (Saat nicht abdecken, Lichtkeimer) und im Mai (frostempfindlich) auspflanzen oder vorgezogene Pflanzen kaufen; Verblühtes entfernen, regelmäßig wässern und düngen
VERWENDUNG: im Sommerblumenbeet und zur Unterpflanzung; Topfgartenpflanze; Achtung: Alle Pflanzenteile sind giftig!
SORTEN/ARTEN: tagblühender Ziertabak duftet leider sehr eingeschränkt, außer der Sorte 'Fragrant Cloud': weiß, 90 cm; Flügel-Tabak (*Nicotiana alata*) 'Grandiflora': weiß, abends süß duftend, 90 cm

Jungfer im Grünen
Nigella damascena

Höhe: 30–50 cm
Blütezeit: Juni – August

BLÜTE: runde, ursprünglich ungefüllte, blaue, bei den Sorten auch weiße, rosa und violette sowie gefüllt blühende Sterne, von einem Kranz haarfeiner Hochblätter umgeben; aufgeblasene Fruchtkapseln, zunächst mit breiten, violetten Längsstreifen, später hellbraun; enthalten schwarze Samen (daher der Name Damaszener Schwarzkümmel)
WUCHS: einjährig; krautartig, verzweigt; die Blätter sind stark fiederteilig, wie kleine, grüne Nadeln aussehend
BODEN: warm, frisch, locker, durchlässig, mäßig nährstoffreich
PFLEGE: Freilandaussaat ab März; anspruchslos, erhält sich durch Selbstaussaat
VERWENDUNG: Beet- und Bauerngartenpflanze; Schnitt- und Trockenblume (vor der Samenreife schneiden, hängend trocknen)
SORTEN: 'Miss Jekyll': himmelblau, 50 cm; 'Miss Jekyll White': weiß, 50 cm; 'Persische Juwelen': blau, rosa, weiß, 40 cm

Majoran
Origanum majorana

Höhe: 20–40 cm
Blütezeit: Juni – September

BLÜTE: kleine weiße oder rosafarbene Lippenblütchen
WUCHS: bei uns einjährig, da nicht frosthart; krautige Pflanze mit kantigen Stängeln; die Blättchen sind eiförmig, grau, reich an ätherischen Ölen und duften würzig
BODEN: locker, humos, nährstoffreich; windgeschützte Plätze; junge Pflanzen nicht austrocknen lassen, später können sie auch trockener stehen; verträgt keine Staunässe
PFLEGE: Freilandaussaat ab Mai (besser im Haus vorziehen; Lichtkeimer, Samen nur andrücken); zum Trocknen erntet man die Blätter am besten vor der Blüte (Triebe schneiden und kopfüber aufhängen); kann hell und frostfrei überwintert werden
VERWENDUNG: außer im Küchengarten nimmt der Majoran mit einem geschützten Platz in der Rabatte, sogar im Rosengarten vorlieb; Topfgarten; Heil- und Küchenkraut
SORTEN: 'Kreta': sehr aromatisch

Scharlach-Salbei
Salvia coccinea

Höhe: 40–60 cm
Blütezeit: Juni – September

BLÜTE: leuchtend scharlachrote Lippenblüten in lockeren Quirlen an lang gezogenen Ähren
WUCHS: einjährig; aufrechte, locker verzweigte Büsche; die Blätter sind dunkelgrün, deutlich geadert, eiförmig spitz und an den Rändern gekerbt
BODEN: warm, frisch, humos, durchlässig, nährstoffreich
PFLEGE: ab März/April im Haus vorziehen (Lichtkeimer), Mitte bis Ende Mai auspflanzen; regelmäßig mit Wasser und Nährstoffen versorgen
VERWENDUNG: als Gruppe in der Stauden- oder Sommerblumenrabatte; im »roten« Beet, zusammen mit Gräsern; mit roten Rosen oder als starker Kontrast zu weißen Rosen; im Topfgarten
SORTEN: 'Coral Nymph': zweifarbig, lachs- und zartrosa, 50–60 cm; 'Lady in Red': scharlachrot, 20–30 cm lange Blüten, 50–60 cm

Mehliger Salbei
Salvia farinacea

Höhe: 40–60 cm
Blütezeit: Juni – Oktober

BLÜTE: dichte Ähren aus dunkel- bis violettblauen, in Sorten auch weißen Lippenblüten; die reichblütigen, endständigen Ähren stehen über dem Laub
WUCHS: einjährig; aufrechte, dichtbuschige Horste; Stängel mit grauweißfilzigem Flaum, daher der Name; die Blätter sind grün
BODEN: warm, frisch, durchlässig, nährstoffreich, leicht kalkhaltig
PFLEGE: ab März/April im Haus vorziehen, im Mai auspflanzen oder vorgezogene Pflanzen kaufen; regelmäßig mit Wasser und Nährstoffen versorgen; Verblühtes entfernen; helle, frostfreie Überwinterung möglich
VERWENDUNG: wetterbeständiger, äußerst blühfreudiger Beetbewohner; willkommener Rosenbegleiter, besonders zu gelben und weißen Rosen; Schnittblume
SORTEN: 'Evolution': dunkelblau, reich verzweigt, 45 cm; 'Silber': weiß, 60 cm; 'Victoria': dunkelblau, reichblütig, 50–60 cm

Buntschopf-Salbei
Salvia viridis

Höhe: 40–70 cm
Blütezeit: Juli – August

BLÜTE: die Blüte selbst ist unscheinbar; die eigentliche Zierde sind karminrote, rosa, violettblaue oder cremeweiße, sichtbar geaderte Hochblätter an den endständigen Ähren
WUCHS: einjährig; aufrechte, dichtbuschige Horste; Blätter länglich oval, frischgrün
BODEN: warm, mäßig trocken bis frisch, durchlässig, nährstoffreich
PFLEGE: Freilandaussaat ab Ende April; mäßig wässern und düngen; Verblühtes zur Verlängerung der Blütezeit entfernen
VERWENDUNG: in Gruppen; der farbige, aber unaufdringliche Beetbewohner macht sich zwischen weißen, rosa und roten Rosen ebenso gut wie im Naturgarten; sehr gute Schnittblume
SORTEN: 'Oxford Blue': blauviolett, 60–70 cm; 'Pink Sunday': rosa, 50–60 cm; 'Tricolor': blau, weiß, rosa Mischung, 60 cm; 'White Swan': weiß, 50–60 cm

 Sonne 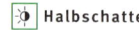 Halbschatten   duftend  farbiges Laub  Bienenweide

Mexikanische Studentenblume
Tagetes tenuifolia
Höhe: 20–40 cm
Blütezeit: Juli – Oktober

BLÜTE: kleine, hübsch einfache, überreich erscheinende Blütenkörbchen in Gelb, Orange und Rotbraun
WUCHS: einjährig; niedrige *Tagetes*-Art, breitbuschig, zierlich; dunkelgrüne, fein gefiederte, farnartige Blätter, würzig duftend
BODEN: mäßig trocken bis feucht, mäßig nährstoffreich, anspruchslos
PFLEGE: Freilandaussaat ab April; Verblühtes entfernen, gelegentlich düngen, vor Schneckenfraß schützen; sehr pflegeleicht
VERWENDUNG: als Teppichpflanze im Beet und am Beetrand; im Topfgarten; mit gelben und orangefarbenen Rosenblüten; als würziges Küchenkraut mit zitroniger Note (daher auch der Name Gewürz-Tagetes)
SORTEN: 'Gnom': gelborange, dunkle Mitte, 20 cm; 'Lemon Gem': zitronengelb, 30–40 cm; 'Orange Gem': orange, 30–40 cm; 'Ornament': rotbraun, 20–25 cm; 'Paprika': rotbraun, Mitte und Rand gelb, 30 cm

Kapuzinerkresse
Tropaeolum majus
Höhe: 30–300 cm
Blütezeit: Juli – Oktober

BLÜTE: große gelbe, orange und rote, trichterförmige Blüten mit Sporn, auch halb gefüllt oder gefüllt blühend
WUCHS: einjährig; buschige, kompakte, bis 30 cm niedrige Horste mit fleischigen Stängeln; an geeignetem Gerüst mittels Blattstielranken kletternd; die großen, glatten, schildförmigen Blätter sind in der Mitte gestielt, frischgrün, unterseits hell
BODEN: frisch bis feucht, durchlässig, mäßig nährstoffreich
PFLEGE: Freilandaussaat im Mai; bei Trockenheit wässern, nur mäßig düngen; Kletterhilfe für die vertikale Begrünung geben
VERWENDUNG: als »Bodendecker« im Beet; zur Begrünung von Zäunen, Mauern, Trenngittern; gelben Kletterrosen zu Füßen; als Ampelpflanze im Topfgarten; Blätter und Blüten als schmackhafte Salatdekoration
SORTEN: 'Alaska': gelborange, rötlich geadert, weiß gesprenkelte Blätter

Schleier-Eisenkraut
Verbena bonariensis
Höhe: 70–120 cm
Blütezeit: Juli – Oktober

BLÜTE: winzige violette Einzelblüten, die in kleinen, dichten halbkugeligen Dolden an den Triebenden stehen; scheinen über den hohen, fast blattlosen Stielen zu schweben
WUCHS: einjährig, in milden Lagen ausdauernd; versamt sich; sparrig verzweigt, Stängel vierkantig, standfest; Blätter stängelumfassend, dunkelgrün, schmal länglich, runzlig, rau behaart, Ränder leicht gezähnt
BODEN: warm, mäßig trocken bis frisch, gut durchlässig, nährstoffreich; keine Nässe
PFLEGE: vorgezogene Pflanzen kaufen; Verblühtes entfernen
VERWENDUNG: in Gruppen; der transparenten Erscheinung des Schleier-Eisenkrauts sollte man Rechnung tragen und ihre Blüten stets über den Nachbarn schweben lassen, etwa über weißen, gelben oder rosafarbenen Bodendeckerrosen; filigrane Gräser unterstreichen die Leichtigkeit; Schnittblume

PFLANZIDEEN FÜR ROSENBEETE

Topfrosen als duftende Visitenkarte

Was für ein Willkommen! Jeder, der das Haus betritt, wird von einem duftenden Rosenspalier empfangen. Die beiden Kletterrosen wurzeln unter den Fenstern in der Erde. Auf den Treppenstufen sind Hochstamm- und Beetrosen in Töpfen postiert. Duftblattpelargonien und Vanilleblumen ergänzen mit ihrem Parfum die sinnliche Atmosphäre. Zu den Düften passt die Farbharmonie der Blüten. Hell- und Dunkelrosa, Violett und Lila bilden einen sanften Farbverlauf. Da alle Rosensorten öfterblühend sind und auch die Vanilleblume zu den Dauerblühern gehört, gibt es hier von Juni bis in den Herbst Farbe vor der Haustür. Auch die Duftblattpelargonien steuern im Sommer ihre Blütchen bei. Doch zu ihren Stärken gehören vor allem unterschiedliche Duftnoten und Laubschönheit. Wählen Sie die Sorten nach diesen Kriterien aus. Tägliches Gießen der Topfpflanzen ist im Sommer auf den sonnigen Stufen natürlich ein Muss.

Nr.	Name	Anzahl	Porträt
1	Kletterrose 'Laguna'	2	› S. 28
2	Hochstammrose 'Gartenträume'	1	› S. 53
3	Hochstammrose 'Blue Parfum'	1	› S. 43
4	Beetrose 'Heidi Klum'	2	› S. 41
5	Duftblattpelargonie	2	
6	Vanilleblume	8	› S. 180

PFLANZIDEEN FÜR ROSENBEETE

Plakativ: Beet in Schwarz, Weiß und Rot

Extravagant und ein bisschen avantgardistisch mutet diese Pflanzung an. Ihre Umsetzung erfordert schon etwas Mut zum Außergewöhnlichen. Der harte Kontrast Schwarz-Weiß wird noch mit temperamentvollem Blutrot befeuert. Diese Laube mit Bänkchen ist ein Hingucker und weniger ein Ort zum Verstecken.

Das Rankgerüst wird umgarnt von der kräftig roten Kletterrose 'Sympathie' und der braunroten Clematis 'Niobe'. Im Hintergrund setzen schwarzrote Stockrosen wuchtige Akzente ins Beet. Ein paar weiße Exemplare hellen die Szene auf. Dieses Farbspiel setzen weiße, rote und schwarzrote Beetrosen und Dahlien fort. Im Vordergrund sorgen Purpurglöckchen für schwarzrote und Japanisches Blutgras für leuchtend rote Laubfarben. Auch die Dahlie 'Bishop of Llandaff' schmückt sich mit purpurnen Blättern. Die Rutenhirse lässt ihre Halmspitzen erst im Laufe der Saison erröten. Der Höhepunkt dieser Rabatte liegt zwischen Juli und September, wenn Stockrosen und Dahlien ihre Blüten gleichzeitig zeigen und Rosen und Clematis die Pracht ergänzen.

Nach den ersten Frösten werden die Dahlienknollen ausgegraben und frostfrei überwintert. Dem Japanischen Blutgras tut ein Winterschutz gut. Stockrosen müssen alle paar Jahre nachgepflanzt werden.

Nr.	Name	Anzahl	Porträt
1	Kletterrose 'Sympathie'	1	› S. 128
2	Edelrose 'Barkarole' (Stammrose)	2	› S. 147
3	Kleinstrauchrose 'Fairy Dance'	2	› S. 134
4	Beetrose 'Petticoat'	2	› S. 88
5	Clematis 'Niobe'	1	› S. 153
6	Stockrose 'Nigra'	3	› S. 178
7	Stockrosen in Weiß	3	› S. 178
8	Dahlie 'Bishop of Llandaff'	1	› S. 159
9	Schmuckdahlie 'Arabian Night'	1	› S. 159
10	Ruten-Hirse	2	› S. 176
11	Purpurglöckchen 'Obsidian'	2	› S. 165
12	Japanisches Blutgras 'Red Baron'	6	› S. 175

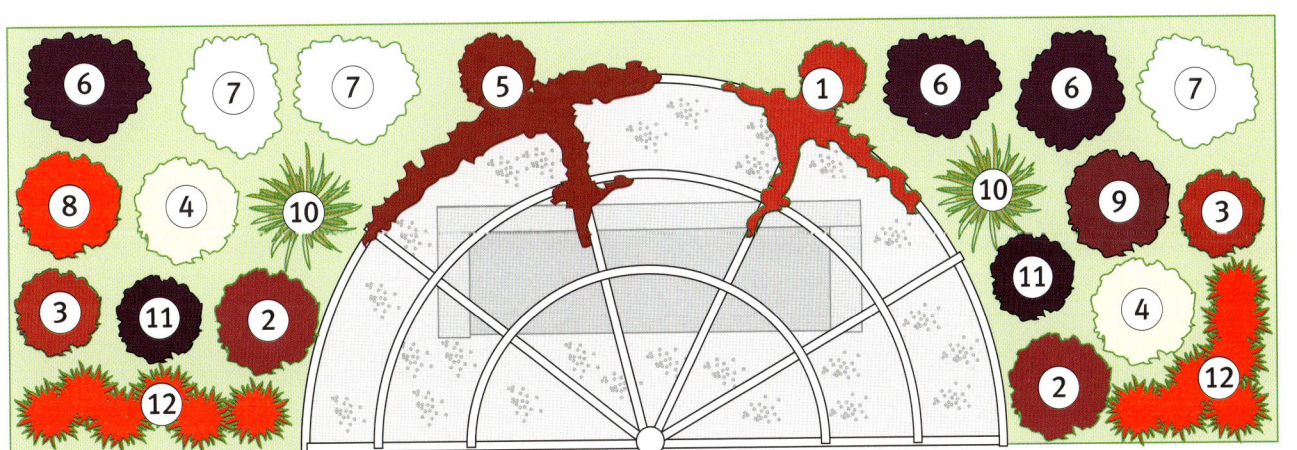

PFLANZIDEEN FÜR ROSENBEETE

Romantisches Gartenzimmer in Rosa, Weiß und Silber

Ein Rückzugsort, der Romantikerherzen höher schlagen lässt! Alle Rosen bezaubern mit nostalgisch dicht gefüllten, barocken Blütenformen. Kühles Rosa, von kräftig über allerlei Zwischentöne bis hin zu zartem Pastell und Weiß, bringt in Verbindung mit verschiedenen grau- und silberlaubigen Pflanzpartnern eine ätherisch zarte Atmosphäre in diese Gartennische. Eine hohe, dunkle Eibenhecke dient als Hintergrund. Sie sorgt für Sichtschutz und Privatsphäre, gleichzeitig lässt die ruhige Kulisse die Blütenfarben besonders wirkungsvoll erstrahlen. Die Seiten säumt niedriger Einfassungsbuchs. Er gibt den beiden Beeten mit ihrem überbordenden Blütenreichtum einen Rahmen und verwandelt die Szene in einen Gartenraum.

Unter dem Rosenbogen könnte eine Bank stehen, auf der man sich niederlassen und die Stimmung genießen kann. Aber auch eine dekorative Statue oder Skulptur könnte hier als Blickfang und Endpunkt der Sichtachse platziert sein. Die hellrosa Kletterrose 'Jasmina' findet am Rankgerüst Halt und spannt einen duftenden Bogen, der beide Beetteile verbindet. Für Höhenstruktur sorgen im Hintergrund zwei stattliche Strauchrosen. Im Vordergrund erheben sich zwei Obelisken links und rechts aus dem Staudenmeer, an denen Kletterrosen malerisch überhängen. An den Längsseiten überragt Rittersporn seine Beetpartner. Die Höhenstaffelung der Begleiter fällt zum Weg hin ab, sodass sich dem Betrachter das sanfte Farbspiel der Blüten auf einen Blick erschließt. Am Beetrand tauchen viele silberlaubige und panaschierte Arten auf und lassen die Pflanzung vor allem in den Dämmerstunden optisch geradezu »schweben«.

Der Gartenteil, in dem diese Kombination umgesetzt wird, sollte sehr sonnig sein und guten, nährstoffreichen, humosen Boden aufweisen. Nur dann entfalten alle Rosen sowie die Prachtstauden Rittersporn, Phlox und Pfingstrose, aber auch der üppige Schwarzäugige Storchschnabel, Funkie und Fingerhut ihre volle Schönheit. Die grauen Eminenzen Heiligenkraut, Edelraute, Salbei 'Tricolor' und Lichtnelke leben dagegen gerne asketischer. Man sollte ihnen bei der Pflanzung etwas Sand oder Kies mit ins Pflanzloch geben und die Erde damit durchlässiger und magerer machen. Die beste Pflanzzeit für Pfingstrosen ist der Herbst. Beim Setzen der fleischigen Wurzelrhizome darauf achten, dass sie nur knapp mit Erde bedeckt werden, sonst blühen die Pflanzen später nicht.

Nr.	Name	Anzahl	Porträt
1	Kletterrose 'Jasmina'	2	› S. 48
2	Kletterrose 'Laguna' (kletternd am Obelisken)	1	› S. 28
3	Strauchrose 'Madame Isaac Pereire'	1	› S. 36
4	Strauchrose 'Cinderella' (kletternd gezogen)	1	› S. 55
5	Strauchrose 'Mrs. John Laing'	1	› S. 60
6	Strauchrose 'Mary Rose'	1	› S. 58
7	Strauchrose 'Eliane Gillet'	1	› S. 79
8	Beetrose 'Pomponella'	2	› S. 43
9	Rittersporn New Millenium 'Double Innocence'	2	› S. 160
10	Fingerhut 'Alba'	4	› S. 160
11	Phlox 'Rosa Pastell'	2	› S. 170
12	Phlox 'Kirmesländer'	2	› S. 170
13	Schwarzäugiger Storchschnabel	2	› S. 163
14	Schleierkraut	2	› S. 163
15	Pfingstrose 'Gay Paree'	2	
16	Edelraute 'Lambrook Silver'	2	› S. 156
17	Lichtnelke	4	› S. 172
18	Lichtnelke 'Alba'	4	› S. 172
19	Sommer-Salbei 'Adrian'	2	› S. 171
20	Weißrand-Funkie 'Fire and Ice'	2	› S. 165
21	Salbei 'Tricolor'	2	› S. 172
22	Heiligenkraut	4	› S. 172

PFLANZIDEEN FÜR ROSENBEETE

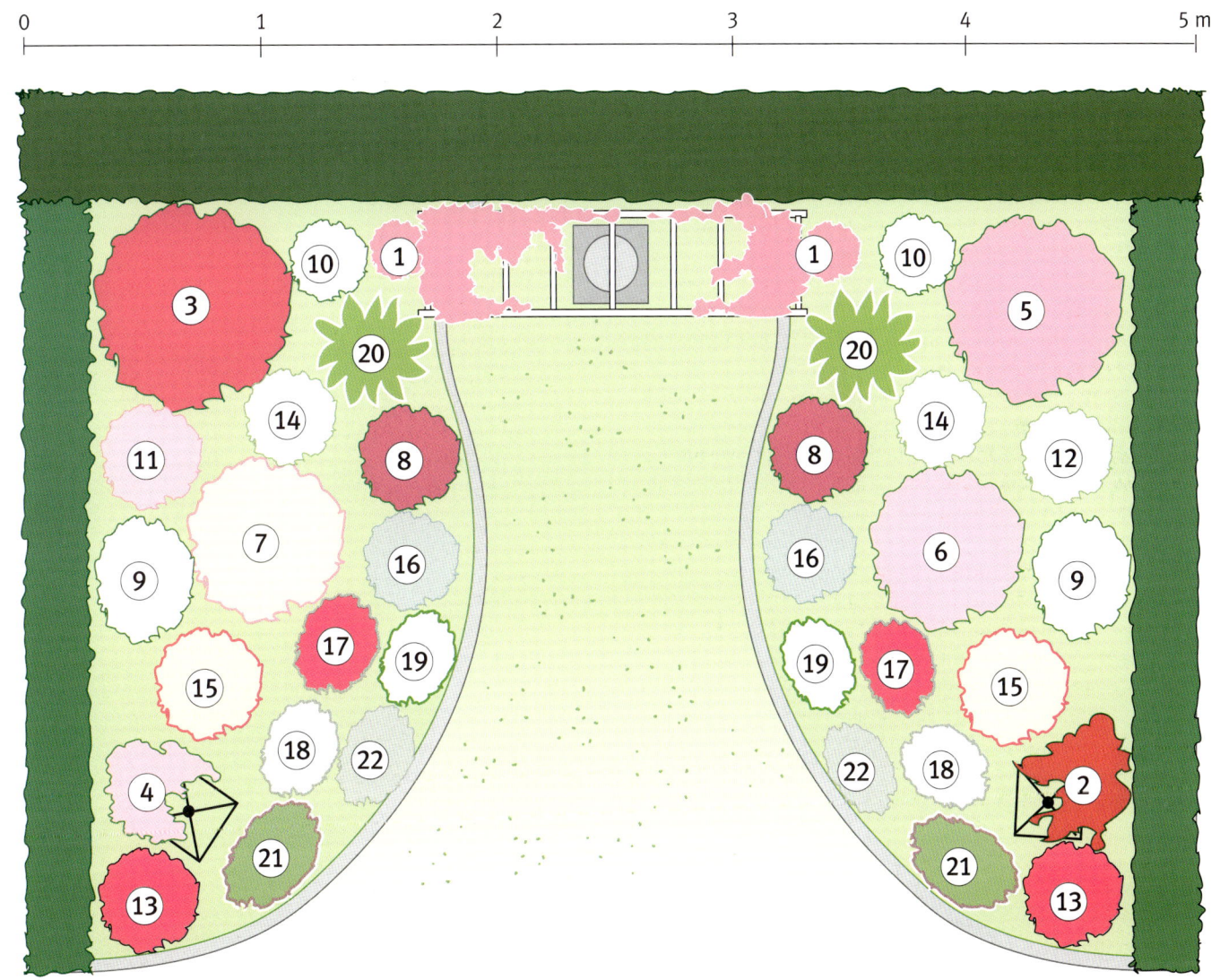

PFLANZIDEEN FÜR ROSENBEETE

Pflegeleichter Garten in Weiß

Diese Terrassengestaltung kommt allen entgegen, die den Garten lieber genießen als ihn ständig zu bearbeiten. Den kleinen Hang links und rechts der Treppe zieren pflegeleichte Flächenrosen. Unter ihrem dichten Laub läuft schon nach kurzer Standzeit kaum noch Unkraut auf. Dazwischen lockert Lampenputzergras mit seinen biegsamen Halmen die geschlossene Rosendecke etwas auf. Ein Rosenbogen bildet das Tor zur Terrasse. Die Kletterrose 'Elfe' blüht wie die Flächenrose weiß, bringt aber mit ihrem grünlichen Unterton eine zusätzliche Nuance ins Spiel. Rechts neben der Terrasse klettert die Ramblerrose 'Lykkefund' in die Krone eines alten Apfelbaums und hüllt sie im Juni/Juli in eine weiße Blütenwolke. Die anderen Rosen der Pflanzung sind öfterblühend. Das Lampenputzergras steuert ab September cremeweiße flaschenbürstenähnliche Blüten bei. Die Pflege beschränkt sich auf einen jährlichen Pflegeschnitt der Kletterrose am Bogen. Den Rambler lässt man ungestört wachsen und auch bei der Flächenrose genügt alle paar Jahre ein kräftiger Rückschnitt. Im Frühjahr entfernt man die vertrockneten Winterhalme der Gräser.

Nr.	Name	Anzahl	Porträt
1	Ramblerrose 'Lykkefund'	1	› S. 78
2	Kletterrose 'Elfe'	2	› S. 76
3	Kleinstrauchrose 'Diamant'	12	› S. 84
4	Lampenputzergras 'Herbstzauber'	4	› S. 177

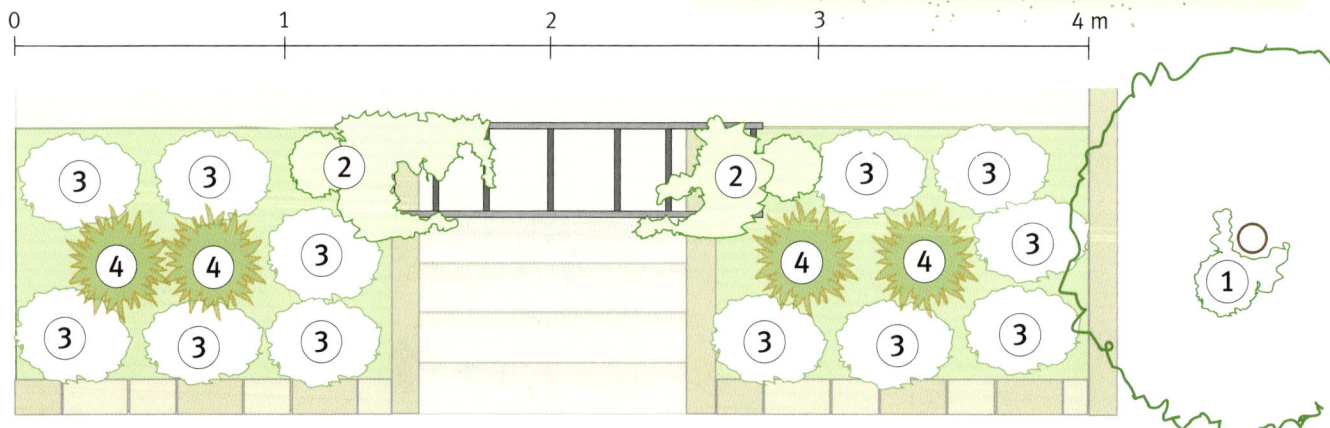

PFLANZIDEEN FÜR ROSENBEETE

Leuchtende Kontraste in Blau und Gelb

Heiter wie der Sommer selbst wirkt dieses Beet. Dafür sorgen die Komplementärfarben Gelb und Blau, die sich gegenseitig zum Strahlen bringen. An einer Sichtschutzwand weben violette Clematis und eine gelbe Kletterrose ihre farbigen Blütenvorhänge. Rechts begrenzt ein Zaun das Grundstück. Hier sorgen die stattliche Strauchrose 'Graham Thomas', Säckelblume und Rittersporn für Sichtschutz. Die Pflanzung fällt nach vorne zum Betrachter hin in ihrer Höhenstaffelung ab. Trotz – oder gerade wegen – der Beschränkung auf zwei Blütenfarben wirkt diese Pflanzung nicht langweilig. Beide werden in verschiedenen Nuancen durchgespielt. Die Gelbtöne reichen vom grünlich kühlen Schwefelgelb der Steppen-Wolfsmilch und des Frauenmantels über sonniges Zitronengelb bei Sonnenauge und Beetrose bis zu den satten Dotter- und Goldtönen von Gold-Felberich, Strauch- und Kletterrose. Lichte himmelblaue bis zart lilafarbene Varianten, etwa von Blauraute, Katzenminze und Säckelblume, heben sich klar ab von stahlblauen Kugeldisteln, nachtblauem Rittersporn und dem Dunkelviolett von Sommer-Salbei und Clematis. Für weitere Kontraste sorgen die Blütenformen. Neben dicken runden Rosenblüten erheben sich schlanke Ritterspornkerzen. Flache breite Wolfsmilch-Dolden, kugelrunde Distelköpfe und duftige Frauenmantel-Wolken ergänzen sich zu einem abwechslungsreichen Bild. Diese Pflanzung macht den ganzen Sommer über Freude. Sommer-Salbei und Katzenminze eröffnen den Blütenreigen oft schon Ende Mai. Im Juni fallen Rosen, Clematis, Frauenmantel, Rittersporn und Gold-Felberich mit ein. Ab Juli blüht das gesamte Beet und bietet bis zu den ersten Frösten ununterbrochen Farbe.

Nr.	Name	Anzahl	Porträt
1	Kletterrose 'Golden Gate'	1	› S. 92
2	Strauchrose 'Graham Thomas'	1	› S. 97
3	Beetrose 'China Girl'	1	› S. 102
4	Clematis 'Etoile Violette'	1	› S. 153
5	Rittersporn 'Tempelgong'	2	› S. 160
6	Säckelblume	1	› S. 152
7	Sonnenauge	1	› S. 164
8	Gold-Felberich	2	› S. 168
9	Kugeldistel	1	› S. 161
10	Blauraute	1	› S. 170
11	Steppen-Wolfsmilch	1	› S. 162
12	Katzenminze	3	› S. 169
13	Sommer-Salbei 'Mainacht'	4	› S. 171
14	Frauenmantel	4	› S. 155

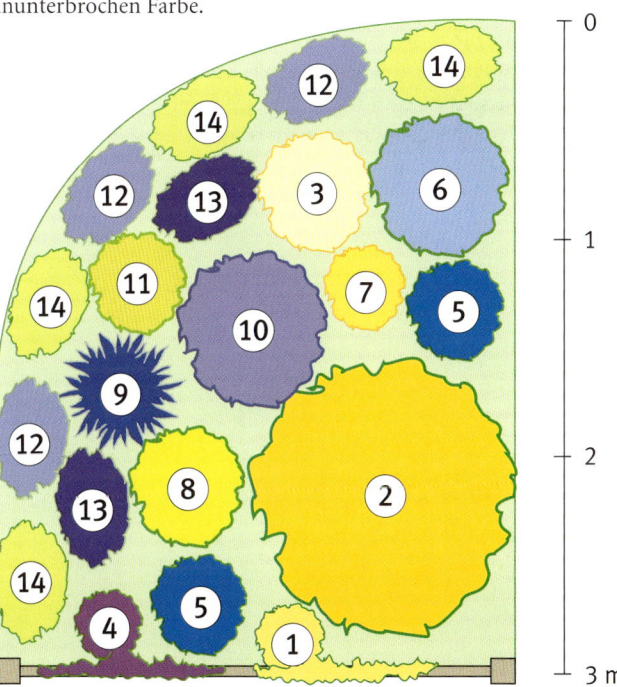

PFLANZIDEEN FÜR ROSENBEETE

Voll im Trend: Ein Traum in Apricot und Pastell

Rosen in Apricottönen sind ausgesprochen en vogue. Manche Töne gehen mehr ins Gelbliche, andere tendieren mehr zu Rosa. Dieser Gestaltungsvorschlag spielt mit verschiedenen Tönen des trendigen Spektrums, unterbrochen durch Weiß, das gut ins pastellfarbene Gesamtbild passt und ohnehin immer ein guter, neutraler Vermittler ist. Das Beet entfaltet sich vor einer Mauer, z. B. einer sonnigen Hauswand. Zwei Kletterrosen schaffen mit ihrem verführerischem Duft ('Gloire de Dijon' nach Alten Rosen, 'Papi Delbard' nach frischen Früchten) sinnliche Atmosphäre. Hohe Stockrosen in Weiß und Lachs sowie stattliche Strauchrosen reihen sich davor auf. Nach vorn fallen die Pflanzengrößen ab. Phlox und Taglilien setzen voluminöse Tuffs ins Beet. Im Vordergrund sorgen Schaf-Garben und Beetrosen für Farbe. Den Abschluss bildet die 25 cm kleine charmante Gartenverbene 'Peaches & Cream' aus dem Sortiment einjähriger Beet-und Balkonpflanzen. Ihre Einzelblüten changieren von cremeweiß bis apricot.

Nr.	Name	Anzahl	Porträt
1	Kletterrose 'Gloire de Dijon'	1	› S. 110
2	Kletterrose 'Papi Delbard'	1	› S. 109
3	Strauchrose 'Abraham Darby'	1	› S. 114
4	Strauchrose 'Caramella'	1	› S. 111
5	Strauchrose 'William Morris'	1	› S. 112
6	Beetrose 'Marie Curie'	2	› S. 118
7	Stockrosen 'Pleniflora'	8	› S. 178
8	Phlox 'Hochgesang'	8	› S. 170
9	Taglilie 'Baby Julia'	2	› S. 164
10	Taglilie 'Apricot Angel'	1	› S. 164
11	Schaf-Garbe 'Lachsschönheit'	4	› S. 154
12	Gartenverbene 'Peaches & Cream'	15	

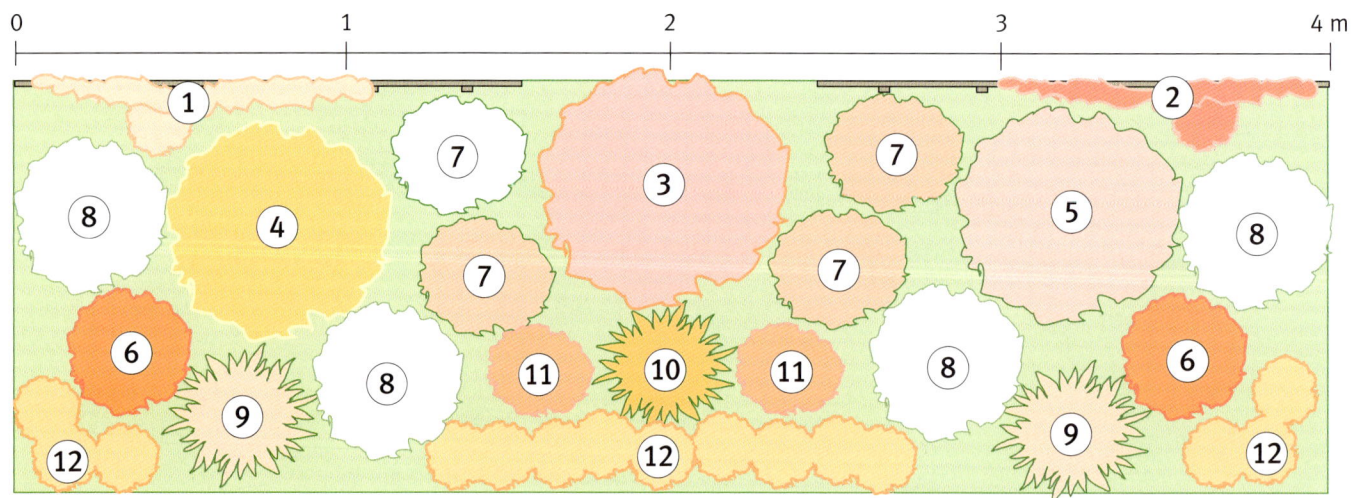

Rosen für extreme Standorte

ROSEN FÜR HALBSCHATTIGE LAGEN

Name	Rosenklasse	Blütenfarbe	Porträt
Aachener Dom	Edelrose	lachsrosa	› S. 72
Agnés Schilliger	Strauchrose	dunkelrosa	› S. 31
Alberic Barbier	Kletterrose	weiß	› S. 77
Alchymist	Kletterrose	apricot	› S. 110
Ambiente	Edelrose	weiß	› S. 90
American Pillar	Kletterrose	dunkelrosa	› S. 30
Angela	Strauchrose	hellrosa	› S. 52
Apple Blossom	Kletterrose	hellrosa	› S. 50
Bleu Magenta	Kletterrose	purpurviolett	› S. 29
Blush Noisette	Strauch-/Kletterrose	hellrosa	› S. 59
Bobbie James	Kletterrose	weiß	› S. 78
Boule de Neige	Strauchrose	weiß	› S. 80
Camaieux	Strauchrose	karminrosa-weiß	› S. 31
Celina	Kleinstrauchrose	gelb	› S. 98
Celsiana	Strauchrose	hellrosa	› S. 55
Centenaire de Lourdes	Strauchrose	hellrosa	› S. 55
Charles de Mills	Strauchrose	dunkelrosa	› S. 33
Chevy Chase	Kletterrose	rot	› S. 128
Constance Spry	Kletterrose	hellrosa	› S. 50
Easlea's Golden Rambler	Kletterrose	gelb	› S. 93
Elle	Edelrose	apricot	› S. 123
Elmshorn	Strauchrose	dunkelrosa	› S. 35
Fairest Cape	Edelrose	orange	› S. 123
Fantin Latour	Strauchrose	hellrosa	› S. 59
Félicité et Perpétue	Kletterrose	weiß	› S. 78
Félicité Parmentier	Strauchrose	hellrosa	› S. 56
F. J. Grootendorst	Strauchrose	dunkelrosa	› S. 34
Flammentanz	Kletterrose	rot	› S. 128
Gertrude Jekyll	Strauchrose	hellrosa	› S. 57
Ghislaine de Féligonde	Kletter-/Strauchrose	gelb	› S. 92
Gloire de Dijon	Kletterrose	apricot	› S. 110
Graham Thomas	Strauchrose	gelb	› S. 97
Guirlande d'Amour	Kletterrose	weiß	› S. 76
Heidetraum	Kleinstrauchrose	dunkelrosa	› S. 38
Heritage	Strauchrose	hellrosa	› S. 57
Hiawatha	Kletterrose	purpurviolett	› S. 29
Isphahan	Strauchrose	hellrosa	› S. 57
Kiftsgate	Kletterrose	weiß	› S. 78
Kir Royal	Kletterrose	apricot-rosa	› S. 109
Königin von Dänemark	Strauchrose	hellrosa	› S. 58
La Sevillana	Beetrose	rot	› S. 141
Lions-Rose	Beetrose	weiß-rosa	› S. 87
Loredo	Kleinstrauchrose	gelb	› S. 99
Louise Odier	Strauchrose	hellrosa	› S. 60
Lykkefund	Kletterrose	weiß	› S. 78
Madame Alfred Carrière	Kletterrose	weiß	› S. 77
Madame Hardy	Strauchrose	weiß	› S. 81
Madame Plantier	Strauchrose	weiß	› S. 81
Maria Lisa	Kletterrose	hellrosa	› S. 50
Mary Rose	Strauchrose	hellrosa	› S. 58
Maxi Vita	Beetrose	hellrosa	› S. 69
Minnehaha	Kletterrose	hellrosa	› S. 51
Mirato	Kleinstrauchrose	dunkelrosa	› S. 38
New Dawn	Kletterrose	hellrosa	› S. 51
Officinalis	Strauchrose	dunkelrosa	› S. 32
Paul Noel	Kletterrose	hellrosa	› S. 51
Paul's Himalayan Musk'	Kletterrose	hellrosa-weiß	› S. 51

ROSEN FÜR EXTREME STANDORTE

Name	Rosenklasse	Blütenfarbe	Porträt
Petite de Hollande	Strauchrose	hellrosa	› S. 53
Pink Grootendorst	Strauchrose	hellrosa	› S. 58
Romanze	Strauchrose	dunkelrosa	› S. 35
Rosa Zwerg	Kleinstrauchrose	hellrosa	› S. 62
Rosenprofessor Sieber	Beetrose	hellrosa	› S. 70
Rotes Meer	Kleinstrauchrose	dunkelrosa	› S. 39
Russeliana	Kletterrose	dunkelrosa-violett	› S. 30
Schneeflocke	Kleinstrauchrose	weiß	› S. 82
Schneewittchen	Strauchrose	weiß	› S. 79
Schöne Dortmunderin	Kleinstrauchrose	hellrosa	› S. 63
Seagull	Kletterrose	weiß	› S. 77
St. Swithun	Beetrose	hellrosa	› S. 71
The Fairy	Kleinstrauchrose	hellrosa	› S. 64
The Pilgrim	Strauchrose	gelb	› S. 97
The Queen Elizabeth Rose	Beetrose	hellrosa	› S. 71
Trigintipetala	Strauchrose	hellrosa	› S. 60
Tuscany Superb	Strauchrose	rot	› S. 132
Veilchenblau	Kletterrose	violett	› S. 30
Versicolor	Strauchrose	rosa-weiß	› S. 54
William Shakespeare 2000	Strauchrose	rot	› S. 130
Zéphirine Drouhine	Kletter-/Strauchrose	dunkelrosa	› S. 29
Zigeunerknabe	Strauchrose	rot	› S. 133

ROSEN FÜR FROSTIGE LAGEN

Name	Rosenklasse	Blütenfarbe	Porträt
Aachener Dom	Edelrose	lachsrosa	› S. 72
Acapella	Edelrose	rot	› S. 144
Alba Meidiland	Kleinstrauchrose	weiß	› S. 83
Alchymist	Kletterrose	apricot	› S. 110
American Beauty	Strauchrose	dunkelrosa	› S. 35
Apple Blossom	Kletterrose	hellrosa	› S. 50
Bad Füssing	Beetrose	rot	› S. 137
Bad Wörishofen	Beetrose	dunkelrosa	› S. 41
Bayerngold	Beetrose	gelb	› S. 100
Bernstein-Rose	Beetrose	bernsteinfarben	› S. 117
Blanchefleur	Strauchrose	weiß	› S. 80
Blush Damask	Strauchrose	hellrosa	› S. 59
Bonanza	Strauchrose	gelb-rot	› S. 114
Bonica '82	Beetrose	hellrosa	› S. 67
Burghausen	Strauchrose	rot	› S. 132
Burgund '81	Edelrose	rot	› S. 145
Centenaire de Lourdes	Strauchrose	hellrosa	› S. 55
Crimson Meidiland	Kleinstrauchrose	rot	› S. 136
Dagmar Hastrup	Kleinstrauchrose	hellrosa	› S. 64
Diadem	Betrose	hellrosa	› S. 70
Dortmund	Kletterrose	rot	› S. 128
Eliza	Edelrose	hellrosa	› S. 73
Elmshorn	Strauchrose	dunkelrosa	› S. 35
F. J. Grootendorst	Strauchrose	dunkelrosa	› S. 34
Félicité et Perpétue	Kletterrose	weiß	› S. 78
Félicité Parmentier	Strauchrose	hellrosa	› S. 56
Flammentanz	Kletterrose	rot	› S. 128
Gelbe Dagmar Hastrup	Kleinstrauchrose	gelb	› S. 98

Rosen für extreme Standorte

Name	Rosenklasse	Blütenfarbe	Porträt
Goldener Olymp	Kletterrose	gelb	› S. 92
Goldstern	Kletterrose	gelb	› S. 93
Gruß an Bayern	Beetrose	rot	› S. 140
Hagenbecks Tierpark	Strauchrose	dunkelrosa	› S. 34
Heidetraum	Kleinstrauchrose	dunkelrosa	› S. 38
Ice Meidiland	Kleinstrauchrose	weiß	› S. 82
Ilse Krohn Superior	Kletterrose	weiß	› S. 76
Innocencia	Kleinstrauchrose	weiß	› S. 82
Kir Royal	Kletterrose	apricot-rosa	› S. 109
Lady Like	Edelrose	dunkelrosa	› S. 47
La Sevillana	Beetrose	rot	› S. 141
Lichtkönigin Lucia	Strauchrose	gelb	› S. 96
Lykkefund	Kletterrose	weiß	› S. 78
Madame Plantier	Strauchrose	weiß	› S. 81
Magic Meidiland	Kleinstrauchrose	dunkelrosa	› S. 37
Manita	Kletterrose	hellrosa	› S. 49
Mariandel	Beetrose	rot	› S. 139
Mrs. John Laing	Strauchrose	hellrosa	› S. 60
Muscosa	Strauchrose	hellrosa	› S. 60
New Dawn	Kletterrose	hellrosa	› S. 51
Nina Weibull	Beetrose	rot	› S. 139
Parade	Kletterrose	dunkelrosa	› S. 30
Petite de Hollande	Strauchrose	hellrosa	› S. 53
Pierette	Kleinstrauchrose	dunkelrosa	› S. 39
Pink Grootendorst	Strauchrose	hellrosa	› S. 58
Play Rose	Beetrose	hellrosa	› S. 69
Polarsonne	Kleinstrauchrose	dunkelrosa	› S. 38
Polarstern	Edelrose	weiß	› S. 91
Postillon	Strauchrose	gelb	› S. 96
Pretty Girl	Kleinstrauchrose	dunkelrosa	› S. 37
Purple Meidiland	Kleinstrauchrose	dunkelrosa	› S. 38
Purple Roadrunner	Kleinstrauchrose	dunkelrosa-lila	› S. 39
Raubritter	Kletter-/Strauchrose	hellrosa	› S. 49
Reine des Violettes	Strauchrose	dunkelrosa	› S. 34
Romanze	Strauchrose	dunkelrosa	› S. 35
Rosarium Uetersen	Kletterrose	dunkelrosa	› S. 28
Rose de Resht	Strauchrose	dunkelrosa	› S. 33
Rote Woge	Strauchrose	rot	› S. 129
Roter Korsar	Strauchrose	rot	› S. 131
Rotes Meer	Kleinstrauchrose	dunkelrosa	› S. 39
Royal Show	Strauchrose	rot	› S. 133
Rugelda	Strauchrose	gelb	› S. 97
Schneewalzer	Kletterrose	weiß	› S. 77
Schneewittchen	Strauchrose	weiß	› S. 79
Sommerwind	Kleinstrauchrose	hellrosa	› S. 63
Sympathie	Kletterrose	rot	› S. 128
The Fairy	Kleinstrauchrose	hellrosa	› S. 64
The Queen Elizabeth Rose	Beetrose	hellrosa	› S. 71
Tornado	Beetrose	rot	› S. 140
Traviata	Edelrose	rot	› S. 144
Trigintipetala	Strauchrose	hellrosa	› S. 60
Versicolor	Strauchrose	rosa-weiß	› S. 54
Westerland	Strauchrose	orange	› S. 115
William Morris	Strauchrose	apricot	› S. 112
Zéphirine Drouhine	Kletter-/Strauchrose	dunkelrosa	› S. 29
Zigeunerknabe	Strauchrose	rot	› S. 133

REGISTER

Register

Halbfett gesetzte Seitenzahlen verweisen auf Texte mit Abbildungen.

A

Aachener Dom **72**, 193, 194
Abraham Darby **114**
Acaena buchananii **154**
Acaena microphylla 'Kupferteppich' **154**
Acapella **144**, 194
Achillea filipendulina **154**
– 'Coronation Gold' **154**
– 'Parker's Variety' **154**
– 'Schwefelblüte' **154**
Achillea millefolium **154**
– 'Cerise Queen' **154**
– 'Lachsschönheit' **154**
– 'Terracotta' **154**
Acropolis **41**
ADR 8, **8**, 27
Agnés Schilliger **31**, 193
Aimée Vibert **76**
Alabaster **86**
Alba Meidiland **83**, 194
Alberic Barbier **77**, 193
Albrecht Dürer Rose **122**
Alcea rosea **178**
– 'Nigra' **178**
– 'Pleniflora' **178**
Alchemilla mollis **155**
– 'Robusta' **155**
Alchymist **110**, 193, 194
Allium aflatunense **155**
– 'Purple Sensation' **155**
Allium christophii **155**
Amadeus **126**
Amaretto **108**
Amber Queen **117**
Amber Sun **98**
Ambiente **90**, 193

American Beauty **35**, 194
American Pillar **30**, 193
Ananas-Minze **168**
Andre le Notre **73**
Angela **52**, 193
Anthony Meilland **101**
Apfelblüte **83**
Aphrodite **73**
Apple Blossom **50**, 193, 194
Apricot Meidiland **116**
Aprikola **118**
Aquarell **122**
Armada **52**
Arosia **45**
Artemisia absinthium 'Lambrook Mist' **156**
Artemisia arborescens 'Powis Castle' **156**
Artemisia schmidtiana 'Nana' **156**
Ascot **45**
Ashram **125**
A Shropshire Lad **108**
Aspirin-Rose **83**
Aster amellus **156**
– 'Dr. Otto Petscheck' **156**
– 'Lady Hindlip' **156**
– 'Veilchenkönigin' **156**
Aster dumosus **157**
– 'Blauer Zwerg' **157**
– 'Herbstgruß vom Bresserhof' **157**
– 'Jenny' **157**
– 'Pacific Amaranth' **157**
Aster novi-belgii **157**
– 'Marie Ballard' **157**
– 'Patricia Ballard' **157**
– 'Schneekuppe' **157**
– 'Schöne von Dietlikon' **157**
Augusta Luise **125**
Austriana **135**

B

Bad Birnbach **66**
Bad Füssing **137**, 194

Bad Wörishofen **41**, 194
Badener Sommergruß **126**
Bailando **67**
Banquet **66**
Bärenfellschwingel **175**
Barkarole **147**
Barock **108**
Bassino **134**
Bayerngold **100**, 194
Bechermalve **181**
Belkanto **126**
Belvedere **112**
Benjamin Britten **129**
Berg-Aster **156**
Bernstein-Rose **117**, 194
Berolina **107**
Black Baccara **144**
Black Magic **144**
Blanchefleur **80**, 194
Blauraute **170**
Blauschwingel **174**
Blaustrahlhafer **175**
Bleu Magenta **29**, 193
Blue Parfum **43**
Blühwunder **40**
Blush Damask **59**, 194
Blush Noisette **59**, 193
Blutgras, Japanisches **175**
Blut-Storchschnabel **163**
Bobbie James **78**, 193
Bonanza **114**, 194
Bonica '82 **67**, 194
Botticelli **91**
Boule de Neige **80**, 193
Brautzauber **87**
Bremer Stadtmusikanten **52**
Brother Cadfael **52**
Buchsbaum **152**
–, Einfassungs- **152**
Buff Beauty **112**
Buntschopf-Salbei **184**
Burghausen **132**, 194
Burgund '81 **145**, 194

Busch-Malve **166**
Buxus sempervirens 'Suffruticosa' **152**
– var. *arborescens* **152**

C

Calamagrostis × *acutiflora* **174**
– 'Karl Foerster' **174**
– 'Overdam' **174**
Calapuno **113**
Calendula officinalis **178**
– 'Candyman Yellow' **178**
– 'Fiesta Gitana' **178**
– 'Oranja' **178**
Camaieux **31**, 193
Camille Pissarro **121**
Campanula glomerata **157**
– 'Alba' **157**
– 'Caroline' **157**
– 'Dahurica' **157**
– 'Superba' **157**
Campanula persicifolia **158**
– 'Blue Bloomers' **158**
– 'Coronata' **158**
– 'Grandiflora' **158**
– 'Grandiflora Alba' **158**
Campanula portenschlagiana **158**
– 'Birch Hybrid' **158**
Campanula poscharskyana **158**
Candlelight **105**
Cantario **137**
Canzonetta **137**
Cappuccino **104**
Caprice de Meilland **46**
Caramella **111**
Cardinal de Richelieu **33**
Carex buchananii **174**
Carina **73**
Carte d'Or **102**
Castella **132**
Ceanothus × *delilianus* 'Gloire de Versailles' **152**
– 'Marie Simon' **152**
– 'Topaze' **152**

Register

Celina **98**, 193
Celsiana **55**, 193
Centenaire de Lourdes **55**, 193, 194
Centranthus ruber **158**
– 'Albus' **158**
– 'Coccineus' **158**
Cerastium tomentosum var. columnae **159**
– 'Silberteppich' **159**
Certinia **80**
Charles de Mills **33**, 193
Chartreuse de Parme **31**
Cherry Brandy '85 **125**
Chevy Chase **128**, 193
China Girl **102**
Chinaschilf **176**
Chippendale **123**
Chorus **137**
Christine Hélène **93**
Cinderella **55**
Claudia Cardinale **95**
Clematis **153**
– 'Etoile Violett' **153**
– 'Huldine' **153**
– 'Prinz Charles' **153**
– 'Purpurea Plena Elegans' **153**
– *viticella* **153**
Colette **115**
Colonia **126**
Compassion **108**
Comte de Chambord **55**
Comtessa **105**
Concerto **116**
Constance Spry **50**, 193
Coral Dawn **48**
Coreopsis verticillata **159**
'Grandiflora' **159**
– 'Moonbeam' **159**
– 'Zagreb' **159**
Cosmos bipinnatus **178**
– 'Daydream' **178**
– 'Sea Shells' **178**
– 'Sensation Mischung' **178**

– 'Sonata Carmine' **178**
– 'Sonata White' **178**
Crescendo **68**
Crimson Meidiland **136**, 194
Criollo **41**
Crown Princess Margareta **113**
Cubana **116**

D

Dagmar Hastrup **64**, 194
Dahlia 'Bishop of Llandaff' **159**
Dahlia-Hybriden **159**
Dahlie **159**
Danica **83**
Dan Poncet **31**
Deep Impression **43**
Delphinium-Belladonna-Hybride **160**
Delphinium-Elatum-Hybriden **160**
Delphinium-Hybriden **160**
Delphinium-Pacific-Hybriden **160**
Derby **45**
Desprez à Fleurs Jaunes **110**
Diadem **70**, 194
Diamant **84**
Diamant Border **88**
Dianthus gratianopolitanus **160**
– 'Badenia' **160**
– 'Mirakel' **160**
– 'Ohrid' **160**
– 'Pink Jewel' **160**
– 'Rotkäppchen' **160**
Digitalis purpurea **160**
– 'Alba' **160**
– 'Gelbe Lanze' **160**
– 'Gloxiniaeflora' **160**
Dirigent **131**
Domstadt Fulda **140**
Donauprinzessin **44**
Doris Tystermann **122**
Dortmund **128**, 194
Dortmunder Kaiserhain **53**
Duftfestival **143**

Duftgold **105**
Duftrausch **46**
Duftsteinrich **182**
Duft-Wicke **181**
Duftwolke **138**
Duftzauber **143**

E

Easlea's Golden Rambler **93**, 193
Echinops ritro **161**
– 'Blue Ball' **161**
– 'Veitch's Blue' **161**
Edeldistel **162**
Edelraute **156**
Edelweiß **86**
Eden Rose '85 **59**
Eglantyne **53**
Ehrenpreis **170**
–, Großer **173**
Eibe, Gewöhnliche **153**
Eifelzauber **56**
Elbflorenz **46**
Elfe **76**
Eliane Gillet **79**
Elina **105**
Eliza **73**, 194
Elle **123**, 193
Elmshorn **35**, 193, 194
Emil Nolde Rose **94**
Eremurus robustus **161**
Eremurus stenophyllus ssp. *stenophyllus* **161**
Erigeron **161**
– 'Dunkelste Aller' **161**
-Hybriden **161**
– 'Rosa Triumph' **161**
– 'Rotes Meer' **161**
– 'Sommerneuschnee' **161**
Erotika **147**
Eryngium alpinum **162**
– 'Blue Star' **162**
– 'Opal' **162**
Escapade **44**

Eschscholzia californica **179**
– 'Apricot Flambeau' **179**
– 'Thai Silk Inferno' **179**
Escimo **85**
Estima **64**
Euonymus fortunei **153**
– 'Emerald Gaiety' **153**
– 'Emerald'n Gold' **153**
Euphorbia marginata **179**
Euphorbia seguieriana ssp. niciciana **162**
Evening Star **89**

F

Fairest Cape **123**, 193
Fairy Dance **134**
Falstaff **32**
Famosa **131**
Fantasia Mondiale **123**
Fantin Latour **59**, 193
Fassadenzauber **28**
Feinstrahl **161**
Felicitas **32**
Félicité et Perpétue **78**, 193, 194
Félicité Parmentier **56**, 193, 194
Felidaé **94**
Festuca cinerea **174**
– 'Azurit' **174**
– 'Meerblau' **174**
Festuca gautieri **175**
– 'Col de Buchara' **175**
– 'Pic Carlit' **175**
Feuer-Lilie **166**
Fiederblättchen **15**
Fingerhut **160**
F. J. Grootendorst **34**, 193, 194
Flammentanz **128**, 193, 194
Flashlight **56**
Flora Romantica **80**
Flügel-Tabak **183**
Frauenmantel **155**
Frederic Mistral **74**
Freisinger Morgenröte **113**

REGISTER

Friesia **100**
Fruité **124**
Funkie **165**

G

Garden of Roses **117**
Garten-Margerite **166**
Gartenträume **53**
Gärtnerfreude **135**
Gateway **56**
Gebrüder Grimm **118**
Gelbe Dagmar Hastrup **98**, 194
Gelber Engel **103**
Geranium × magnificum **162**
Geranium psilostemon **163**
– 'Patricia' 163
Geranium sanguineum **163**
– 'Album' 163
– 'Apfelblüte' 163
– 'Elsbeth' 163
Gertrude Jekyll **57**, 193
Ghislaine de Féligonde **92**, 193
Giardina **50**
Glamis Castle **88**
Glattblatt-Aster **157**
Glockenblume, Dalmatiner **158**
–, Pfirsichblättrige **158**
Gloire de Dijon **110**, 193
Goldelse **117**
Golden Border **100**
Golden Celebration **94**
Goldener Olymp **92**, 195
Golden Gate **92**
Golden Medaillon **107**
Golden Showers **92**
Golden Tower **107**
Gold-Felberich **168**
Gold-Garbe **154**
Goldquelle **102**
Goldrute **173**
Goldstern **93**, 195
Graciosa **48**
Graf Lennart **143**

Graham Thomas **97**, 193
Grande Amore **145**
Gruß an Bayern **140**, 195
Gruß an Heidelberg **127**
Guirlande d´Amour **76**, 193
Gypsophila elegans **179**
– 'Maxima Alba' 179
– 'Rosea' 179
Gypsophila paniculata **163**
– 'Bristol Fairy' 163
– 'Flamingo' 163
– 'Schneeflocke' 163
Gypsophila repens 163
– 'Pink Star' 163
– 'Rosa Schönheit' 163

H

Hagenbecks Tierpark **34**, 195
Hängepolster-Glockenblume 158
Hans Gönewein Rose **70**
Harlekin **48**
Harmonie **72**
Heidefeuer **135**
Heidekönigin **61**
Heidetraum **38**, 193, 195
Heidi Klum Rose **41**
Heiligenkraut **172**
Heimatmelodie **44**
Helenium 164
– 'Baudirektor Linné' 164
– 'Goldrausch' 164
-Hybriden **164**
– 'Rauchtopas' 164
– 'Waltraud' 164
Helictotrichon sempervirens **175**
– 'Pendula' 175
– 'Saphirsprudel' 175
Heliopsis helianthoides var. scabra **164**
– 'Goldgefieder' 164
– 'Goldgrünherz' 164
– 'Hohlspiegel' 164
– 'Venus' 164

Heliotropium arborescens **180**
– 'Marine' 180
– 'Vanillezauber' 180
Hemerocallis 164
– 'Burning Daylight' 164
– *citrina* 164
-Hybriden **164**
– 'Luxury Lace' 164
– 'Pfennigparade' 164
Heritage **57**, 193
Herzogin Friederike **113**
Hesperis matronalis **180**
– 'Alba' 180
– 'Alba Plena' 180
Hesperis sibirica 180
Heuchera micranta **165**
– 'Caramel' 165
– 'Chocolate Ruffles' 165
– 'Palace Purple' 165
– 'Strawberry Swirls' 165
– 'Venus' 165
Hiawatha **29**, 193
History **74**
Home & Garden **68**
Hornkraut, Filziges **159**
Hosta 165
– 'Fortunei Albopicta' 165
-Hybriden **165**
– 'Patriot' 165
– 'Undulata Univittata' 165

I

Iberis amara **180**
Iberis umbellata 'Feenmischung' 180
Ice Meidiland **82**, 195
Ilse Krohn Superior **76**, 195
Imperata cylindrica 'Red Baron' **175**
Indianernessel **169**
Inner Wheel **100**
Innocencia **82**, 195
Insel Mainau **138**
Inspiration **124**
Intarsia **119**

Iran-Lauch **155**
Isarperle **119**
Isphahan **57**, 193

J

Jacques Cartier **71**
James Galway **57**
Jasmina **48**
Johannes Rau **94**
Johann Strauss **68**
Juanita **40**
Juliette Gréco **102**
Jungfer im Grünen **183**

K

Kaiser von Lautern **95**
Kapuzinerkresse **185**
Karl-Heinz-Hanisch **89**
Katzenminze **169**
Kiftsgate **78**, 193
Kir Royal **109**, 193, 195
Kissen-Aster **157**
Knäuel-Glockenblume **157**
Knirps **37**
Königin von Dänemark **58**, 193
Königs-Lilie **167**
Kordes' Rose Aloha **109**
Kordes' Rose Moonlight **93**
Kosmos **88**
Kriechspindel **153**
Kronjuwel **138**
Kugeldistel **161**

L

Lady Like **47**, 195
Laguna **28**
Lampenputzergras **177**
Landora **106**
La Nina **72**
La Paloma **86**
La Perla **106**
Larissa **61**
La Sevillana **141**, 193, 195

Register

Lathyrus odoratus **181**
Lavandula angustifolia **165**
– 'Alba' **165**
– 'Hidcote Blue' **165**
– 'Hidcote Pink' **165**
– 'Munstead' **165**
Lavatera olbia 'Barnsley' **166**
– 'Bredon Springs' **166**
Lavatera thuringiaca **166**
– 'Eye Catcher' **166**
– 'Ice Cool' **166**
Lavatera trimestris **181**
– 'Mont Blanc' **181**
– 'Novella' **181**
– 'Pink Beauty' **181**
– 'Ruby Regis' **181**
– 'Silver Cup' **181**
– 'Tanagra' **181**
Lavendel **165**
Lavender Dream **62**
Lavender Meidiland **62**
L. D. Braithwaite **129**
Leander **115**
Leda **79**
Leonardo da Vinci **43**
Leucanthemum × *superbum* **166**
– 'Beethoven' **166**
– 'Christine Hagemann' **166**
– 'Gruppenstolz' **166**
– 'Wirral Supreme' **166**
Levkoje **182**
Lichtkönigin Lucia **96**, 195
Lichtnelke **172**
Liebeszauber **145**
Lilium bulbiferum **166**
– var. *croceum* 166
Lilium candidum **167**
Lilium regale **167**
– 'Album' 167
Lilli Marleen **138**
Limesglut **134**
Limesstern **37**
Linum perenne **167**

– 'Album' 167
– 'Nanum Album' 167
– 'Nanum Saphir' 167
Lions-Rose **87**, 193
Lisa **103**
Little White Pet **86**
Lobelia erinus **181**
– 'Cambridge Blue' **181**
– 'Kaiser Wilhelm' **181**
– 'Kristallpalast' **181**
– 'Rosamunde' **181**
– 'Schneeball' **181**
Lobelia fulgens **182**
– 'Elmfeuer' **182**
– 'Queen Victoria' **182**
Lobularia maritima **182**
– 'Königsteppich' **182**
– 'Rosie O'Day' **182**
– 'Snow Crystals' **182**
Looping **109**
Loredo **99**, 193
Louise Odier **60**, 193
Lovely Green **87**
Lovely Meidiland **61**
Lykkefund **78**, 193, 195
Lysimachia punctata **168**
– 'Alexander' 168
– 'Hometown Hero' 168

M

Madame Alfred Carrière **77**, 193
Madame Hardy **81**, 193
Madame Isaac Pereire **36**
Madame Plantier **81**, 193, 195
Mädchenauge, Quirlblättriges **159**
Madonnen-Lilie **167**
Magic Meidiland **37**, 195
Maigold **97**
Mainaufeuer **134**
Mainzer Fastnacht **46**
Majoran **183**
Malva moschata **168**
– 'Alba' 168

Manita **49**, 195
Männertreu **181**
Marco Polo **106**
Margeret Merril **87**
Maria Lisa **50**, 193
Mariandel **139**, 195
Mariatheresia **68**
Marie Curie **118**
Marie-Luise-Marjan **91**
Mary Rose **58**, 193
Matthiola incana **182**
Maxi Vita **69**, 193
Medeo **84**
Medley Pink **42**
Medley Red **139**
Medley Soft Pink **66**
Medusa **65**
Memoire **89**
Mentha suaveolens 'Variegata' **168**
Michelangelo **104**
Michka **96**
Micrantha-Hybriden 165
Midsummer **121**
Mildred Scheel **145**
Minnehaha **51**, 193
Mirato **38**, 193
Miscanthus sinensis **176**
– 'Ferner Osten' 176
– 'Gracillimus' 176
– 'Kleine Fontäne' 176
– 'Silberfeder' 176
– 'Zebrinus' 176
Molineux **103**
Molinia arundinacea 176
– 'Karl Foerster' 176
– 'Transparent' 176
– 'Windspiel' 176
Momo **127**
Monarda 169
– 'Beauty of Cobham' 169
– 'Blaustrumpf' 169
– 'Cambridge Scarlet' 169
– 'Fishes' 169

– 'Gardenview Scarlet' 169
-Hybriden **169**
– 'Prärienacht' 169
– 'Schneewittchen' 169
Mondiale **74**
Montana **141**
Morning Jewel **28**
Moschus-Malve **168**
Mrs. John Laing **60**, 195
Münsterland **115**
Muscosa **60**, 195
My Girl **90**

N

Nachtkerze **169**
Nachtviole **180**
–, Sibirische 180
Nahéma **49**
NDR 1 Radio Niedersachsen **71**
Nemo **85**
Neon **42**
Nepeta × *faassenii* **169**
– 'Blauknirps' 169
– 'Six Hills Giant' 169
– 'Snowflake' 169
– 'Walkers Low' 169
New Dawn **51**, 193, 195
New Look **36**
Nicotiana alata 'Grandiflora' **183**
Nicotiana × *sanderae* **183**
– 'Fragrant Cloud' 183
Nigella damascena **183**
– 'Miss Jekyll' 183
– 'Miss Jekyll White' 183
– 'Persische Juwelen' 183
Nina Weibull **139**, 195
Noack's Blühendes Barock **69**
Nuits de Young **34**

O

Oenothera fruticosa ssp. *glauca* **169**
– 'Fyrverkeri' 169
– 'Hohes Licht' 169

REGISTER

– 'Sonnenwende' 169
Officinalis 32, 193
Oklahoma 146
Old Port 45
Olympisches Feuer 141
Origanum majorana 183
– 'Kreta' 183
Osiana 91

P

Palmengarten Frankfurt 65
Panicum virgatum 176
– 'Hänse Herms' 176
– 'Heavy Metal' 176
– 'Rehbraun' 176
– 'Strictum' 176
Papagena 121
Papa Meilland 143
Papi Delbard 109
Parade 30, 195
Pariser Charme 72
Parole 47
Pascali 89
Pastella 119
Pat Austin 111
Paul Bocuse 114
Paul Noel 51, 193
Paul Ricard 104
Paul´s Himalayan Musk 51, 193
Pearl Mirato 62
Pennisetum alopecuroides 177
– 'Hameln' 177
– 'Herbstzauber' 177
– 'Little Bunny' 177
Perovskia abrotanoides 170
Petite de Hollande 53, 194, 195
Petticoat 88
Pfingst-Nelke 160
Phlox paniculata 170
– 'Düsterlohe' 170
– 'Graf Zeppelin 170
– 'Landhochzeit' 170
– 'Pax' 170

Piano 147
Pierette 39, 195
Pink Grootendorst 58, 194, 195
Pink Swany 66
Play Rose 69, 195
Poker 90
Polarsonne 38, 195
Polarstern 91, 195
Polka '91 110
Pomponella 43
Portland 32
Postillon 96, 195
Pracht-Storchschnabel 162
Pretty Girl 37, 195
Pretty Snow 85
Pretty Star 99
Pretty Sunrise 111
Pseudolysimachion longifolium ssp. *longifolium* 170
– 'Blauriesin' 170
– 'Dark Maetje' 170
– 'Rosa Töne' 170
– 'Schneeriesin' 170
Pullmann Orient Express 124
Purple Meidiland 38, 195
Purple Roadrunner 39, 195
Purpurglöckchen 165

Q

Queen of Hearts 119

R

Raubritter 49, 195
Ravenna 40
Rebell 146
Red Eden Rose 131
Red Leonardo da Vinci 139
Red Yesterday 136
Reiher-Federgras 177
Reine des Violettes 34, 195
Reitgras 174
Remontierend 9
Resonanz 142

Rhapsody in Blue 44
Riesen-Pfeifengras 176
Ringelblume 178
Rittersporn 160
Roman Herzog 142
Romanze 35, 194, 195
Rosa rugosa Pierette 39
Rosa Zwerg 62, 194
Rosarium Uetersen 28, 195
Rose de Resht 33, 195
Rosenfee 69
Rosenklassen 6, 7, 8, 9
Rosenprofessor Sieber 70, 194
Rosenresli 35
Roter Korsar 131, 195
Roter Stern 146
Rotes Meer 39, 194, 195
Rote Woge 129, 195
Rotilia 141
Rotkäppchen 142
Rouge Meilove 140
Royal Bonica 67
Royal Show 133, 195
Rudbeckia fulgida var. *deamii* 171
Rudbeckia fulgida var. *sullivantii* 'Goldsturm' 171
Rugelda 97, 195
Russeliana 30, 194
Ruta graveolens 171
– 'Harlequin' 171
– 'Jackman's Blue' 171
Ruten-Hirse 176

S

Sachsenperle 74
Säckelblume 152
Safran-Lilie 166
Sahara 114
Salbei, Echter 172
–, Mehliger 184
Salita 127
Salvia coccinea 184
– 'Coral Nymph' 184

– 'Lady in Red' 184
Salvia farinacea 184
– 'Evolution' 184
– 'Silber' 184
– 'Victoria' 184
Salvia nemorosa 171
– 'Adrian' 171
– 'Amethyst' 171
– 'Blauhügel' 171
– 'Caradonna' 171
– 'Mainacht' 171
– 'Ostfriesland' 171
– 'Rosenkönigin' 171
Salvia officinalis 172
– 'Berggarten' 172
– 'Icterina' 172
– 'Purpurascens' 172
– 'Tricolor' 172
– 'Variegata' 172
Salvia viridis 184
– 'Oxford Blue' 184
– 'Pink Sunday' 184
– 'Tricolor' 184
– 'White Swan' 184
Samaritan 122
Sangerhauser Jubiläumsrose 120
Santana 127
Santolina chamaecyparissus 172
Saremo 54
Satina 61
Scarlet Meidiland 136
Schaf-Garbe 154
Scharlach-Lobelie 182
Scharlach-Salbei 184
Schlafmützchen 179
Schleier-Eisenkraut 185
Schleierkraut, Kriechendes 163
–, Rispiges 163
Schleifenblume, Bittere 180
–, Doldige 180
Schloss Eutin 111
Schloss Ippenburg 75
Schmuckkörbchen 178

200

Register

Schnee auf dem Berge **179**
Schneeflocke **82**, 194
Schneekönigin **84**
Schneewalzer **77**, 195
Schneewittchen **79**, 194, 195
Schöne Dortmunderin **63**, 194
Schwarze Madonna **146**
Sea Foam **84**
Seagull **77**, 194
Sebastian Kneipp **91**
Sedana **116**
Segge, Fuchsrote **174**
Selbstreinigung **8**
Senteur Royale **47**
Shalom **133**
Shanty **121**
Shocking Blue **42**
Silber-Ährengras **177**
Silene coronaria **172**
– 'Alba' **172**
Simply **65**
Sinea **142**
Smart Roadrunner **39**
Soft Meidiland **63**
Solidago **173**
– 'Golden Gate' **173**
– 'Goldenmosa' **173**
-Hybriden **173**
– 'Ledsham' **173**
– 'Spätgold' **173**
– 'Strahlenkrone' **173**
Sommerabend **135**
Sommermelodie **63**
Sommer-Salbei **171**
Sommer-Schleierkraut **179**
Sommerwind **63**, 195
Sonia Meilove **42**
Sonnenauge **164**
Sonnenbraut **164**
Sonnenhut **171**
Sonnenschirm **99**
Sonnenwende **180**
So Pretty **129**

Sorrento **136**
Souvenir de Baden-Baden **75**
Souvenir de la Malmaison **70**
Souvenir de Marcel Proust **95**
Speelwark **106**
Spornblume **158**
Stachelnüsschen, Blaugrünes **154**
–, Braunblättriges **154**
Stachys byzantina **173**
– 'Cotton Ball' **173**
– 'Silver Carpet' **173**
Stadt Rom **40**
Stanwell Perpetual **81**
Stauden-Lein **167**
Stauden-Phlox **170**
Steppenkerze **161**
Steppen-Salbei **171**
Steppen-Wolfsmilch **162**
Sternkugel-Lauch **155**
Sterntaler **107**
Stipa barbata **177**
Stipa calamagrostis **177**
– 'Allgäu' **177**
– 'Lemperg' **177**
Stockrose **178**
Storchschnabel, Schwarzäugiger **163**
Strauch-Malve **166**
St. Swithun **71**, 194
Studentenblume, Mexikanische **185**
Summer Lady **75**
Sunlight Romantica **101**
Sunny Rose **98**
Sunstar **103**
Super Dorothy **49**
Super Excelsa **29**
Sutter's Gold **124**
Swany **82**
Sympathie **128**, 195

T

Tagetes tenuifolia **185**
– 'Gnom' **185**
– 'Lemon Gem' **185**

– 'Orange Gem' **185**
– 'Ornament' **185**
– 'Paprika' **185**
Taglilie **164**
Tascaria **130**
Taxus baccata **153**
Tchaikovski **101**
Tea Time **125**
Teasing Georgia **95**
Tequila 2003 **120**
Terracotta **147**
The Alnwick Rose **54**
The Fairy **64**, 194, 195
The Generous Gardener **58**
The Pilgrim **97**, 194
The Prince **130**
The Queen Elizabeth Rose **71**, 194, 195
Tom Wood **130**
Tornado **140**, 195
Tour de Malakoff **36**
Traviata **144**, 195
Triade **132**
Trigintipetala **60**, 194, 195
Tropaeolum majus **185**
– 'Alaska' **185**
Tuscany Superb **132**, 194

U

Ulrich Brunner Fils **133**
Unterlage **9**, 15

V

Valencia **104**
Vanilleblume **180**
Veilchenblau **30**, 194
Venice **85**
Verbena bonariensis **185**
Veredlungsstelle **10**, 13, 15
Veronica teucrium **173**
– 'Crater Lake Blue' **173**
– 'Kapitän' **173**
– 'Knallblau' **173**

– 'Königsblau' **173**
– 'Shirley Blue' **173**
Véronique B. **120**
Versicolor **54**, 194, 195
Versigny **112**
Vinesse **118**
Violina **75**
Virgo **90**

W

Walzertraum **47**
Wein-Raute **171**
Westerland **115**, 195
Westzeit **120**
White Haze **81**
Wildfang **64**
Wildtriebe **15**, 17
William Lobb **36**
William Morris **112**, 195
William Shakespeare **130**, 194
Winchester Cathedral **79**
Windrose **65**
Woll-Ziest **173**

Y

Yellow Fairy **99**
Yellow Meilove **101**
Yellow Romantica **96**
Yolande d'Aragon **33**

Z

Zaide **54**
Zéphirine Drouhin **29**, 194, 195
Ziertabak **183**
Zigeunerknabe **133**, 194, 195
Zitronen-Taglilie **164**
Zwerg-Edelraute **156**

201

AUTOREN UND ADRESSEN

Die Autorinnen

Ute Bauer studierte Gartenbauwissenschaften und absolvierte ein Volontariat im Burda-Verlag. Im Anschluss daran war sie mehrere Jahre als Redakteurin für »mein schöner Garten« tätig, bevor sie sich als Freie Journalistin selbstständig machte. Sie arbeitet für diverse Medien, vor allem Garten-Magazine, und hat bereits mehrere Bücher veröffentlicht. Ihre große Gartenliebe gilt den Rosen, die sie für dieses Buch mit viel Sorgfalt und Fachkompetenz ausgewählt hat. Aus ihrer Feder stammen Kapitel 1 und 2.

Bärbel Grothe ist im Ruhrgebiet aufgewachsen. Vielleicht war das der Grund dafür, dass Grün in all seinen Facetten schon früh ein Thema für sie war. Bärbel Grothe lernte den Beruf der Landschaftsgärtnerin und studierte Landschaftsarchitektur, bevor sie sich zur Fachjournalistin ausbilden ließ. Nach mehreren Jahren redaktioneller Tätigkeit in Offenburg arbeitet sie heute in Bochum als freie Autorin für verschiedene Buch- und Zeitschriftenverlage. Sie verfasste das Kapitel zu den Rosen-Begleitern.

Bezugsquellen

Rosen

→ **Rosen Jensen-Lützow**
Am Schloßpark 2b, 24960 Glücksburg
www.rosenjensen.de

→ **Rosengärtnerei Kalbus**
Hagenhausener Hauptstr. 1b, 90518 Altdorf / Hagenhausen
www.rosen-kalbus.de

→ **W. Kordes' Söhne Rosenschulen**
Rosenstraße 54, 25365 Klein Offenseth-Sparrieshoop
www.kordes-rosen.com

→ **Lacon GmbH**
J.-S.-Piazolo Str. 4a, 68766 Hockenheim
www.lacon-rosen.de

→ **Werner Noack**
Im Fenne 54, 33334 Gütersloh
www.noack-rosen.de

→ **Rosarot Pflanzenversand**
Gerd Hartung
Besenbek 4b, 25335 Raa-Besenbek
www.rosarot-pflanzenversand.de

→ **Bioland Rosenschule Ruf**
Zum Sauerbrunnen 35, 61231 Bad Nauheim-Steinfurth
www.rosenschule-ruf.de
(Rosen aus kontr. ökologischem Anbau)

→ **Rosenhof Schultheis**
Bad Nauheimer Str. 3–7,
61231 Bad Nauheim-Steinfurth
www.rosenhof-schultheis.de

→ **Rosen Tantau**
Tornescher Weg 13, 25436 Uetersen
www.rosen-tantau.com

→ **Rosen-Union**
Steinfurther Hauptstraße 27, 61231 Bad Nauheim-Steinfurth
www.rosen-union.de

Adressen und Bildnachweis

➔ **Grumer Rosen**
Raasdorfer Str. 30, A-2285 Leopoldsdorf
www.grumer.at
➔ **Gartenbau H+H Wagner**
Gutendorf 36, A-8353 Kapfenstein
www.gartenbauwagner.at
➔ **Hauenstein AG**
Landstr. 42, CH-8197 Rafz
www.hauenstein-rafz.ch
➔ **Richard Huber**
Rothenbühl 8, CH-5605 Dottikon AG
www.rosen-huber.ch
➔ **David Austin Roses**
Bowling Green Lane, Albrighton
GB Wolverhampton, WV7 3HB
www.davidaustinroses.com

Stauden
➔ **Blumenschule Rainer Engler**
Augsburger Str. 62, 86956 Schongau
www.blumenschule.de
➔ **Staudengärtnerei Dieter Gaissmayer**
Jungviehweide 3, 89257 Illertissen
www.staudengaissmayer.de
➔ **Kayser & Seibert**
Odenwälder Pflanzenkulturen
Wilhelm-Leuschner-Str. 85, 64380 Roßdorf
www.kayserundseibert.de
➔ **Staudengärtner Klose**
Rosenstr. 10, 34253 Lohfelden
www.staudengaertner-klose.de
➔ **Arends Maubach**
Stauden & Gartenkultur
Monschaustr. 176, 42369 Wuppertal-Ronsdorf
www.arends-maubach.de
➔ **Staudengärtnerei Gräfin von Zeppelin**
Weinstr. 2, 79295 Sulzburg-Laufen
www.graefin-v-zeppelin.com

Zwiebelblumen
➔ **Bernd Schober**
Stätzlinger Str. 94a, 86165 Augsburg
www.der-blumenzwiebelversand.de
➔ **Lilien-Strasser**
Gustav-Adolf-Straße 2, 91056 Erlangen
www.lilien-strasser.de

Sommerblumen
➔ **Bruno Nebelung**
Kiepenkerl-Pflanzenzüchtung
Postfach 1263, 48348 Everswinkel
www.nebelung.de
➔ **Gärtner Pötschke**
Benthener Str. 4, 41561 Kaarst
www.gaertner-poetschke.de
➔ **Sperli Samen/Carl Sperling & Co. GmbH**
Hamburger Str. 27, 21339 Lüneburg
www.sperli-samen.de

Gehölze, Klettergehölze
➔ **Baumschule Lorenz van Ehren**
Maldfeldstr. 4, 21077 Hamburg
www.lve.de

➔ **Clematiskulturen**
Friedrich Manfred Westphal
Peiner Hof 7, 25497 Prisdorf
www.clematis-westphal.de

Vereine
➔ **Verein Deutscher Rosenfreunde e.V. (VDR)**
Waldseestr. 14, 76530 Baden-Baden

Bodenuntersuchung
Adressen erhalten Sie bei:
➔ **VDLUFA**
Bismarckstraße 41a, 64293 Darmstadt
www.vdlufa.de

Bildnachweis
Bauer: 202-1; **Beck:** 14, 28-1, 29-1, 29-2, 29-3, 30-1, 32-3, 32-4, 33-1, 34-4, 35-1, 35-2, 35-4, 36-3, 38-1, 38-4, 39-2, 39-3, 40-1, 40-2, 40-4, 41-1, 44-1, 44-3, 45-1, 47-3, 48-2, 48-3, 49-4, 50-1, 51-2, 51-4, 52-3, 53-1, 53-2, 54-1, 54-3, 55-1, 55-2, 56-2, 57-2, 57-3, 57-4, 60-1, 60-2, 61-1, 63-1, 64-2, 64-3, 64-4, 65-1, 65-3, 66-2, 66-4, 67-1, 69-3, 70-2, 70-3, 71-1, 72-2, 73-3, 74-1, 74-2, 76-1, 79-2, 79-3, 80-3, 81-4, 82-3, 83-2, 84-1, 84-3, 85-2, 86-4, 87-4, 88-3, 88-4, 89-1, 90-2, 91-2, 92-2, 94-4, 93-1, 93-3, 94-4, 96-1, 96-4, 97-1, 97-2, 97-3, 98-1, 98-3, 98-4, 99-3, 101-1, 101-2, 102-2, 103-1, 104-2, 105-2, 105-4, 107-2, 107-3, 107-4, 108-1, 110-1, 113-3, 119-4, 121-4, 122-4, 123-3, 125-3, 127-1, 127-3, 129-2, 129-4, 130-1, 131-1, 132-3, 135-4, 136-3, 137-1, 138-1, 138-3, 139-3, 139-4, 140-1, 140-2, 140-3, 142-2, 142-3, 144-1, 144-3, 145-2, 145-4, 146-1, 147-3, 154-2, 155-2, 157-1, 160-2, 161-3, 162-2, 163-1, 164-1, 164-3, 166-2, 166-3, 167-3, 168-1, 168-2, 169-1, 170-2, 171-1, 173-1, 173-3, 180-1, 180-2, 181-2, 182-3, 184-1, 185-1; **Bieker:** 4, 8, 76-4, 77-1, 82-3, 83-1, 85-1, 85-4, 86-3, 88-1, 88-2, 91-1, 97-3, 99-1, 108-2, 108-3, 109-2, 111-1, 112-2, 113-1, 113-2, 115-4, 116-2, 116-4, 117-4, 118-2, 120-1, 120-2, 122-3, 123-2, 124-2, 124-3, 126-1, 131-2, 131-4, 132-1, 134-3, 134-4, 135-1, 135-3, 136-1, 136-2, 136-4, 137-4, 139-1; **BKN:** 68-3, 80-4, 96-2, 100-4, 109-3, 116-1, 122-1, 143-4; **Borkowski:** 2-1, 2-3, 15, 36-4, 69-2, 95-2, 152-3, 153-3, 154-3, 155-3, 156-3, 158-3, 160-1, 161-1, 165-3, 168-3, 169-1, 171-3, 177-2, 178-1, 178-3, 179-1, 179-2, 181-1, 182-1, 183-2, 184-3, 185-2, 185-3; **Borstell:** 28-3; **GAP-Photo:** 148, 154-1, 156-1, 167-2; **garden collection:** 21, 163-2; **Hansen:** 43-3, 51-3, 63-4, 67-4, 74-3, 100-3, 102-3, 121-3, 125-4, 132-4, 138-3, 145-1; **Janicek:** 17-1, 17-2, 17-3, 17-4, 17-5, 17-6; **Kalbus:** 79-1, 120-3; **Keim:** 32-1, 34-2, 42-3, 46-1, 46-2, 46-4, 48-1, 49-2, 49-3, 53-4, 54-2, 58-4, 59-1, 59-3, 64-1, 66-1, 68-4, 71-4, 72-3, 72-4, 76-2, 78-1, 83-3, 86-1, 86-2, 89-2, 89-4, 91-3, 92-3, 95-4, 104-1, 105-1, 105-3, 106-1, 111-2, 118-1, 123-1,

BILDNACHWEIS UND IMPRESSUM

124-4, 125-2, 127-4, 130-3, 133-2, 138-4, 140-4, 143-2, 144-2, 144-4, 145-3, 147-1; **Kordes:** 56-1, 84-2, 93-2, 103-4; **Kuttig:** 18-2; **Meile:** 38-3; **Morell:** 28-4, 100-2, 104-4, 132-2, 137-2, 141-2, 162-1, 167-1; **Nickig:** 16, 22, 31-1, 31-2, 31-3, 31-4, 32-2, 33-3, 34-1, 36-1, 38-2, 41-2, 41-3, 41-4, 42-2, 42-4, 49-1, 50-2, 52-1, 55-4, 57-1, 59-2, 59-4, 60-4, 61-3, 62-2, 67-3, 68-1, 68-2, 70-1, 72-1, 73-2, 76-3, 77-2, 77-3, 78-4, 80-1, 80-2, 81-3, 90-3, 92-1, 94-3, 103-2, 104-3, 108-4, 110-4, 112-4, 114-3, 117-1, 118-3, 121-1, 122-2, 128-2, 128-4, 129-1, 129-3, 141-1, 143-1, 147-2, 156-2, 161-2, 170-1, 171-2, 172-2, 174-1, 174-2, 175-1, 175-2, 175-3, 176-2, 176-3, 177-1, 177-3, 179-3, 182-2, 183-1; **Noack:** 36-2, 63-3, 74-4, 83-4, 119-1, 137-3, 142-4; **Pforr:** 183-3; **Reinhard:** 43-1, 102-4, 134-1, 134-2, 141-3, 153-1, 158-1; **Romeis:** 24, 82-2, 84-4, 94-2, 98-2, 109-1, 110-2, 113-4, 114-2, 114-4, 115-1, 116-3, 117-2, 118-4, 119-2, 119-3, 124-1, 125-1, 127-2, 131-3, 133-3, 141-4, 146-2, 146-4, 151; **Roselover:** 30-3, 37-4, 39-1, 44-2, 47-1, 51-1, 54-4, 63-2, 71-3, 73-1, 75-1, 75-3, 75-4, 82-1, 85-3, 87-3, 90-1, 94-1, 95-3, 99-2, 101-3, 102-1, 106-2, 106-3, 111-3, 112-1, 114-1, 115-3, 117-3, 146-3; **Rosenunion:** 37-2, 45-2, 126-2; **Sachse:** 19-4; **Schick:** 186, 187, 189, 190-1, 190-2, 191, 192; **Schneider-Will:** 7, 33-4, 34-3, 35-3, 44-4, 58-1, 60-3, 65-4, 78-3, 96-3, 115-2, 128-1, 128-3, 135-2, 2-4; **Schultheiss:** 30-4, 81-1, 110-3; **Schulze:** 19-2, 42-1, 45-3, 52-2, 56-3, 56-4, 62-4, 66-3, 77-4, 99-4, 100-1, 101-4, 133-1, 143-3, 152-2, 153-2, 155-1, 157-2, 157-3, 158-2, 159-1, 159-2, 159-3, 160-3, 162-3, 163-3, 164-2, 165-1, 166-1, 169-3, 170-3, 172-1, 172-3, 173-2, 174-3, 176-1, 178-2, 180-3, 181-3, 184-2; **Strauß:** 23, 30-2, 50-4, 52-4, 58-2, 79-4, 87-1, 91-4, 103-3, 112-3, 120-4, 139-2; **Tantau:** 43-2, 47-2, 47-4, 50-3, 61-2, 62-3, 67-2, 70-4, 81-2, 90-4, 121-2; **Timmermann:** Cover (3), 1-1, 1-2, 1-3, 2-2, 9, 11, 12, 13-1, 13-2, 13-3, 18-1, 19-1, 19-3, 28-2, 29-4, 33-2, 37-1, 37-3, 39-4, 40-3, 43-4, 45-4, 46-3, 48-4, 53-3, 55-3, 58-3, 61-4, 62-1, 65-2, 69-1, 69-4, 71-2, 73-4, 75-2, 78-2, 87-2, 89-3, 106-4, 107-1, 111-4, 123-4, 126-3, 126-4, 130-2, 130-4, 133-4, 142-1, 147-4, 152-1.

© 2010 GRÄFE UND UNZER VERLAG GmbH, München

Alle Rechte vorbehalten. Nachdruck, auch auszugsweise, sowie Verbreitung durch Film, Funk, Fernsehen und Internet, durch fotomechanische Wiedergabe, Tonträger und Datenverarbeitungssysteme jeder Art nur mit schriftlicher Genehmigung des Verlags.

Projektleitung: Angelika Holdau
Lektorat: Barbara Kiesewetter
Bildredaktion: Daniela Laußer, Adriane Andreas
Umschlaggestaltung und Layout: independent Medien-Design, Horst Moser, München
Produktion: Susanne Mühldorfer
Satz: Liebl Satz+Grafik, Emmering
Reproduktion: Longo AG, Bozen
Druck und Bindung: Druckhaus Kaufmann, Lahr
Printed in Germany

Syndication: www.jalag-syndication.de

ISBN 978-3-8338-1726-7
1. Auflage 2010

Ein Unternehmen der
GANSKE VERLAGSGRUPPE

Unsere Garantie

Alle Informationen in diesem Ratgeber sind sorgfältig und gewissenhaft geprüft. Sollte dennoch einmal ein Fehler enthalten sein, schicken Sie uns das Buch mit dem entsprechenden Hinweis an unseren Leserservice zurück. Wir tauschen Ihnen den GU-Ratgeber gegen einen anderen zum gleichen oder ähnlichen Thema um.

Liebe Leserin und lieber Leser,

wir freuen uns, dass Sie sich für ein GU-Buch entschieden haben. Mit Ihrem Kauf setzen Sie auf die Qualität, Kompetenz und Aktualität unserer Ratgeber. Dafür sagen wir Danke! Wir wollen als führender Ratgeberverlag noch besser werden. Daher ist uns Ihre Meinung wichtig. Bitte senden Sie uns Ihre Anregungen, Ihre Kritik oder Ihr Lob zu unseren Büchern. Haben Sie Fragen oder benötigen Sie weiteren Rat zum Thema? Wir freuen uns auf Ihre Nachricht!

Wir sind für Sie da!
Montag – Donnerstag: 8.00 – 18.00 Uhr;
Freitag: 8.00 – 16.00 Uhr
Tel.: 0180 - 5 00 50 54* *(0,14 €/Min. aus dem dt. Festnetz/
Fax: 0180 - 5 01 20 54* Mobilfunkpreise können abweichen.)
E-Mail: leserservice@graefe-und-unzer.de

P.S.: Wollen Sie noch mehr Aktuelles von GU wissen, dann abonnieren Sie doch unseren kostenlosen GU-Online-Newsletter und/oder unsere kostenlosen Kundenmagazine.

GRÄFE UND UNZER VERLAG
Leserservice | Postfach 86 03 13 | 81630 München